포로된 자들을 위한 소망의 드라마, 다니엘서

임주형 지음

포로된 자들을 위한 소망의 드라마, 다니엘서

지음   임주형
편집   김덕원, 이찬혁
그림   김태림

발행처   감은사
발행인   이영욱
전화   070-8614-2206
팩스   050-7091-2206
주소   서울특별시 강동구 암사동 아리수로 66, 401호
이메일   editor@gameun.co.kr

종이책
초판발행   2024.08.31.
ISBN   9791193155554
정가   22,000원

전자책
초판발행   2024.08.31.
ISBN   9791193155561
정가   18,000원

The Book of Daniel, a Drama of Hope for the Captives

Juhyeong Yim

| 일러두기 |

1. 강조는 **굵은 글씨체**, 더 강한 강조는 **고딕체와 굵은 글씨체**를 사용했습니다.

2. 인용된 성경 구절은 별도의 언급이 없는 한 저자의 사역입니다.

3. 본서에서 작은따옴표로 제시한 원어 음역은 원어로 성경을 읽어 나가는 독자들을 위한 것입니다.

서문

사실 이 글이 이렇게 한 권의 책으로 출판되어 나온다는 사실은 제게도 의외였습니다. 본래 이 글은 2022년 성탄절을 앞두고, 성경을 더 깊이 알고자 하는 지인들과 나누기 위한 성경 공부 교재로 작성해 둔 글이었습니다. 구약에서 신약으로 이어지는 원대한 드라마를 이해하기 위해 다니엘서는—단순히 세 친구가 풀무불에서 구원받은 이야기, 다니엘이 사자 굴에 던져졌던 잘 알려진 이야기들을 넘어서—그 전체를 한번쯤 다루어볼 필요가 있는 책, 말그대로 구약과 신약을 잇는 가장 중요한 '가교'의 역할을 하는 책이기 때문이었지요.

처음 작성한 원고 중 한 부가 독일에서 함께 유학 생활로 분투 중이었던 감은사 이영욱 대표에게 전해졌고, 이영욱 대표는 흔쾌히 출판을 권했습니다. 본래 출판을 목적으로 쓴 글이 아니었고 감은사 도서들의 품질에 어울리는 글이라고 여기지 않았기 때문에 몇 번 출판 권고를 거절했지만, 분명 이 글에서 유익을 얻을 이들이 있을 것이라는 지인들의 강력한 권유에 힘입어, 감히 이 졸저를 내놓게 되었습니다. 그런 까닭에 본래 A4 용지 70쪽 정도 분량으로 작성했던 본래의 글은 틈틈이 수정과 증보를 거쳐 A4 사이즈 250쪽의 글로 새롭게 다듬어지게 되었습니다.

성경은 우리가 가지고 있는 어떤 고정 관념을 넘어 더 자세히 들여다볼수록 (우리의 기존의 예상과는 같지 않아) 불편하기도 한 책이며, 그 이상으로 놀라운 아름다움으로 가득한 책입니다. 우리에게 주어진 교회의 정경 전체, 성경전서를 이루는 각 권의 책들 역시 그 자체의 음색을 가지고 있으며, 그 나름의 고유한 광채를 지닌 보석들과 같습니다. 다니엘서 역시 매우 독특하면서도 놀라운 아름다움을 지닌 성경 중 하나로, 이 책을 통해 제가 발견한 그 아름다움을 나누고 싶었습니다. (이 책을 쓰기 위해 다니엘서를 더 자세히 들여다 보면서 제 자신이 더더욱 그 광채에 매료되었음은 두말할 나위가 없습니다.)

먼저 이 책은 어떤 학술적인 주장을 펼치기 위해 쓰인 책이 아님을 밝힙니다. 저는 단지 학자들의 글을 기반으로 원문을 묵상하며 거기에 제 생각을 보태, 성경을 진지하게 공부하는 일반 성도들도 성경 옆에 두고 읽을 수 있는 해설을 작성하는 것을 목표로 했습니다. 기본적으로 성경 인용의 경우, 역본을 명시(주로 다니엘서 외의 다른 성경을 인용한 경우)하지 않은 곳에서는 저자의 개인 번역을 사용했으며 히브리어와 아람어는 괄호 안에 음역 처리하여 독자들의 이해를 돕고자 했습니다. 동시에 본문에서 다 서술하지 못한 내용이나, 제가 다니엘서를 공부하면서 다소 전문적이지만, 유익하다고 생각되는 내용들은 각주를 통해 추가로 소개하였습니다.

2023년 아버지의 갑작스러운 소천과 어머니의 허리 수술로 인해 독일에서 귀국한 이후 어려운 시간을 보냈습니다. 감사하게도 귀국 이후에도 좋은 인연들을 만날 수 있었고, 그 와중에 이 책을 완성할 수 있도록 응원해 주시고 지속적인 우정을 보여주신 분들께 깊은 감사를 드립니다. 특별히 대단할 것 없는 원고를 흔쾌히 출판해 주고 좋은 책으로 만들어 주기 위해 고생한 감은사 이영욱 대표와 독일에서 공부하는 동안 마음의 안식처가 되어준 하이델베르크 한인교회의 성도들, 늘 좋은 벗으로 남아 준 에끌툰의 김민석 작가와 안정혜 작가 부부, 초고를 꼼꼼이 읽어주며 응원을 아끼지 않았던 서요한 목사, 시들지않은소망사의 조덕환, 김태림 전도사 부부, 서울에 들를 때 머물 곳을 제공해 준 김승한 목사님과 중앙루터 교회의 최주훈 목사님, 자료 공수를 도와준 박도준 목사, 하나님의 말씀을 연구하고 가르치는 보람을 다시금 느끼게 해준 새로운 인연인 랜선교회의 많은 분들께 이 자리를 빌려 감사의 인사를 남깁니다.

부디 이 책이 이 책으로부터 유익을 얻을 수 있는 독자들을 잘 만날 수 있기를 바랍니다.

2024년 6월 대전에서

임주형

들어가면서

독일에서 독일어 어학을 준비하던 중, 서점에서 *Ein Buch mit sieben Siegeln?*(『일곱 인으로 인봉된 책?』)이라는 제목을 가진 책을 본 적이 있습니다. 부제가 "Die Bibel verstehen und auslegen"(성경 이해하기와 해석하기)인 것으로 보아 기초 방법론에 대한 책이었던 것 같습니다. 아마도 요한계시록 5:1에서 영감을 얻은 듯한 제목이었는데 이 제목이 상당히 인상적이었던 이유는, 저 역시 성경에 대해 생각해 오면서 이 책(성경)이 꼭 요한계시록에 묘사된 일곱 인으로 인봉된 책 같다는 생각이 들었기 때문입니다. 너무나 흔하게 볼 수 있고 익숙한 책이지만, 사실 성경은 그 인봉을 펼치고 이해하는 것이 결코 쉽지 않은 너무나 낯선 책이기도 합니다.

흥미롭게도 **성경의 책들 중에서 책 안의 책을, 또는 스스로를 "인봉된 책"으로 묘사하는 세 권의 책**이 있습니다. 이사야서(사

8:16; 29:11)와 다니엘서(단 12:4, 9) 그리고 요한계시록(계 5:1)입니다. (의미심장하게도 이사야서와 다니엘서는 신약성경을 이해하는 데 있어서 매우 중요한 구약의 두 책이기도 합니다.) 요한계시록의 경우 부활하신 그리스도께서 직접 인봉을 풀어 그 내용을 공개하는 형식으로 되어 있지만(계 5:5, 9; 8:1; 10:2, 8-10), 특히 다니엘서의 경우 독자들을 도전하여 이 책을 깨닫기 위해 주의 깊게 연구할 것을 촉구합니다. 이야기 내에서 다니엘 자신이 깨닫지 못한 마지막 때에 대한 진리를(단 12:8) 이 책을 주의 깊게 연구하는 지혜로운 독자들은 깨달을 수 있을 것이라는 도전을 던짐으로써 말이지요(12:9, 10).

왜 다니엘서인가?

왜 다니엘서에 대한 해설을 쓰려 생각했느냐고 누군가가 질문한다면, 첫 번째 대답은 주변 사람들과 함께 성경에 대해 나누기 위해 이 글의 초안을 작성했던 때가 성탄절을 얼마 남기지 않았던 시기였다는 것과 관련이 있습니다. 크레이그 에반스(Craig Evans)는 다니엘서가 신약에서 가장 자주 인용되고 암시되는 책 중 하나로 예수의 종말론의 대부분은 다니엘서에 나오는 주제와 이미지의 영향 아래 있다고 주장했는데, 그 말대로 이 다니엘서가 **신약성경의 위대한 주제이자 예수 그리스도의 선포의 주제인, 도래할 '하나님의 왕국'**(그리스어, '헤 바실레이아 투 떼우')에 대한 가장 직접적인 사상과 배경을 제공하는 성경이기 때문이었습니다. 또한 우리에게 성탄절인 12월 25일은 유대교에서는 다니엘서가 예언한 성전의 회복을 기념하는 하누카와 대개 겹치곤 합니다. 그리스도인인 우리에게 하누카는 너무나 낯선 절기이지만, 이 기회를 이용해 다니엘서를 전체적으로 다루어보고, 다니엘이 선포한, 도래할 '하나님의 왕국' 주제를 우리가 믿는 예수 그리스도의 복음과 연결해 묵상해 보며 우리의 믿음의 뿌리인 구약의 야훼 신앙에 대해서도 더 생각해 볼 수 있는 좋은 기회가 될 것이라고 여겼습니다.

또한 다니엘서에 대한 건전한 이해는, 여전히 우리 주변에서 심심치 않게 만날 수 있는 근본주의적이고 과격한 세대주의 종말론의 영향을 벗어나는 데 도움이 됩니다. 실제로 **유대교와 그리스도교의 역사 속에서 다니엘서와 요한계시록은 이따금 섣부르고 과격한 종말론적 시나리오와 실천의 근거로 제시되어, 종종 파괴적이고 비극적인 수용과 해석의 역사를 낳았습니다.** 특히 오늘날에도 큰 영향력을 발휘하고 있는 다니엘의 네 왕국 해석은 영국계 아일랜드 신학자 존 넬슨 다비(John Nelson Darby)의 세대주의(dispensationalism)의 영향을 받은 것입니다. 이것은 19세기 설교자들 사이에서 매우 인기가 있었고 스코필드 성경의 영향을 받아 널리 퍼진 묵시적인 계산에 대한 접근을 열었는데,[1] 이러한 해석 노선은 근본주의적인 성경 해석과 결합되어, 교회 시대 말기에 나타날 적그리

---

1.   C. A. Newsom, *Daniel*, TOTL (Louisville: Westminster John Knox Press, 2014), 317-320에 나오는 B. W. Breed의 수용사에 대한 글을 참고하라.

스도의 정체를 밝히는 방식으로 성경이 오용되는 원인을 제공했습니다(여전히 인터넷에서 다니엘서의 네 왕국에 대해 검색해 보면 이러한 경향을 보이는 자료들을 무수히 볼 수 있습니다). 다니엘서를 역사적 맥락에 맞게 이해하는 것은 그러한 시각을 교정하는 데에도 많은 도움이 되리라고 생각했습니다.

무엇보다 다니엘서 해설을 쓰게 된 가장 큰 이유는, 제가 구약성경으로부터 시작되어 신약성경으로 흘러가는 장엄한 드라마를 이해하는 데에 다니엘서를 이해하는 것이 필수라고 생각했기 때문입니다. 우리는 구약성경과 신약성경을 둘 다 하나님의 말씀으로 믿는다고 하지만, 예수님을 예언한 책으로 여겨지고 있는 구약성경은 교회 안에서 여전히 낯선 책이고, 신약성경이 이미 전제하고 있는 구약성경의 세계를 잘 모르면 신약성경이 전하는 메시지역시 지극히 단편적인 이해에 그치기 쉽습니다. 제가 처음 신학대학원에 입학해 성서학을 접했을 때의 가장 큰 고민 또한 구약성경과 신약성경의 메시지 사이에 존재하는 불연속적인 느낌들이 어떻게 해소되어야 하는지 이해하기 어려웠다는 데에 있었습니다.

예를 들어, 구약성경은 출애굽이나 바벨론 포로에서의 해방, 땅과 성전, 그리고 율법에 의거한 의로운 삶, 왕국과 전쟁 등 주로 정치적·사회적 의제를 다루는 것처럼 보였던 데에 비해(심지어 그리스도를 예언했다는 선지자들의 메시지조차도 소위 '영적인' 메시지와는 큰 상관이 없는 듯 느껴졌지요), 신약성경은 그리스도의 십자가를 통한 속죄와 그것을 통한 죄와 사망으로부터의 해방, 성도의 고난과 자기 부인 같은 영적 의제에 집중하는 것 같았고(이것은 제가 당시 익숙했던 무시 간적인 교리적 사고로 신약성경을 이해했던 까닭이기도 했습니다), 동일한 하나님을 계시한다는 이 두 책 사이의 간극이 당시로서는 잘 이해가 되지 않았습니다. 소위 구약을 신약의 모형으로 보는 그런 해석도 제게 만족할 만한 답이 되지는 않았었지요. 물론 지금은 이러한 내용들을 설명해 주는 좋은 책들이 많이 소개됐지만, 당시 저에게 그 간극을 해결하는 데 도움을 주었던 여러 대답 중 하나는 다니엘서에 대한 이해였고, 다니엘서는 구약과 신약의 연속성을 이해하는 데 하나의 필수적인 가교였습니다. 그렇다면 다니엘서를 가교 삼아, 우리에게 중요하고 익숙하다고 여겨지는 신약의 메시지로부터 역으로 올라가 구약을 더 깊이 이해하고, 그 이해를 기반으로 다시 신약을 더 깊이 알게 되는 유익한 해석학적 순환이 가능하다고 생각했습니다. 즉, 우리는 이를 통해 기존에 우리가 알고 있던 것보다 성경의 내적 논리를 깊이 이해하게 되고 하나님과 그리스도를 더욱 풍성하게 알 수 있을 것입니다.

어떻게 접근할 것인가?

하나님의 백성이라는 정체성을 가진 우리는 구약성경과 신약성경이라는 두 부분으로 이루어진 성경전서를 하나님의 말씀으로 믿고, 이스라엘의 하나님이요 주 예수 그리스도의 아버지로 자신을 알린 그 유일하신 하나님을 더 깊이 알기 위해 성경을 읽습니다(물론 때로는 교양으로, 또는 이 문헌의 형성사나 이스라엘과 교회의 종교사 등 학문적인 단서를 얻기 위해 이 책을 연구하기도 하겠지만 말입니다). 이 점에서 저는 성경을 옛 예루살렘의 성전과 같이, 하나님이 자신의 이름(정체성)을 두신(왕상 3:2; 5:3, 5; 8:16, 17, 19, 20, 43, 48; 9:3, 7; 11:36) **문학적 성전**으로 봅니다. 즉, 성경을 이루는 각각의 책들은 그 전체로서의 문학적 성전을 이루는 여러 구성 부분들인 셈이지요. 그러므로 우리는 성경을 읽을 때에 하나님이 여러 부분과 여러 모양으로, 그리고 최종적으로는 예수 그리스도 안에서 사람들에게 나타내고자 하신 그분의 정체성을 알게 됩니다(히 1:1). 그러나 동시에 우리는 그 성경의 각 부분들을 만든 사람들이 살았던 시대이자, 건축 재료인 사상, 단어, 문장들이 취해진 고대 근동 및 그리스-로마 제국 초기의 역사적 흔적들을 이와 별개의 것으로 분리하여 볼 수는 없습니다(성전은 본질적으로 신의 임재를 내포하고 있다는 점에서 말이지요. 그런 점에서 성경을 연구하는 것은 성전을 이루는 각 부분들을 자세히 살펴보는 것에 비유할 수 있겠습니다).

문제는 성경이 오늘날 전혀 다른 문화를 살아가는 우리에게 매우 낯선, 그 자체의 세계관을 지닌, 결코 이해하기가 쉬운 책이 아니라는 것입니다. 특히 다니엘서와 같이 구약성경의 뒷부분에 위치한 책일수록 그 이전에 배열된 다양한 책들(오경이나 선지서)의 기본적인 내용을 알지 못하면 (이 책에 들어 있는 몇 개의 일화는 익히 알지라도) 사실상 이 책이 정말로 말하고자 하는 것이 무엇인지 이해할 수가 없습니다. 즉, 각각의 책들은 그 자체로 독립된 이야기와 메시지를 가지고 있지만 각각의 책들이 또한 유기적으로 연결되어 한 책에 대한 이해가 다른 책들을 이해하는 데에 지대한 영향을 미칩니다(그런 점에서, 성경은 마블 시네마틱 유니버스 세계관에 속해 있는 각각의 영화들과도 비슷합니다). 또한 이 책들이 함께 모여 전체적으로 하나의 거대한 이야기를 들려주는 것도 물론이고 말이지요.

이렇게 성경이 오늘날 우리에게는 여전히 매우 낯선 고대의 식양과 건축법으로 지어졌기 때문에 다니엘서를 읽기 전에 알아야 할 내용들이 있습니다. 여기서는 지면 관계상 두 가지만 언급하도록 하겠습니다.

첫째, 오늘날 우리가 일반적으로 사용하는 구약성경은 마소라 본문이라는 특정 전승에 기초하여 번역된 성경입니다. 마소라 본문은 전체적으로 매우 신뢰할 만하고 오랜 역사를 가졌지만 이와는 다른 읽기를 보여주는 고대 본문들이 엄연히 존재합니다. 예를 들어, 흔히 칠십인역이라고 일컬어지는 그리스어 역본이 그것인데, 다니엘서의 경우 상당히 다른 읽기 방식을 보여주는 고대 그리스어 역본(Old Greek) 및 보다 히브리어 원문에 가깝게 개정됐고 주요 추가 사항들이 존재하는 테오도티온 역본 사이의 차이는 잘 알려져 있으며, 또한 이 그리스어 역본들에는 마소라 사본에는 없는 주요 부록들이 존재합니다(완전히 별개의 삽화인 수산나와 다니엘 이야기[13장], 페르시아 왕 고레스 시대의 이야기인 벨과 용[14장], 다니엘 3:23과 24절 사이에 추가된 아사랴의 기도와 세 청년의 노래, 이 부록들은 가톨릭에서 사용하는 성경에서 확인이 가능합니다). 본서에서의 해설은 마소라 본문의 다니엘서를 기초로 했고, 그리스어 본문에 대해 추가적으로 언급할 필요가 있을 경우 본문이나 각주를 통해 간략하게 소개했습니다.

둘째, 다니엘서는 그리스도교에서 전통적으로 이사야, 예레미야, 에스겔 다음의 네 번째 대선지서로 알려져 왔지만(참고, 마 24:15)[2] **히브리성경에서 다니엘서**는 세 번째 그룹인 **성문서(크투빔)**의 한 자리를 차지합니다.

본서에서 히브리성경(레닌그라드 사본을 기초로 한 BHS[5])을 기초로 다니엘서를 살펴보는 만큼, 히브리성경의 배열을 간략하게 살펴보는 것이 유익할 것이라 생각합니다. 우리가 전통적으로 39권으로 계수하는 구약의 책을 "오경, 역사서, 시와 지혜 문헌, 선지서"의 네 그룹으로 나누는 반면, 히브리성경에서는 이와 동일한 책들을 24권으로 계수하며, 오경(토라), 선지서(느비임), 성문서(크투빔)의 세 그룹으로 분류합니다. 마치 성전의 구역들이 가장 거룩한 지성소, 성소와 바깥뜰로 삼분될 수 있는 것처럼 말이지요. 각 그룹에 속한 책들은 다음과 같습니다.

---

2.   사해문서와 요세푸스도 다니엘을 선지자로 언급한다. 참고, J. J. Collins, *Daniel*, Hermeneia (Minneapolis: Fortress Press, 1994), 52. 다니엘이 이사야, 예레미야, 에스겔 같은 선지자들처럼 하나님의 백성의 미래의 소망을 "보는 자"로 묘사된다는 사실은 이러한 이해의 타당성을 뒷받침해 준다. (또한 4-5장에서 옛 선지자들처럼 신명기적 율법의 내용을 기초로 왕들에게 심판을 선언하는 다니엘의 모습을 참고하라.)

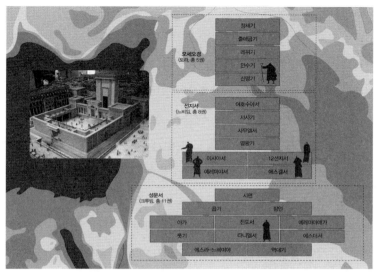

<야훼 하나님의 문학적 성전으로서의 구약성경(히브리성경) 배열>

- **모세오경**(토라, 총 5권): 창세기, 출애굽기, 레위기, 민수기, 신명기
- **선지서**(느비임, 총 8권): 여호수아서, 사사기, 사무엘서, 열왕기(이상 전기 선지서), 이사야서, 예레미야서, 에스겔서, 12선지서(호세아-말라기) (이상 후기 선지서)
- **성문서**(크투빔, 총 11권): 시편, 욥기, 잠언, 룻기, 아가, 전도서, 예레미야애가, 에스더서, 다니엘서, 에스라-느헤미야, 역대기

(1) 먼저 **오경(토라)**은 이스라엘의 가장 위대한 선지자인 모세(민 12:6-8; 신 34:10-12)의 권위를 덧입은 이스라엘의 창건에 대한 문서로, 유일하신 창조주 하나님이 아브라함의 후손인 이스라엘을 왜

그리고 어떻게 자신의 특별한 백성으로 부르셨는가를 이야기합니다. 범죄로 말미암아 낙원과 하나님의 임재, 그의 이름을 잃어버린 인류와 세상의 문제를 해결하기 위해 하나님은 아브라함을 부르시고 그 후손들을 통해 한 민족을 준비하십니다. 하나님은 이집트에서의 체류 중 압제와 노예 생활을 겪고 있던 이 민족을 구원하시고 이스라엘의 하나님이 되시기 위해 이들과 언약을 맺으시며, 이들을 아브라함, 이삭, 야곱에게 약속하신 약속의 땅, 자신의 영원한 통치가 거하는 거룩한 성소로 인도해가십니다(출 15:13, 17-18). 특히 중요한 것은 율법이 주어지고 이 백성 가운데 하나님이 친히 거하실 성막(출 25:8)이 건설됨으로써 자유케 하는 참된 인간 됨의 법도와 첫 사람이 잃어버렸던 하나님의 임재가 제한적으로나마 회복되기 시작했다는 사실입니다. 오경은 약속의 땅으로의 오랜 여정을 다루며, 약속의 땅에 진입하기 위한 경계인 모압 평지에서의 모세의 마지막 설교와 죽음으로 마무리됩니다.

(2) 두 번째 책군인 **선지서(느비임)**는 우리가 흔히 역사서로 분류하는 여호수아, 사사기, 사무엘, 열왕기로 시작됩니다(전기 선지서). 이 책들은 소위 '선지자적 관점'의 역사 이야기로서 오경의 후속 이야기를 이어가며, 오경에서 선포된 언약의 원리가 이스라엘의 역사 속에서 어떻게 펼쳐졌는지를 보여줍니다(레 26장; 신 28장). 모세의 뒤를 이은 여호수아의 지도 아래에 이스라엘 백성은 약속의 땅에 진입하는 데 성공하지만, 하나님을 잊어버리고 그 땅에서 무수한 실패를 겪게 됩니다. 다윗 왕의 등장과 함께 이스라엘은

그들이 빠져 있던 무정부 상태에서 건짐을 받고, 그의 아들인 솔로몬에 이르러 중흥기를 맞이하여 비로소 하나님의 성전이 예루살렘에 지어집니다. 특히 하나님은 다윗에게 영원한 왕권의 약속을 하사하는데(삼하 7:8-16) 이것은 후기 선지서들과 시편에서 언급될 메시아 왕국에 대한 소망의 근거가 됩니다. 그러나 결국 계속되는 왕들과 백성들의 범죄로 왕국은 분열되고, 오경에서 선포되었던 언약의 저주가 현실화되며, 북왕국 이스라엘은 앗시리아에 (주전 722년) 남왕국 유다는 바벨론에(주전 587년) 멸망하게 됩니다.

이어지는 **후기 선지서**인 이사야, 예레미야, 에스겔, 그리고 12선지서는 바로 이 격동의 시기를 살아간 "모세와 같은 선지자들"의 이름으로 전해진 선포를 들려줍니다(신 18:15). 이들의 선포 내용은 간략히 정리하자면, 이스라엘과 유다의 범죄에 대한 기소와 그에 따른 심판의 선언, 포로기 이후에 나타날 회복에 대한 예언입니다. 이 백성들은 그들의 범죄함으로 인해 바벨론과 앗시리아로의 유배의 시기를 겪게 되겠지만, 하나님은 새 출애굽을 통해 이들을 새롭게 구원하실 것이고, 새 언약이 맺어지며 새 성전이 건축될 것입니다. 황금기였던 다윗의 왕국은 회복될 것이고 하나님의 영의 복이 임할 뿐 아니라, 민족들이 참 하나님을 알고자 하나님의 임재가 있는 예루살렘으로 모여들게 될 것입니다. 바로 이 바벨론 포로기를 전후한 상황에서 이 두 번째 책군인 선지서들이 마무리되며, 이들은 지속되는 이스라엘의 회복에 대한 소망의 근거가 됩니다.

(3) 이 기본 내러티브의 바깥에 나머지 책들이 위치하며 이들
은 **성문서(크투빔)**라는 그룹으로 일컬어집니다. 여기에는 이스라엘
의 시와 지혜의 가르침들(시편; 욥기; 잠언; 전도서; 아가; 예레미야애가),
짧은 이야기들(룻기; 에스더), 특히 포로 귀환의 관점에서 쓰인 역사
서들(에스라-느헤미야; 역대기)이 속해 있습니다. 그중에서도 다니엘서
가 이 그룹에 위치해 있는 것은 주목할 만합니다. 아마도 그것은
이 책의 주인공인 다니엘이 예레미야와 에스겔과 동시대의 인물
로 포로의 현실을 살아간 인물이지만, 그의 이름으로 전해진 계시
가 (단 12:4, 9; 8:19, 26과 같은 구절들이 암시하고 있듯이) 이미 선지서 그룹
의 책들의 범주가 정해진 이후, 훨씬 후대에 비로소 알려지게 된
것과 관계가 있는 것 같습니다.[3]

특히 이들 중 다니엘서를 이해하기 위해 **먼저 그 내용을 아는
것이 유익한 성경**이 있습니다. 오경의 마지막 책인 **신명기**와 후기
선지서에 속하는 **예레미야서**입니다(다니엘서 9장에서 신명기는 두드러
지게 암시되며, 예레미야서는 다니엘 자신의 입을 통해 직접 언급됩니다). 즉, 다
니엘은 앞선 오경과 선지서에서 전개된 이야기를 독자들도 알고
있다고 전제하고 있습니다.

---

3.   또한 다니엘서가, 동일한 성문서에 속하는 에스더서와 주제적인 유사성(이
      방인 왕을 섬기는 디아스포라 유대인의 궁정 이야기, 대제국의 왕에 의한 유
      대 민족의 사활이 걸린 위기의 사건을 다루며, 두 책 모두 토라에 규정되지
      않은 절기—에스더는 부림절, 다니엘은 수전절—와 연관됨)을 지닌 것도 다
      니엘서가 성문서 그룹에 배정된 하나의 이유일 수 있다(BHS[5]의 배열은 에스
      더서 이후에 다니엘서가 온다).

신명기에서 모세는 이스라엘 백성이 야훼께서 그들에게 주신 약속의 땅으로 진입하기 직전 행한 설교에서, 이스라엘 백성들이 결국 그들의 하나님을 버리고 다른 신들을 섬기며 하나님과의 언약을 파기함으로, 그 땅(거룩한 땅)에서 쫓겨나게 될 것을 예언했습니다(신 4:15-31; 28:15-61; 29:21-30:6). 마치 아담이 선악을 알게 하는 나무 열매를 먹지 말라는 계명을 어겨 낙원에서 쫓겨난 것처럼 말입니다. 그리고 이 예언의 성취는 예레미야서에서 선지자를 통해 구체적으로 선포됩니다. **야훼께서는 부지런히 자신의 종 선지자들을 다윗 왕가의 왕들과 백성들에게 보내어 그들을 돌이키게 하려 하셨지만, 그들이 그것을 거부한 결과, 그들이 복종할 수밖에 없는 또 다른 종을 일으키십니다. 바로 신바벨론 제국의 왕 느부갓네살입니다**(렘 25:11-14; 27:5-8).

> 나는 내 큰 능력과 나의 쳐든 팔로 땅과 지상에 있는 사람과 짐승들을 만들고 내가 보기에 옳은 사람에게 그것을 주었노라 이제 내가 이 모든 땅을 내 종 바벨론의 왕 느부갓네살의 손에 주고 또 들짐승들을 그에게 주어서 섬기게 하였나니 모든 나라가 그와 그의 아들과 손자를 그 땅의 기한이 이르기까지 섬기리라. … (렘 27:5-7 개역개정)

하나님은 아담에게 그러하셨듯이, 느부갓네살의 손에 들짐승들까지 다스리는 권세를 주셨습니다(렘 27:5-6; 28:14). **영원한 다윗 후손**

의 왕권이라는 야훼의 약속(삼하 7:12-16; 대상 17:10-14)을 자신들의
소망으로 삼은 유다 백성들에게 있어서는 참을 수 없는 선언입니
다(참고, 시 89:38-51; 애 4:20). 야훼 하나님께서는 시온을 영원한 자신
의 거처, 자신의 거룩한 산으로 택하시고, 그곳에 있는 다윗의 후
손들을 통해 다스리겠다고 말씀하시지 않았습니까(시 78:68-72;
132:13-14)? 야훼 하나님은 자신의 약속을 파기하시는 것일까요? 물
론 그 시기가 영원하지는 않습니다. 야훼께서는 **그 왕의 손에 모
든 주권을 넘기는 시기가 70년으로 제한될 것**이라고 말씀하십니
다(렘 25:11; 29:10; 참고, 27:7). 그러나 하나님이 정하신 그 시기가 이르
기까지는 근동의 모든 나라들이 그를 섬겨야 합니다.

　하나님의 세계 통치의 홀(지팡이)이 이제 범죄한 유대 민족과
다윗 왕가 왕들의 손에서 떠나 신흥 강대국으로 떠오른 바벨론 왕
의 손으로 넘어가려 합니다. 그리고 (예레미야서와 열왕기뿐 아니라) 우
리의 본문인 다니엘서 1:1-2은 이 일의 성취를 보고합니다. 바야흐
로 모세와 선지자들이 선포한 **포로기의 어둠**이 드리워지고 있습
니다.

다니엘서 1장:
포로의 시작, 낯선 이방 왕국에서

다니엘서는 크게 두 부분, 1부(1-6장)와 2부(7-12장)로 나눌 수 있습니다. 다니엘서가 진행되면서 알게 되겠지만, 1부(1-6장)는 주로 이야기 부분으로, 다니엘과 그의 친구들이 주전 6세기 바벨론 포로기에 지혜자들로서 이방 왕국들에서 활동하며 그 가운데 권능과 뜻을 드러내시는 그들의 하나님을 체험합니다. 그리고 7-12장에서 다니엘은 그의 시대로부터 멀리 떨어진, 고토에서 또 다른 포로기의 마지막 때를 살고 있는 독자들을 위해 환상과 그 해석에 대한 계시를 받고, 그 시대를 살아가는 자신과 같은 지혜자들이 깨달아야 할 수수께끼를 이 책에 담습니다. 즉, **다니엘이라는 주인공을 통해 1-6장의 바벨론 포로기의 맥락과 7-12장에서 주목하는 먼 훗날의 포로기의 지평이 연결되며, 그는 독자들에게 이 책에 담긴**

꿈과 환상을 해석하는 지혜자로서 모본이 됩니다.[1] 특히 1장은 다니엘서 이야기의 시간 맥락과 등장인물들, 앞으로 펼쳐질 사건과 그 해결의 열쇠를 예시하는 역할을 합니다. 이제 1장부터 살펴보도록 하겠습니다.

다니엘서 1장은 그 전체가 잘 짜여진 교차 대구 구조로 구성되어 있습니다.

> A. 포로기의 시작을 암시하는 서문(1-2절)
>> B. 왕 앞에 서기 위한 궁정에서의 교육 및 훈련(3-6절)
>>> X. 뜻을 정한 다니엘과 그에게 주신 하나님의 은혜, 다니엘의 제안을 거절하는 환관장(7-10절)
>>> X′. 뜻을 정한 다니엘과 세 친구에게 주신 하나님의 은혜의 선물들, 다니엘의 제안을 수락하는 환관장이 세운 관원(11-17절)
>> B′. 성공적인 최종 시험(18-20절)
> A′. 포로기의 종결을 암시하는 이행부(21절)

먼저 이 장 전체는 1:1-2의 포로기의 시작(A)과 1:21의 포로기의 종결부(A′)로 틀 지어져 있으며 이것은 다니엘서의 연대기와 관련해 중요한 정보를 제공합니다. 대응되는 그 내부의 짝인 B와 B′는

---

1.   보다 자세한 설명은 배정훈, 『다니엘』, 한국장로교 총회 창립 100주년 표준주석 (서울: 한국장로교출판사, 2016), 17-37을 참고하라.

다니엘과 그의 친구들의 이방 궁정에서의 교육 및 훈련(B: 1:3-6) 그리고 성공적인 최종 시험(B′: 1:18-20)으로서, 이들이 유대인 디아스포라로 바벨론 왕 느부갓네살의 신하가 된 경위를 소개합니다. 마지막으로 중심부인 X(1:7-10)와 X′(1:11-17)는 다니엘과 세 친구가 바벨론 왕의 신하라는 새로운 정체성 속에서 하나님의 백성인 유대인의 정체성을 지키기 위해 보여준 분투와, 충성된 이들에게 주어진 하나님의 선물을 이야기합니다.

시작된 포로기, 예루살렘에서 바벨론으로

다니엘서는 다음과 같은 말로 시작됩니다.

> 유다 왕 여호야김 통치(왕국)의 삼 년이 되는 해에 바벨론 왕 느부갓네살이 예루살렘에 와('보') 그것을 에워쌌다. **주께서** 그의 손에 유다 왕 여호야김과 하나님의 **집** 그릇 얼마('미크짜트')를 **주시매** 그가 그것들을 시날 땅 그의 신들의 **집**에 가게 했고('보') 그 그릇들을 그의 신들의 보물 창고 **집**에 가게 했다('보'). (1:1-2)

본문은 유다의 다윗 왕가의 왕 여호야김의 통치 연도, "유다 왕 여호야김 통치(왕국)의 삼 년이 되는 해에"의 연대기 공식으로 시작되지만, 즉시 또 다른 왕, 바벨론의 왕 느부갓네살이 "오는 것"('보')

을 통해 급박한 정세의 변경을 예감케 합니다(히브리어 본문에서는 "유다 왕 여호야김 통치[왕국]의 삼 년이 되는 해에" 이후에 즉시 "그가 왔다, 느부갓네살, 바벨론의 왕이 …"라는 어순으로 이어집니다).[2] 그는 예루살렘에 당도했고 그것을 에워쌌습니다. 그리고 유다 왕 여호야김과 하나님의 집의 그릇 얼마가 느부갓네살 왕의 전리품이 됩니다. 유다의 하나님은 이 이교도 왕으로부터 자신의 도성과 왕, 그리고 성전 기물을 지켜낼 수 없었는가(참고, 사 36:20)? 그 옛날, 히스기야 시절 일어난 앗시리아 제왕으로부터의 예루살렘의 구원은(참고, 왕하 19장; 사 37장) 그저 어쩌다 발생한 우연이었을 뿐인가? 야훼 하나님도 결국 열방의 다른 신들과 마찬가지로 대제국의 왕들의 손에서 그의 도성을 지켜내지 못한 채 함께 포로의 처지로 전락해버린 것인가(사 37:11-13; 렘 48:7; 49:3)? 그러나 이 모든 것은 우발적인 사건이 아닙니다. 화자는 유다 왕 여호야김과 하나님의 전 그릇 얼마를 그의 손에 주신 이가 **주님(야훼 하나님) 자신임**을 담담히 전합니다. **"주께서 그의 손에 유다 왕 여호야김과 하나님의 집 그릇 얼마('미크짜트')를 주시매."** 그리고 느부갓네살은 예루살렘 **"하나님의 집"('베이트 하엘로힘')** 그릇들을 가지고 와('보') 시날 땅(참고, 창 10:10; 슥 5:11; 사 11:11) **"그의 신들의 집"('베이트 엘로하브')**의 보물 창고 집('베

---

2.   D. Bauer에 의하면 다니엘서에서 '왕'이라는 단어는 187번, '왕국'은 69번 나온다. 이 단어들의 빈번한 사용은 다니엘서의 관심사가 어디에 있는지 보여준다. D. Bauer, *Das Buch Daniel*, NSK.AT (Stuttgart: Katholisches Bibelwerk, 1996), 68.

이트 오짜르 엘로하브')에 가게('보') 했습니다.[3] 유다 왕이 바벨론 왕의 손에 넘겨진 것처럼(1절) 하나님의 집의 그릇들 얼마는 그곳에서 꺼내져 시날 땅 바벨론 왕의 신들의 집, 창고 집에 넘겨집니다(1:2). 유다의 왕이 바벨론의 왕에게 패배한 것처럼 유다의 신 야훼도 바벨론의 신들에게 굴욕을 당한 것 같습니다. 적어도 겉보기에는![4] 야훼께서는 선지자들을 통해 선포하신 자신의 말씀대로 자기 백성의 죄를 징벌하기 위해 스스로의 명예가 훼손될 수 있는―야훼께서 자신의 명성에 두신 관심과(참고, 출 32:11-12; 민 14:15-19) 고대에 명예라는 가치가 가졌던 위상을 생각해 보면 실로 엄청난 대가를 감내하는―길을 택했습니다(참고, 사 52:5). 그러나 모든 것을 알고 있는 화자가 전하는 바대로 잊지 말아야 할 것은, 이것은 세계의 역사를 경영해 가시는 주님 자신의 능동적인 행위였으며

---

3.   표면적으로 느부갓네살은 히브리어 칼과 히필 형태 모두에서 동사 '보'와 세 번 연관되는 강력한 행위자다. 그는 예루살렘에 "오고" 그의 포로들과 전리품을 바벨론으로 "가지고 온다." … 그러나 여호야김과 성전 기구들을 느부갓네살의 손에 "주시는"('나탄') 분은 하나님이다. 이야기의 나머지 전체에 걸쳐 느부갓네살과 그의 신하들은 동사 '보'("오다", 3, 18절[×2])와 연관되어 있는 반면, 하나님은 동사 '나탄'("주다", 9, 17절)과 일관되게 연관되어 있다. Newsom, *Daniel*, 41.

4.   고대 근동의 민족들 간의 전쟁은 그들이 섬기는 신들의 전쟁으로 여겨지기도 했다. 참고, Mark Schwartz, "성경 세계의 전쟁," in: 『고대 근동 문화와 구약의 배경』, 김은호·우택주 역 (서울: CLC, 2018), 827-830. 그러나 실제로 다니엘서에서는 이러한 신들이 하나님의 대적으로 의미 있게 기능하지 않는다. 다니엘서에서 하나님의 대적들로 기능하는 이들은 왕들이다. 신들이 자신의 도시를 포기하는 모티프에 대해서는 Christopher B. Hays, 『고대 근동 문헌과 구약성경』, 임요한 역 (서울: CLC, 2014), 512-521을 보라.

(1:2a), 이어지는 이야기들에서 우리가 보게 되듯이 그분은 결코 이
교도들이 자신의 이름을 더럽히도록 내버려두지 아니하실 것입니
다.

다만 한 가지 이상한 것은 이 일이 일어났다고 보고되는 날짜
입니다. 그 날짜는 **"유다 왕 여호야김이 다스린 지 삼 년이 되는
해"**로 설정됐는데, 이집트의 연호 계산과 달리 다니엘서가 사용하
는 것으로 추정되는 바벨론 연호가 왕의 즉위식의 연도를 계산하
지 않는다는 점을 염두에 두면, 이 날짜는 예레미야 25:1이 보고하
는 해인 "유다의 왕 요시야의 아들 **여호야김 넷째 해**, 곧 바벨론
왕 느부갓네살 1년"인 주전 605년을 의미하는 듯합니다.[5]

이 해는 느부갓네살이 이집트를 결정적으로 쳐부수고, 앗수르
제국이 통치했던 지역 전체에 신-바벨론의 지배 체제를 확립함으
로써 근동의 패권을 결정적으로 장악한 계기가 된 갈그미스 전투
가 벌어진 해로(참고, 왕하 24:7),[6] 이때 예레미야는 느부갓네살의 침
공을 경고하며 유다가 70년간 바벨론 왕을 섬기게 될 것을 예언했

---

5.   참고, 배정훈, 『다니엘』, 47.
6.   D. J. Wiseman이 1956년에 출판한 바벨론 연대기는 이 시기에 일어난 일련
      의 사건에 귀중한 빛을 비추어 준다. 느부갓네살은 그의 아버지 나보폴라살
      이 바벨론에 남아 있는 동안 왕세자로서 갈그미스에서 바벨론 군대를 지휘
      했고, 아버지의 사망 소식을 듣고 바벨론으로 돌아가 왕위에 올랐다. 전투와
      대관식은 모두 주전 605년으로 거슬러 올라간다. Collins, *Daniel*, 131-132을
      참고하라. 또한 Sara L. Hoffman, "갈그미스 전투와 7세기/6세기 지역 정치,"
      in: 『고대 근동 문화와 구약의 배경』, 김은호·우택주 역 (서울: CLC, 2018),
      522-533도 보라.

습니다. 여기서 다니엘서 저자는 역대하 36:5-7의 느부갓네살의
침공으로 인해 여호야김과 야훼의 집 그릇 일부가 바벨론에 있는
그의 신들의 신전으로 송환되는, 본질적으로 동일한 서술을 이 예
레미야의 70년 포로기 예언이 시작된 해와 결합하여, 이 예언이
선포된 해를 **포로기의 시작점**으로 삼으려 하는 것으로 보입니다.[7]
한편, 느부갓네살이 전리품으로 가져오게 한 것은 하나님의 전의
그릇 얼마뿐만이 아닙니다. 이야기의 화자는 왕이 환관장 아스부
나스(아마도 관직의 명칭)에게 말하여 이스라엘의 아들들(자손들)과 왕
족과 귀족들의 씨들(자손들)을 데려오게 하였다고 합니다('보', 1:3).[8]
요구 조건은 육체적인 완벽함과 뛰어난 지식의 소유, 즉 "어떤 흠
도 없고 용모가 좋으며 모든 지혜에 현명한 자들('사칼'; 참고, 11:33,

---

7. 다니엘과 역대기 등을 제외한 역사적 자료들에는 유다 왕 여호야김 삼 년째
   에 실제로 유다의 포로들이 바벨론에 끌려갔던 내용이 확인되지 않는다. 참
   고, Lester L. Grabbe, 『고대 이스라엘 역사』, 류광현·김성천 역 (서울: CLC,
   2007), 359-360. 다니엘서가 예레미야의 포로 예언이 시작된 시기를(렘 25
   장) 사실상의 포로기의 시작으로 삼는 것은, 확실히 지리적인 유배의 시작을
   포로기의 시작으로 보는 열왕기(왕하 17장, 25장)나 이사야, 예레미야, 에스
   겔 등의 관점과는 다르다(또한 C. L. Seow, *Daniel* [Louisville: Westminster
   John Knox Press, 2003], 21을 참고하라). 이후의 9:25의 해석 또한 참고하라.
8. 저자는 다니엘과 그의 친구들의 정확한 사회적 지위를 명시하지 않았지만,
   후기 유대 전통에서는 다니엘과 그의 친구들이 시드기야 왕의 가문에 속했
   다고 가정했다(Josephus, *Ant.* 10.188). 이사야가 히스기야에게 그의 자손들
   중 일부가 바벨론 왕궁에서 환관으로 섬길 것을 예언한 것(사 39:7)은 다니
   엘과 그의 친구들이 왕족의 일원이었다고 가정하는 이러한 전통의 기초가
   된 것으로 보인다. Newsom, *Daniel*, 42; A. Lacocque, *The Book of Daniel*
   (London: SPCK, 1979), 26.

35; 12:3, 10), 지식을 알며 학문을 이해하는 자들로서,[9] 왕의 궁정에 설 힘('코아흐')을 가진 소년들입니다(1:4; 참고, 8:6-7, 22, 24; 10:8, 16, 17; 11:6, 15, 25).[10]

많은 나라들의 섬김을 받는 광대한 세계 제국의 정점에 선 왕, 느부갓네살, 아마도 그가 이들을 데려오게 한 목적은[11] 그들이 그 민족(하나님의 언약 백성인 이스라엘!)의 대표로서 자신을 섬기게 하고 (참고, 3:2-4, 7), 이 미래의 지도자들을 문화적으로 바벨론화하여 느부갓네살에게 직접적인 혜택을 줄 수 있는 이들로 훈련시키기 위함일 것입니다. 그들에게는 3년의 시간이 주어졌으며 그 날들의 끝에('미크짜탐'; 참고, 1:2) 그들은 왕 앞에 서기에 합당한 자격을 갖추어야 합니다. 왕은 그들의 지식을 더욱 뛰어나게 하기 위하여 그

---

9. 여기 사용된 네 개의 지혜 관련 유의어들('하스킬', '하캄', '야다', '빈')은 창 41:33, 39에서 요셉에 대한 묘사를 상기시킬 뿐 아니라 잠언과 같은 책에서 구현된 실제적인 지식으로 구비된 젊은이들에 대한 인상을 전달한다. 참고, J. Goldingay, *Daniel*, WBC 30 (Grand Rapids: Zondervan Academic, ²2019), 154-155.

10. 이 조건들은 또한 하나님의 뜻을 성취하는 데 도구가 될 사람들을 묘사하는 특성들이기도 하다. "흠이 없음"(제사장: 레 21:16-24; 제물: 레 22:19-21), "현명함"('사칼': 수 1:7, 8; 왕상 2:3; 왕하 18:7; 사 52:13 등) "모든 지혜로 가르침을 받는 것"은 또한 제사장의 특권이기도 하며 "보기에 좋음"은 성경에서 왕족의 특징으로 종종 나타난다(삼상 9:2; 10:23; 16:12, 18; 참고, 출 19:6; Seow, *Daniel*, 23-24; Lacocque, *The Book of Daniel*, 27.

11. Seow는 여기서 창 11:1-9의 바벨탑 사건과의 관련성을 본다. 하나님은 바벨에서 사람들이 흩어지기를 원하셨지만 느부갓네살은 그들을 시날 땅으로 다시 데려왔고, 하나님께서는 많은 언어를 뜻하셨으나 느부갓네살은 그들이 바벨론의 언어를 배우게 하려고 했다(4절). Seow, *Daniel*, 23.

들에게 갈대아(바벨론)의 책과 언어를 배우게 할 뿐 아니라 그들의
용모를 더욱 좋게 하기 위해 그들에게 왕의 진미와 그가 마시는
포도주에서 날마다 할당치를 지정합니다(1:5; 참고, 왕하 25:29-30). 그
날에 왕 앞에 합당히 설 자격을 얻기 위한 시험의 시간이 시작됐
습니다.

뜻을 정한 소년들과 하나님의 선물

이제 이 책의 주인공과 그 동료들이 소개됩니다. "그들 가운데는
유다 자손 중 다니엘과 하나냐와 미사엘과 아사랴가 있었다"(1:6).
그리고 이들에게는 환관장에 의해 새로운 주인을 향한 새로운 충
성 요구의 표식으로[12] 바벨론식의 이름, "벨드사살, 사드락, 메삭,
아벳느고"가 내려집니다(1:7에서 이름을 줄 때 사용되는 동사인 '바야셈'이
두 번 반복됩니다).[13] 이제 이들은 대제국에서 살아가야 하는 디아스포
라의 다문화적 삶의 현실에 놓여졌습니다.

---

12. Ernest C. Lucas, 『다니엘』, AOTC, 김대웅 역 (서울: 부흥과개혁사, 2017),
    65.
13. 이들의 히브리식 이름의 뜻은 다니엘("하나님이 심판하셨다"), 하나냐("야훼
    는 은혜로우시다"), 미사엘("누가 하나님인가?"), 아사랴("야훼께서 도우신
    다")이며 개명된 바벨론식 이름은 각각 벨드사살("그의 생명을 보존하다",
    "왕의 생명을 보존하다"), 아벳느고("느고를 섬기는 자")와 같다(1:7). 사드락
    과 메삭(여기에는 페르시아 신 미트라의 이름이 포함되어 있다)의 이름의 의
    미는 불분명하다. 자세한 사항은 Collins, *Daniel*, 141을 참고하라.

새로운 이름, 낯선 땅. 이제야 처음으로 이 책의 이름을 지닌 주인공이 행위의 주체로 등장합니다. 그는 비록 포로의 상황에 처해 있지만, 그럼에도 불구하고 무언가를 스스로 결정하는 주도권을 행사합니다. 이어지는 8절은 7절과 동일하게 '바야셈'("놓다")으로 문장 서두를 시작함으로(즉, 환관장이 다니엘과 세 친구에게 바벨론의 이름을 내린 것['바야셈']과 대응되게 다니엘은 자신의 마음에 한 가지 결심을 내렸습니다['바야셈'])[14] **마치 이스라엘의 하나님의 통치가 미치지 않아 보이는 이 포로된 땅에서, 최소한이나마 참 하나님의 백성으로서의 자기 정체성을 지키고자 하는 다니엘의 결심**을 보여줍니다.

그것은 왕의 기름진 음식과 그가 마시는 포도주로 자기를 더럽히지 않게 하리라는 결심입니다. 그는 이 결심대로 환관장에게 구했는데(동일한 "더럽히지 않다"['로-가알']라는 단어가 8절에서 두 번 연달아 사용되어 다니엘의 결심의 확고함을 보여줍니다), 이 "더럽히다"('가알')는 동사가 구약에서 종종 제의적 의미로 쓰이지만(스 2:62; 느 7:64 등) 다니엘의 이 결심은 율법에 지정된 음식과 관련한 특정한 금령과 관련이 있는 것은 아닌 것 같습니다.[15] 고대에 왕의 음식을 먹는 것은 문자 그대로 왕의 선물을 자신의 몸에 가져가는 것이며, 그 행위가 사회적 유대와 사회적 부채를 인정하는 것이었음을 고려한다

---

14. Lucas, 『다니엘』, 71.
15. 정함과 부정함에 관련된 이스라엘 토라의 음식법은 하나님의 백성으로서의 그들의 정체성과 거룩한 백성으로서의 책임을 기억하게 하는 역할을 한다. 참고, Gordon J. Wenham, 『레위기』, NICOT, 김귀탁 역 (서울: 부흥과개혁사, 2014), 192.

면,[16] 이것은 다니엘이 이 거대한 제국의 왕으로 하여금, 자신의 부양자로서의 무제한적 충성의 요구권을 주장치 못하게 하리라는 소극적인 저항의 표현으로 보입니다(1:8).[17]

앞서 느부갓네살에게 여호야김과 하나님의 집 그릇 일부를 "주신"('나탄') 하나님(1:2)은 다니엘에게 (마치 요셉이 보디발 앞에서 그러했듯이) 그를 관리하던 환관장 앞에서의 은혜와 긍휼을 "주십니다"('나탄', 1:9). 물론 환관장은 자신에게 맡겨진 책임, 곧 왕이 지정한 바대로 그들을 최고 등급의 청년들로 양육할 의무가 있었기에 그 제안을 받아들이기 어려워합니다(1:10). 왕의 명령을 거역하는 것은 그에게 위험을 초래합니다. 결국 다니엘이 섬기는 하늘의 주님('아도나이', 1:2)에 대한 충성과 이 환관장이 자신의 주('아도니', 1:10)에 대해 느끼는 두려움은 타협할 수 없는 평행선을 달립니다.

그러나 다니엘은 포기하지 않습니다. 결국 이 왕의 관원들에

---

16. Newsom, *Daniel*, 165.
17. 예컨대, 많은 학자들(예, Lacocque, *The Book of Daniel*, 30)이 이 이야기에서 유추하듯이, 이것은 주전 2세기 다니엘서의 1차 독자들에게 그들의 음식법을 준수할 것에 대한 교훈이 되었을 것이다. 그렇지만 채식만 허용하는 유대교 음식 규정은 없을 뿐더러 포도주는 나실인에게만 금지됐다. 즉, 이 이야기는, 그들이 바벨론 이름을 취하고, 바벨론 궁중에서 섬기며, 바벨론 교육을 받은 사실에 대해 경종을 울리지 않는 것과 유사하게, 유대인들에게 바벨론 육류나 포도주를 금지하는 의미를 내포하지 않는다(참고, 10:3). 이런 처신은 궁중 생활 초기부터 바벨론 가치관에 대한 그들의 충성에 한계가 있음을 강조할 의도가 있었다는 관점에서만 이해할 수 있다. 훌륭한 음식물이 아니라, 하나님만이 생명의 주관자이시다! P. R. Davies, 『다니엘 연구 입문』, 심정훈 역 (서울: CLC, 2017), 137-138.

게 중요한 것은 결과와 실적임을 그는 알고 있습니다. 다니엘은 환관장이 자신들에게 지정한 한 관원에게 구하여 10일 동안 채소와 물로 시험한 후 자신들의 외양과 왕의 음식을 먹는 소년들의 외양을 비교해 볼 것을, 그리고 그 결과에 따라 행할 것을 제안합니다. 여기서 강력한 제국의 왕의 진미와 포도주가 공급하는 힘, 그리고 하늘의 왕이신 하나님의 자연의 산물인 채소와 물이 대조되고 있습니다(1:11-13).

환관장이 지정한 그 관원은 다니엘의 말을 "들었습니다"('샤마', 1:14). 그리고 다니엘의 말처럼 10일의 시험의 끝('우미크짜트 야밈 아사라'; 참고, 1:2, 5['미크짜트'])이 이르렀을 때 다니엘과 그 일행의 용모는 왕의 진미를 먹는 소년들보다 더욱 좋아보였습니다('토브'). 온 창조 세계를 다스리는 하늘의 왕을 향한 궁극적인 충성을 결심한 그들에게 그 창조의 복인 "좋음"(창 1:4, 10, 12, 18, 21, 31)이 충만히 주어진 셈입니다. 흥미로운 것은 환관장이 지정한 관원이 들은바 여기서 "말"로 번역된 히브리어는 하나님의 "말씀"을 의미하기도 하는 '다바르'이며(참고, 9:2, 23, 25; 10:1; 12:4, 9) "듣다"라는 단어인 '샤마'는 **"말씀에 순종하는 듣기"**의 의미로 구약에서 자주 사용됩니다(참고, 신 6:4). 그리고 그 결과 그는 자신뿐 아니라 환관장에게도 **유익할 만한 결과**를 얻었습니다. 이제 그는 다니엘의 말대로 그들에게 채소만을 제공합니다(1:15-16). 사소해 보이는 부분이지만 이 감독자가 다니엘의 말을 들은 것은, **다니엘서의 독자들이 이 책을 어떤 자세로 대해야 하는지 권고의 역할**을 하는 것처럼 보입니다.

실제로 이 감독자가 들은 다니엘의 "말"은 성경 다니엘서 안에 "말씀"으로 **기록**되어 있기 때문입니다(고대에는 글자를 모르는 사람들이 많았기에 책들이 '읽혀져' 청중들에게 '들려졌고', 성경은 '순종하는 듣기'를 요구합니다. 그리고 그러한 순종의 결과는 다니엘의 감독자가 얻은 것과 같은 '유익'을 약속합니다). 4절에서 암시된 이 소년들이 왕 앞에 서기 위해 합격해야 하는 조건 두 가지 중 첫 번째의 것, 용모와 관련된 부분은 이미 그 해결의 열쇠를 찾았습니다.

그리고 이제 왕 앞에 서기 위한 조건의 **두 번째 영역**인 지식과 관련된 것들("모든 지혜와 지식, 학문을 이해함")이 하나님의 특별한 은혜의 선물로서 그들에게 주어집니다. 하나님은 자신을 향한 이들의 충성에 넘치는 상을 허락하십니다. 1:2에서 느부갓네살에게 유다 왕 여호야김과 하나님의 집 그릇 얼마를 "주심으로"('나탄') 통치권의 가시적인 위임을 나타내신 **하나님**은 이 소년들에게 지혜의 선물들을 "주십니다"('나탄'; 또한 1:9 참고). 즉, 다니엘서에서 하나님은 **통치자들**에게 **주권**을 주시지만, 또한 **자신의 종들**에게 그의 뜻과 역사의 의미를 통찰할 수 있는 **지혜와 깨달음**을 주시는 분으로 그려집니다.

> 이 소년들 그들 넷에게, 하나님이 그들에게 학문과 **모든 책들**을 깨닫게 하심과 지혜를 **주셨다**. 또 다니엘은 **모든 환상들과 꿈들**을 이해했다('빈'). (1:17)

주목해 볼 것은 이들 모두가 특별한 지혜의 선물을 받았지만, **특히 주인공인 다니엘은 모든 환상과 꿈을 해석하는 비범한 능력을 추가로 받았다**는 사실입니다.[18] 이 능력은 **앞으로 다니엘의 이야기의 패턴을 확립하는 중요한 열쇠**로 작용하게 됩니다.

이제 모든 훈련과 교육의 기한이 끝났습니다. 왕이 말한 대로 그들을 불러오게('보') 할 때가 되었고, 느부갓네살은 환관장을 통해 이들을 자기에게로 불러오게('보') 합니다(1:18). 18절은 15절('우미크짜트 야밈 아사라')과 유사하게 '울레미크짜트 하야밈 아셰르'("그날들의 끝에")라는 어구로 시작함으로 15절 이하에서 그들이 왕궁에 서기 위한 자로서의 '용모'의 시험을 이미 통과한 것과 마찬가지로, 그들이 이제 '지식'의 시험도 훌륭히 통과하게 될 것을 예견합니다.

앞서 1-3절에서 반복되는 "오다"('보') 동사의 능동적인 행위 주체였던 느부갓네살은 여기서도 이 "오다"('보') 동사를 명하는 행위 주체로 등장합니다. 이는 느부갓네살을 처음부터 끝까지 모든 것을 통제하기를 원하는 인물로 효과적으로 묘사합니다. 그러나 아이러니하게도 다니엘의 결심으로부터 촉발된바, 느부갓네살의 명령에 그의 신하들이 어긋나게 행동했던 일이 있었으며 독자들이 아는 이 사실을 여전히 느부갓네살 자신은 알지 못합니다. 화자가

---

18. 특히 '환상과 꿈'에 대한 언급은, "… 너희 중에 선지자가 있으면 나 야훼가 환상으로 나를 그에게 알리기도 하고 꿈으로 그와 말하기도 하거니와"(민 12:6)를 상기시키며, 이를 통해 다니엘은 예언의 해석자로 자리매김한다.

말하듯이 다니엘과 그의 세 친구에게 주어진 왕 앞에 설 수 있도록 충족된 모든 조건은 왕이 베푼 은혜가 아닌, 왕이 알지 못하는 하늘의 하나님의 선물입니다. 느부갓네살은 천하를 호령하는 주권을 가졌지만 결코 모든 상황을 통제할 수는 없습니다.[19]

왕이 그들과 이야기했고 다니엘과 하나냐, 미사엘, 아사랴와 같은 이들을 찾을 수 없었다는 언급을 통해 이들의 뛰어남이 입증됩니다. 그가 알지 못하는 곳에서 더 높은 왕에게 충성하고자 그의 통제를 벗어나 행동한 그들이 누구보다도 뛰어난 자들로서 왕 앞에 서게 되었습니다. 지혜와 이해에서 그의 왕국의 마술사와 점성술사 등 어느 현인들보다도 그들이 (10배나!) 우수한 청년들임이 왕에 의해 입증되었다는 사실은(1:19-20)[20] 앞으로의 이야기의 전개에 반복해서 나타날 하나의 패턴을 예고합니다. 그들은 이방의 현인들이 해결하지 못하는 문제들을 해결할 것이며, 그들의 뛰어남으로 인해 시기의 대상이 되기도 할 것입니다. 또한 그들은 하늘의 하나님의 충실한 신하들로서 이 땅의 왕(들)에게 그들에게 주권을 주신 더 높으신 왕이 있음을 가르치게 될 것입니다.

---

19. 참고, Newsom, *Daniel*, 51.
20. 다니엘서에 반영된 지혜는 미래에 대한 점술, 점성학, 그리고 해몽에 관심을 갖는 "예언적 지혜"로서 당시 이집트와 바벨론에 널리 알려진 것이었다. 바벨론의 점성술과 점술 지식은 페르시아와 헬레니즘 시대 전반에 걸쳐 높은 수준의 문화적 명성을 누렸다. 알렉산드로스 대왕과 셀레우코스 왕 모두 갈대아 전문가들과 상의했다(Diodorus Siculus 17.112-14; frg.21). 그러나 사 44:25-26처럼 다니엘서 이야기의 저자는 야훼의 종들의 우월성과 바벨론 점쟁이들의 실패를 선언한다. Davies, 『다니엘 연구 입문』, 111.

이것으로 이야기의 모든 기본 배역들, 곧 겉보기에 모든 주권을 가진 강력한 왕과 아직은 무대 배후에 숨어 계시며 상황을 통제하시는 하나님, 왕의 신하이자 그 이상으로 하늘의 하나님의 신하로 서 있는 지혜자인 주인공들이 모두 소개됐습니다. 마지막으로 서술자는 이 책을 이해함에 있어서 **독자들이 반드시 염두에 두고 있어야 할 연대의 틀을 서술함**으로 이야기의 서론을 맺습니다. **"다니엘은 고레스 (그) 왕 1년까지 있었다"**(1:21).

이 연대는 대단히 중요합니다. 구약성경에 익숙한 사람이라면 이 **고레스**라는 이름을 통해 이사야 44:28-45:7; 에스라 1:1-4; 역대하 36:22-23을 떠올리게 될 것입니다. 특히 **그의 1년**(주전 539년)**은 앞서 이야기한 예레미야의 포로 70년의 시간이 종결되고 유다의 하나님의 백성들이 해방되어, 반환된 주님의 집의 그릇들과 함께**(스 1:7-11) **바벨론 왕 느부갓네살에 의해 무너진 성전을 건축하기 위해 고토로 올라간 때입니다.**[21]

> 페르시아의 고레스 왕 1년에 야훼께서 예레미야의 입으로 하신 말씀을 이루시려고 야훼께서 페르시아의 고레스 왕의 마음을 감동시키시매 그가 온 나라에 공포도 하고 조서도 내려 이르되 페

---

21. 신의 물리적 표현(우상)을 거부하는 유대 문화에서 성전 그릇은 신의 임재를 상징한다. 에스라는 고레스가 (느부갓네살이 바벨론 신전으로 가져온) 예루살렘 성전 그릇을 돌려보낸 것을 기록하는데(스 1:1-11), 이 그릇들은 첫 번째 성전과 두 번째 성전 사이의 연속성의 표식이라 할 수 있다. 참고, Newsom, *Daniel*, 40.

르시아 왕 고레스가 이같이 말하노니 하늘의 신 야훼께서 세상 만국을 내게 주셨고 나에게 명령하여 유다 예루살렘에 성전을 건축하라 하셨나니 너희 중에 그의 백성된 자는 다 올라갈지어다 너희 하나님 야훼께서 함께 하시기를 원하노라 하였더라. (대하 36:22-23 개역개정)

즉, **1장의 바깥틀**을 통해(A-A′) **다니엘 이야기의 연대기의 기본적인 틀이 설정**됩니다. 이는 다니엘이 포로의 시작부터 그 종결까지 살아간 기간입니다. 실제 이 연대의 계산은 **유다 왕 여호야김 3년**(주전 605년)**에서 페르시아의 고레스 대왕 1년까지**(주전 539년), **즉 약 67년이라는 시간에 이릅니다.** 이는 **예레미야가 예언한 포로기 70년에 약간 부족한 숫자**이지만, 동시에 예레미야가 선포한 포로기 70년이라는 시간을 효과적으로 되새겨 주는 수이기도 합니다. **잊지 말아야 할 것은 바벨론 유배에서 고레스 첫해까지 왕궁에 머물렀던 다니엘은 유배 중인 유대인들의 원형이 되었다는 사실입니다. 이제 배우와, 무대와, 시간이 설정됐고 2장에서는 다니엘서 전체 이야기를 이끌어갈 중요한 주제가 소개될 것입니다.**

■ **1장에서 반드시 기억할 요소**

1. 다니엘서 이해에 있어서 중요한 성경은 **신명기**와 특히 **예레미야**(또한 역대기)입니다. **예레미야는 하나님의 세계 통치의 홀**(지팡이)**이 유다**(와 다윗

의 왕권)에서 바벨론(과 느부갓네살)에게로 이전되었음을 선언하고 다니엘은 바로 그 이야기를 이어받아 시작됩니다(렘 25:11-14; 27:5-8; 29:10).

2. 이 이야기는 다니엘의 감독자가 다니엘의 말("말씀", '다바르')을 "듣고"('샤마') 유익한 결과를 얻은 것을 통해 다니엘서의 독자들이 이 책을 어떤 자세로 대해야 하는지 힌트를 남기는 것처럼 보입니다(1:14). 실제로 이 감독자가 들은 다니엘의 "말"은 성경 다니엘서 안에 "말씀"으로 기록되어 있습니다. 즉, 독자들은 다니엘서의 의미를 깨달아야 하는 다니엘과 세 친구와 같은 암시적인 지혜자들로 취급됩니다.

3. 다니엘은 자신의 친구들과 함께 포로된 땅에서 하나님의 백성의 정체성을 지키기 위한 최소한의 뜻을 정했고 그 결과 놀라운 지혜를 선물로 받습니다. 특히 다니엘은 모든 환상과 꿈을 깨달아 아는 능력을 받게 되며, 이 능력이 다니엘서 이야기를 진행시키는 중요한 열쇠로 기능합니다(1:17).

4. 기본적인 시간의 틀이 제시됐습니다. 유다 왕 여호야김 3년(주전 605년)에서 페르시아의 고레스 대왕 1년까지(주전 539년)의 시간입니다(1:1, 21). 예레미야가 선포한 70년의 시간에는 약간 못 미치지만, 어쨌든 페르시아 왕 고레스 1년이라는 시기의 선포는 중요합니다. 왜냐하면 바로 이때가 유다에게는 결코 잊을 수 없는 포로 해방의 날이었으며, 새 출애굽의 시작이었기 때문입니다.

다니엘서 2장:
"그는 때와 시기를 바꾸시며, 왕들을 폐하시고 왕들을 세우시며 …"[1]

2장의 구조는 다음과 같습니다.

> A. 꿈의 내용과 그 해석을 자신의 이교도 해석자들에게 요구하는
> 느부갓네살(큰 보상의 약속)(2:1-6)
>
> B. 이교도 해석자들의 무능이 드러남, "육체와 함께 하지 않
> 는 신들"만이 그 일을 할 수 있음(2:7-13)
>
> C. 다니엘이 아리옥을 통해 왕에게 꿈의 해석을 알려줄

---

1. 이 이야기에는 왕권('멜레크'["왕"], 46회; 왕국, 10회), 지혜, 계시, 해석('예
다', 19회; '페샤르', 12회; '하바', 10회; '라즈', 9회; '하킴', 9회; '겔라', 7회;
'카스팀', 5회; '호크마', 4회)과 관련된 단어들이 높은 빈도로 사용되며 이를
통해 이 이야기의 관심사를 엿볼 수 있다. 즉, 2장의 이야기는 단순한 궁중
이야기가 아닌 지식과 권력의 관계에 대한 매우 정교한 탐구다. Newsom,
Daniel, 65.

것을 약속함(2:14-16)

　　X. 꿈과 해석을 다니엘에게 나타내시는 하나님과 다
　　니엘의 찬송(2:17-23)

　C'. 다니엘이 아리옥을 통해 왕에게 꿈의 해석을 알려줄
　　것을 약속함(2:24-25)

　B'. 이교도 해석자들의 무능, 은밀한 것을 알리시는 하늘의
　　하나님(2:26-30)

　A'. 꿈과 그 해석을 느부갓네살 왕에게 알리는 다니엘(큰 보상이 주
　　어짐)(2:31-49)

느부갓네살 왕의 꿈

이야기의 연대기적 배경은 1:1과 유사한 어구(유다 왕 여호야김의 통치
[왕국] 3년)로서 **느부갓네살의 통치(왕국) 2년**으로 설정됩니다.[2] 그때
그는 한 꿈을 꾸고 영(마음)의 불안함(동요) 때문에 잠을 이루지 못
하여(2:1) 마술사와 점성술사와 박수와 갈대아 술사들을 불러 그

2.　흔히 (느부갓네살이 꿈을 꾼 때를 왕위에 즉위한 지 2년으로 보는) 이 연대
　　기는 주석가들에 의해 1:5의 소년들의 훈련 기간 "삼 년"과 불일치한다는 사
　　실이 자주 지적된다. Goldingay에 의하면 이 장이 바벨론의 연호 계산을 사
　　용한다고 추정함으로써 1장과 조화될 수 있다(이집트의 연호 계산과는 달리
　　바벨론 연호는 즉위 시의 연도를 계산하지 않는다). Goldingay, *Daniel*, 196.
　　고대 그리스어 역본은 2년을 12년으로 바꾸었다.

꿈을 알게 하려 합니다(2:2). 그리고 그는 그들에게 자신의 꿈과 그
해석을 말할 것을 요구합니다. 그들이 그것을 해낸다면 큰 상을
내리겠다는 약속과, 그렇지 못하면 그들을 조각내어 처형할 뿐 아
니라 그들의 집을 폐허로 만들겠다는 말을 엄한 명령의 형식으로
반포하면서 말입니다(2:3-6).

느부갓네살 왕의 이런 반응을 이해하기 위해서는 **고대 근동에
서 꿈이 가졌던 역할**을 알아야 합니다. 고대에 사람들은(오늘날에도
종종 그렇지만) 신들이 꿈이라는 상징을 통해 무언가를 말한다고 믿
었습니다. 더욱이 왕족의 꿈은 통치자가 신에게 더 가깝다고 믿어
졌기 때문에 특별한 관심을 받았으며, 종종 왕족들은 신성한 장소
에서 잠을 잠으로써 의도적으로 예언적인 꿈과 그에 대한 해석을
추구했습니다.[3] 디터 바우어(Dieter Bauer)는 꿈 해석의 전문가들 없
이는 어떤 왕실도 운영될 수 없었을 것이라고 평가합니다.[4]

**참고로 다니엘서는 두 개의 언어, 히브리어와 아람어로 기록
되어 있는, 구약성경 중에서도 무척 특이한 책인데[5]** 2:4의 "갈대아

---

3.   자세한 것은, John H. Walton, *Ancient Near Eastern Thought and the Old
     Testament* (Grand Rapids: Baker Academic, 2006), 241-242. 이러한 왕의
     꿈에 대한 메소포타미아의 예는 수메르 도시 루기쉬의 구데아의 꿈, 아슈르
     바니팔의 꿈, 나보니두스의 꿈을 예로 들 수 있다.
4.   Bauer, *Das Buch Daniel*, 79.
5.   아람어는 8세기부터 고대 근동 지역의 세계 공용어(Lingua franca)였다. 실
     제로 포로기 이후로 유대인들에게 히브리어는, 구약성경을 읽기 위한 종교
     적 엘리트의 언어가 됐고, 유대교 형성과 관련된 중요한 문헌들도 아람어로
     작성됐다. ([창세기 비경], 타르굼, 미드라쉬와 탈무드 일부) 아람어는 예수
     자신의 모국어였다. 참고, 김구원, 『성서 아람어 문법』(서울: 비블리카 아카

인들이 **아람 말로 왕에게 말하되**" 직후부터 텍스트가 아람어로 기록되어 있습니다(이로써 주전 6세기의 바벨론 포로기에 활동했던 영웅 다니엘과 그의 친구들의 행적은 독자들 앞에 생생한 이미지로 제시되며, 이 아람어로 쓰인 부분은 7장 끝까지 계속됩니다).[6]

문제는 왕의 요구가—요셉이 창세기 41장에서 바로의 꿈을 해석한 것과는 달리—꿈을 먼저 그들에게 알려주고 그 꿈의 해석을 말해 줄 것을 요구한 것이 아니라, **그 자신만이 알고 있는 '꿈의 내용'과 '해석' 둘 다를 알려주기를 요구했다는 데 있습니다.**[7] 어쩌면 그는 자신의 꿈의 내용은 자세히 기억하지 못한 채 그 꿈이 매우 중요한 의미를 가진 것 같다는 느낌만을 기억하고 있는 것일까요?

왜 왕은 꿈을 먼저 알려달라고 한 것일까요? 이 꿈으로 말미암아 그의 영(마음)이 동요했다는 것을 보건대 그는 이 꿈이 흉조라는 것을 이미 감지한 듯합니다. 그는 창세기 41장에서 요셉에게 꿈의 해석을 요청한 바로처럼, 이 꿈이 예고한 불길한 미래에 대해 근본적인 대책을 마련해야 한다고 느꼈던 것 같습니다. **문제는 해석의 진실성**입니다. 지금 그의 앞에 있는 자들이 초월적인 영역을 다루는 지혜자들이라 할지라도, 그들은 얼마든지 사실이 아닌 그

데미아, 2012), 9-10.

6. 단 2장의 기타 언어적 특성의 분석에 대해서는 Goldingay, *Daniel*, 190-191을 보라. Lucas, 『다니엘』, 87-88을 보라.

7. 단 2장과 창 41장의 비교에 대해서는 Goldingay, *Daniel*, 190-191; Lucas, 『다니엘』, 87-88을 보라.

럴 듯한 해석을 만들어 그를 속일 수 있습니다. 오히려 그들이 이 불길한 꿈에 대해 거짓되고 온화한 해석을 주어 흉조에 대한 근본적인 대책을 마련하지 못하는 장애물로 기능할 수도 있습니다.[8] 재앙이 일어난 후에는 모든 것이 너무 늦습니다. 느부갓네살은 그만큼 그 꿈이 자신의 왕국에 심각한 흉조라고 여겼고, 꿈의 내용을 아는 자의 해석이라면 그 해석의 진실성을 보장할 수 있다고 생각한 것 같습니다.

　그러나 이들에게 왕의 이 요구는 말도 안 되는 것입니다. 그들은 해석을 위해 먼저 꿈을 알려달라고 요청하지만(2:7), 왕은 그들의 요청을 기각하고 그들이 먼저 꿈을 자신에게 알려주지 못한다면 얕은 수를 써서 자신을 속여 능멸한 죄로 그들을 벌할 것이라고 엄한 위협을 가합니다. 왕의 눈에 이들은 자신의 왕국의 보전에 대해 진심으로 염려하지 않는 이들이며 그저 세태의 흐름과 변화에 순응하여 시간을 벌고 때('잇단')가 변하기를('셰나') 기다리는 이들일 뿐입니다(2:8-9).

　여기서 **때가 변한다**는 말은 무슨 의미일까요? 이에 대한 힌트는 21절의 다니엘의 찬송에서 발견할 수 있습니다. 그는 여기서 **하나님을 "때('잇단')와 시기를 바꾸시며('셰나', "변하다") 왕들을 제거하시고 왕들을 세우시"는 분으로** 찬송하고 있으며, 느부갓네살이 사용한 말과 동일한 단어들을 사용합니다. 즉, 때와 시기를 바꾸는 것은 왕들을 폐하고 세우는 것과 밀접하게 관련이 있는 듯합니

8.　참고, Newsom, *Daniel*, 70.

다.[9] 곧, 느부갓네살은 자신이 꾼 꿈이 자신이 왕위에서 끌어내려지는 것을 말하는 것으로 직감하고, 이에 대한 대책을 마련하고 싶어하는 것 같습니다. 그는 (1장에서 암시됐던 바와 같이) 강력한 행위자로 상황을 통제하기를 원합니다. 그러나 현재 왕의 그런 무리한 요구에 답할 수 있는 이는 없습니다. 무능한 지혜자들에게 분노한 왕은 (흔히 상황을 자신의 마음대로 통제하지 못하는 이들이 근거 없는 비난으로 문제를 남에게 떠넘기는 식으로) 지금 그의 모사들이 자신이 왕위에서 끌어내려지기를 기다리는 잠재적 반역자들이라고 비난하고 있습니다. 이렇게 볼 때 느부갓네살에게는, 이 지혜자들이 자신 앞으로 나아와 처음 한 말인 2:4의 "왕이여 오래(아람어, "영원히") 사십시오" 역시 그들의 마음과는 정반대인 아첨하는 말로 그를 능멸하고 있는 셈이 됩니다.[10] 거짓과 배신이 난무하는 왕궁의 상황에서, 왕에게는 그들이 유용한 도구가 아니라면 적일 뿐입니다. 그들이 이런 잠재적 반역자의 혐의를 벗어나려면, 어떻게든 느부갓네살이 꾼 꿈의 내용을 말할 수 있어야만 합니다. 느부갓네살에게는 지금 이 일이 마땅히 그들의 직무에 요구되는 일입니다.

이 황당한 요구에 갈대아인들은 공황에 빠졌습니다. 그들은 육체와 함께 거하지 않는 신들을 제외하고 그런 일이 가능한 사람은 이 땅에 누구도 존재하지 않으며[11] 어떤 크고 권력 있는 왕이라

---

9.   Newsom, *Daniel*, 69.
10. 참고, Goldingay, *Daniel*, 207; Newsom, *Daniel*, 68.
11. 단 2장이 사 40-55장의 신탁을 연상시키는 방식은 Seow, *Daniel*, 35을 보라.

도 이런 것으로 마술사에게나 점성가에게나 갈대아인들에게 물은 자가 없었다면서, 왕의 이 요구가 얼마나 어처구니없는 것인지, 그리고 그것을 자신들의 책임으로 떠넘기지 말라고 항의합니다(2:10-11). "모든 크고 권력 있는 왕도 이런 일을 어떤 마술사나 점성가나 갈대아인들에게 물은 적이 없습니다"(2:10b). 그들은 아무리 위대한 왕일지라도 이런 말도 안 되는 것을 물은 적이 없는 동서고금의 예에 비추어 느부갓네살 역시 이러한 요구를 마땅히 중단해야 한다고 주장합니다.

결렬된 세 번의 대화(3-4, 5-7, 8-11절), 느부갓네살 왕은 이에 극도로 화가 났습니다. 왕은 자신의 모사들이 사기를 친다고 비난하며, 그들은 왕이 불가능한 것을 요구한다고 서로를 비난합니다. 둘 다 무기력한 자들입니다. 화가 난 느부갓네살은 바벨론의 모든 지혜자들을 다 멸하라는 과격한 명령을 내리며 이에 따라 다니엘과 그의 친구들의 생명도 위험해졌습니다(2:12-13).

내려진('네파크') 왕의 법령(2:13)은 곧 그들을 죽이기 위해 나온('네파크') 왕의 근위대장 아리옥을 통해 구체화됩니다(2:14). 다니엘은 명철하고 슬기로운 말로 왕의 입에서 나온 칼에 맞섰고, 자초지종을 알게 된 다니엘은 왕에게 나아가 시간을 허락해 준다면 자신이 그 꿈의 해석을 알려줄 것이라고 약속합니다(2:14-16). 한편 상황은 긴박합니다. 다니엘은 그의 집으로 돌아가서 (아리옥이 그에게 알렸듯이) 친구들인 하나냐와 미사엘과 아사랴에게 그 일을 알리고,

하늘의 하나님께[12] 이 비밀('라즈')에 대해 자신들의 목숨을 구해 주
시도록 자비를 구합니다(2:17-18). 그리고 이윽고 이 비밀이 밤에 환
상으로 다니엘에게 나타나 곤경은 해결책을 찾습니다(2:19).[13] 왕의
고문들인 이교도 해석가들은 이 일이 오직 신들의 영역이라 말하
면서도 죽음에 직면하여 신들에게 도움을 요청할 수 없었습니다.
그러나 다니엘은 하늘의 하나님, 이스라엘에 자신의 현존과 그의
이름을 계시하신 조상들의 하나님으로부터 도움을 구하고 바로
이에 대한 계시를 얻게 되며, 그 계시는 참으로 광대한 제국의 권
력이 통제할 수 없는 다른 차원의 권능을 엿보게 해줍니다. **하나
님을 향한 다니엘의 찬양은 다니엘서의 중요한 주제를 나타내 줍
니다.**

---

12. 야훼를 가리키는 명칭으로서 "하늘의 하나님"은 주로 구약성경의 포로기 이
후 문서에서 사용되며(예외, 창 24:7; 또한 다니엘서에서 이 칭호는 2장에만
나타난다) 고대 후기에서는 셈족 종교에서의 최고신에 대한 명칭이다. J. C.
Lebram, *Das Buch Daniel*, ZBK.AT 23 (Zürich: TVZ, 1984), 50. 그러나 L. F.
Hartman & A. A. Di Lella에 의하면 이 명칭은 마카베오 시대 이후 이교 용
어인 "하늘의 주"(바알 샤마임, 제우스 우라니오스)와의 유사성 때문에 유대
인 사이에서 큰 인기를 얻지 못했다(참고, 9:27). L. F. Hartman & A. A. Di
Lella, *Daniel*, AncB 23 (New York: Doubleday, 1977), 139. 또는 Collins,
Daniel, 159.
13. 아람어 용어인 '라즈'("신비", "비밀", 2:19, 27-30, 47)의 뒤에 있는 개념은
"공의회"와 거기서 내려진 "비밀 결정"을 모두 가리키는 히브리어 용어 '소
드'로 거슬러 올라간다. 그곳에서 내려진 비밀스러운 결정과 법령을 하나님
은 선지자들에게 계시하며(암 3:7; 렘 23:18, 22) 포로기 이후의 유대 문헌에
는 하나님께서 계시하는 (자주 상징적인 언어로) 매우 다양한 것들에 관한
하나님의 "신비" 또는 "비밀"(그리스어로 '뮈스테리온'으로 번역됨)이라는
개념이 광범위하게 발전됐다. Hartman & Di Lella, *Daniel*, 139.

다니엘이 대답하여 이르되 "영원부터 영원까지 하나님의 이름이 찬송을 받으실 것은 **지혜와 능력**이 그에게 있음이라. **그는 때와 시기를 바꾸시며**('셰나', "변하다") **왕들을 제거하시고 왕들을 일으키시며 지혜자들에게 지혜를, 이해를 지닌 자들에게 지식을 주시는도다.** 그는 깊고 감추인 일을 나타내시고 어두운 데에 있는 것을 아시며 또 빛이 그와 함께 거하는도다('셰레'; 참고, 3:25; 5:6, 12, 16). 당신, 나의 아버지들(조상들)의 하나님, 내가 주께 감사하고 주를 찬양하나이다. 당신께서 내게 **지혜와 능력**을 주셨기 때문이며 이제 우리가 당신께 구한 것을 내게 알게 하셨사오니 곧 당신께서 왕의 그 일을 우리에게 알게 하셨나이다." (2:20-23)

다니엘의 기도에서 하나님은 지혜와 능력의 소유자이며, 무엇보다 역사를 한 시대에서 다음 시대로 옮길 뿐 아니라 그 일을 위해 왕들을 폐하고 세우며, 그 의미를 통찰할 수 있는 능력을 지혜자와 명철한 자에게 나누어 주시는 분이십니다(여기서 다니엘이 **하나님이 그 비밀을 알리시고 지혜와 지식을 주시는 이들을 복수형으로 묘사**하고 있음에 주목합시다). 그분은 자신이 소유한 지혜와 능력을 다니엘과 같은 이에게 나누어 주시며, 사람에게 감추인 것들을 기꺼이 계시하십니다. 한편, 하나님이 '때와 시기'를 바꾸시며 왕들을 폐하시고 왕들을 세우신다는 다니엘의 찬양의 고백은 지금 느부갓네살이 꿈을 꾸고 번민하는 것처럼, 절대적인 권력을 휘두르는 유다 민족의 원수, 느부갓네살의 왕권의 종식이 머지않았다는 확신과 그에 대한 기쁨의 찬송일까요?

하늘의 하나님이 보이신 미래, 신상의 네 왕국들

이제 다니엘은 아리옥에게 나아가 바벨론의 지혜자들을 멸하지말 것을 요구하며, 꿈과 그 해석을 알리기 위해 자신을 왕 앞으로인도하라고 합니다. 아리옥은 그를 데리고 급히 왕 앞에 들어가서자신이 사로잡혀 온 유다 자손 중에서 꿈의 해석을 알려드릴 한사람을 찾아내었다고 말합니다(2:24-25).[14] 벨드사살이라는 이름, 포로의 정체성을 가진 다니엘은 자신의 생사여탈권을 지닌 제국의왕 앞에 서서, 정말 네가 그 꿈의 내용과 해석을 능히 알려줄 수 있겠느냐는 왕의 의구심 어린 질문 앞에(2:26) 자신 있게 대답합니다.

---

14. 흔히 지적되듯이 이 구절은 앞선 16절과 다소 모순되는 듯 여겨진다. 이 구절에 의하면 다니엘이 앞서 왕에게 나아가 시간을 주시면 그 해석을 알려드리겠다고 하며 다니엘과 왕과의 관계가 익숙한 것처럼 묘사되지만, 여기서는 아리옥이 처음으로 느부갓네살에게 다니엘을 소개하는 것처럼 "내가 사로잡혀 온 유다 자손 중 한 사람을 발견했습니다"라고 말하고 있기 때문이다. 배정훈의 주장처럼(배정훈, 『다니엘』, 65-66) 실제로 문맥은 2:12에서 바로 24절로 넘어가도 자연스러운데, 2:13-23은 2장의 내러티브를 교차 대구구조로 형성하고, 2:20-23의 다니엘의 찬양을 주제를 드러내는 중심축으로 삼기 위해 이후에 추가됐을 수도 있다.

왕이 물으신 비밀은 지혜자나 점성가나 마술사나 점쟁이가 능히
왕께 보일 수 없습니다(참고, 2:11). **오직 비밀을 드러내시는 하늘에
계신 하나님이 계시니**, 그가 느부갓네살 왕에게 이후의 날들에
될 일을 알게 하셨습니다. (2:27-28a)

지금 다니엘은 하늘의 비밀을 알리는 하나님의 사자로서 이 꿈과
그 해석 둘 다를 알리기 위해 꿈의 수령자인 왕 앞에 도착했습니
다(계시하는 사자를 통해 계시 자체와 그 해석 둘 다를 수령자에게 전달하는 패턴
은 이 책의 2부[7-12장]를 예기합니다). 비록 다니엘은 이야기 전반에 걸
쳐서 동료 지혜자들과의 연대를 보여주지만(2:18, 24), 그에게 주어
진 환상과 꿈을 깨닫는 능력은 그를 그들과 구별하며 다니엘서의
이야기가 앞으로 나아가게 하는 데에 추동력을 제공합니다(참고,
1:17). 그는 **왕이 침상에서 이 일 후에 무슨 일이 일어날지 생각이
떠오른 것에 대해, 비밀을 드러내시는 이가 그것을 알게 하신 것**
이라고 이 꿈의 주제를 선언하며, 이 비밀이 자신에게 드러난 것
이 자신의 지혜가 모든 산 자보다 낫기 때문이 아니라 그분께서
왕이 마음으로 생각하던 내용을 알려주시기 위함이라는, 이 꿈과
해석의 진정한 기원을 강조하는 데 소홀히 하지 않습니다(2:28b-
30). 다만 그는 그 기원을 "이스라엘 민족의 하나님이신 야훼"의
이름이 아니라, 이 이교도 왕 역시 이해할 수 있는 명칭인 "하늘에
계신 하나님"께로 돌립니다. 이로써 다니엘과 느부갓네살은 동일
한 한 분, 세상의 주인에 대해 이야기 할 수 있게 되며, 이제 **꿈의**

내용이 서술됩니다.

왕이 꿈에서 본 것은 "보라!"라는 말로 도입됩니다. 그것은 한 큰 신상(또는 "형상", '쩰렘'), 크고 광채(또는 얼굴빛)가 매우 찬란하며 그 모양이 심히 무서운 신상입니다(2:31).[15] **특이한 것은 그 형상을 구성하는 부분들의 재료가 각각 다르다**는 것입니다. 그것의 머리는 순금(아람어, "좋은 금")이고, 가슴과 두 팔은 은이며, 배와 넓적다리는 놋, 그 종아리(아랫다리)는 쇠, 마지막으로 그 발은 얼마는 쇠고 얼마는 진흙 도자기로 이루어져 있습니다.[16] 한마디로 **머리에서**

---

15. 참고, Davies, 『다니엘 연구 입문』, 71. 그러나 Goldingay는 머리에서 다리로 내려갈 때까지 이 동상을 이루는 재료들이 열등해지는 것은 아니라고 지적한다. 그의 주장에 의하면 금과 은은 정치적·종교적 맥락에서 장엄하고 고귀한 것에 대한 표준적 상징이며, 동과 철은 강하고 단단한 것을 나타낸다. Goldingay, *Daniel*, 201.

16. Kylie Crabbe는 이 4개(또는 5개) 왕국의 패러다임을 "역사를 구조화하기 위한 일련의 상징을 제공하고 과거와 현재 상황은 물론 미래를 설명하는 동시에 독자의 시간을 전체적인 패턴 내에 위치시키는" 것으로 정의한다. 단 2장과 유사하게 네 가지 금속(금, 은, 놋, 쇠)으로 시간의 쇠퇴를 설명하는 자료는 Hesiod의 *Works and Days*, 1.109-201과 Ovid, Virgil 및 *Bahman Yasht*가 있다. 이러한 자료들은 역사를 여러 왕국의 연속으로 이해하고 현재를 도식의 가장 낮은 시기인 쇠의 시간(단 2장의 쇠와 진흙, 7장의 최악의 짐승)에 두는 점에서 다니엘과 유사하다. (그러나 Virgil과 Ovid는 둘 다 현재 상황이 변할 것이라는 뚜렷한 감각 없이 현재를 다소 정적으로 묘사한다. 대조적으로, 단 2장과 7장에 나타나는 왕국 패러다임 그리고 그에 기초한 텍스트는 현재가 결정적인 전환의 정점에 놓여 있다는 주장을 중심으로 구성되어 있다.) K. Crabbe, "The Generation of Iron," in: *Four Kingdom Motifs before and beyond the Book of Daniel* (Leiden: Brill, 2021), 143, 154. 이 네 왕국의 사상은 7장에서도 재차 등장하는, 다니엘서 내러티브의 뼈대를 제공하는 사상이며 특히 수용사와 관련해 다니엘서 이후에 지대한 영향력을 끼쳤는데,

아랫부분으로 내려갈수록 (상대적으로) **그 가치가 떨어지는 재료들로 구성된 기괴한 신상**입니다(2:32-33). 그 신상은 장엄한 화려함과 무서운 외양에도 불구하고 진흙 도자기로 된 발을 통해 지탱된다는 취약함에서 아이러니한 특성을 지니고 있습니다.

이윽고 34절에서 왕이 본 또 다른 것이 언급되며 장면이 전환됩니다. 신상을 이루고 있는 금속과는 달리 돌, **사람의 손으로 쪼아내지**(잘라내지) **않은 돌**이 나와 **이 신상의 가장 취약한 부분인 쇠와 진흙 도자기로 이루어진 발을 쳐서 부서뜨리는**('데카크') 광경입니다. 그리고 그 돌의 일격은 그 돌이 직접 타격을 입힌 발 부분만이 아닌 쇠와 진흙 도자기와 놋과 은과 금, 곧 신상을 이루는 전체 재료를 아래로부터 하나같이 부수어 버렸습니다. 크고 두려운 신상을 부수는 데에는 단지 갑자기 나타난 한 돌의 일격으로 충분했습니다. 신상은 다 부서져 여름 타작마당의 겨같이 되었고 바람에 불려 더 이상 찾을 수 없었으며(참고, 사 41:15-16; 시 1:4) 우상을 친 돌만 큰 산("반석", '투르')을 이루어 온 땅에 충만하게 됐습니다(2:34-35; 참고, 사 6:3; 11:9; 2:2; 미 4:1-2). (개역성경에서 "산"으로 번역된 아람어 '투르'는 히브리어 '쭈르'와 동일하게 "반석"이라는 의미를 가지고 있는데 히브리어 '쭈르'

그것은 성경 시대에 대한 보편적인 역사적 관점을 창조하며, 이는 이후의 해석에서 널리 채택되고 재해석됐다. 네 왕국 사상의 전통사적 연구에 대해서는 Crabbe, "The Generation of Iron," 142-166; Collins, *Daniel*, 162-170을, 수용사와 관련해서는 Newsom, *Daniel*, 85-97, 243-252과 Brennan Breed, "The Politics of Time," in: *Four Kingdom Motifs before and beyond the Book of Daniel* (Leiden: Brill, 2021), 306-321을 보라.

는 성경에서 하나님 자신의 임재를 상징하기도 합니다[신 32:4, 15, 18, 30-31; 삼상 2:2; 삼하 22:3, 32, 47; 23:3 등].) 이렇게 느부갓네살 왕이 꾼 꿈의 내용이 제시됐습니다. 느부갓네살은 이 꿈을 통해 자신의 통치가 시간이 갈수록 쇠락하여 훗날 한 돌로 상징된 신적 심판을 통해 멸망하게 되는 것이 아닌가 염려한 것 같습니다. 그렇다면 이 우려는 사실일까요? 이제 그 **꿈의 해석**이 제시되기 시작합니다(2:36).[17]

자, 먼저 우리 가운데 성경에 꽤 관심을 가져온 사람들은 이 각각의 금속들이 바벨론-메대와 페르시아-그리스-로마 또는 바벨론-메대-페르시아-그리스라고 즉각 답을 내리고 싶은 욕구를 느낄 것입니다. 물론 전자는 로마 시대의 유대인들(물론 여기에는 신약성경의 저자들도 포함됩니다)과 계몽주의 시대가 도래하기까지의 교회사의 다니엘서 네 왕국에 관한 지배적인 해석이었으며 후자는 계몽주의 시대 이후의 현대 성서학계가 통상적으로 제시하는 대답입니다. 그러나 그 생각은 잠시 머릿속에서 지우도록 합시다. 물론 우리는 다니엘서의 진행을 따라가며 저 해석들이 어떻게 나타나는지를 살펴보게 될 것입니다. 그러나 **먼저는 이 이야기 안에서 다니엘이 그 정체를 명확하게 식별하는 것까지만 말하도록 합시다.** 다니엘은 먼저 **이 신상의 금으로 이루어진 머리 부분을 느부갓네살 왕 자신으로 식별**합니다.

---

17. 꿈의 서술에서 다니엘은 1인칭 단수로 말하지만(2:30) 꿈의 해석을 알리기 시작하는 36절에 이르러서는 해석의 주체가 1인칭 복수 "우리"로 바뀐다. 다니엘은 여기서 그의 세 친구(2:17-18, 49)와 연대하고 있는 것으로 보인다.

"당신, 왕이여! **당신은 왕들의 왕이시라**(참고, 겔 26:7) **하늘의 하나님이 왕국**('말쿠')**과 권세**('헤센')**와 능력**('테코프')**과 영광**('예카르'; 참고, 2:6)**을 당신께 주셨고 그 모든 거주하는 것들, 사람의 아들들과 들짐승**('헤이바트 바라')**과 하늘의 새들을 당신의 손에 주셔서 그것들을 다 다스리게 하셨으니 당신이 곧 그 금머리니이다."** (2:37-38)[18]

먼저, (아마도) 느부갓네살이 처음 염려했던 것처럼, 2장의 신상은 전체로서 느부갓네살의 치세와 연관되지 않습니다. 다니엘의 해석의 첫 부분은 우리가 앞서 1장 해설에서 보았듯 예레미야의 선언과 일치합니다. 하나님은 예레미야를 통해 온 땅을 자신의 종 바벨론의 왕 느부갓네살의 손에 주었고 또 들짐승들도 그에게 주어서 섬기게 하였다고 선언하였습니다(렘 27:6; 28:14). 하나님은 더 이상 예루살렘을 중심으로, 다윗의 후손들을 통해 다스리지 않습니다(삼하 7:12-16이나 시 2편; 89:19-37과 같은 구절들에도 불구하고!). 비록 이전의 선지자들에게 세계 역사에 대한 관심은 부차적인 것이었지만, 하나님의 세계 경영의 홀은 이 바벨론 왕의 손으로 옮겨졌으며(참고, 1:1-2), 그의 통치는 창세기 1:26, 28에 묘사되는, 하나님이 인간을 통해 이루고자 하셨던 이상적인 통치를 방불케 하는 모습으로 묘사됩니다("하나님이 이르시되 우리의 형상을 따라 우리의 모양대로

---

18. 고대 그리스어 역본에는 들짐승과 공중의 새들 외에도 "바다의 물고기"라는 어구가 추가되어 있다.

우리가 사람을 만들고 그들로 바다의 물고기와 하늘의 새와 가축과 온 땅과 땅에 기는 모든 것을 다스리게 하자 하시고", 창 1:26 개역개정).[19] "금의 머리"라는 묘사처럼 그의 왕국은 심지어 낙원과 같은 이미지를 떠오르게 합니다.

그리고 금머리 부분을 넘어 나머지 재료들의 의미가 설명됩니다. 은으로 이루어진 부분은 느부갓네살 왕을 뒤이은, 느부갓네살 왕보다는 못한("당신보다 땅의", '아르아 민나크') 다른 왕의 통치("왕국", '말쿠')를 의미하며, 그 이후 세 번째로 일어날 놋과 같은 왕의 통치("왕국", '말쿠')는 (느부갓네살의 통치와 유사하게) 온 땅('콜-아르아')을 다스릴 것입니다(2:39).[20]

그러나 **꿈의 해석에서 주요 관심은 마지막 네 번째 왕국(왕의 통치)에 집중**되어 있습니다. 느부갓네살의 왕국에 대해서 두 절(2:37, 38), 두 번째와 세 번째 왕국에 대해서는 각각 반 절씩만 할애되어 있는 것에 비해(2:39a과 2:39b) 네 번째 왕국의 해석에 대해서는 무려 네 절이 할애됩니다(2:40-43). 그 왕국은 모든 물건을 부서뜨리고('데카크') 흩뜨러버리는, 쇠와 같은 강함('탁키프')을 가지고 왕국들을(직역하면, "이 모든 것들을") 부서뜨리고('데카크') 깨뜨릴 것입니다(2:40; 이 한 절에 "부수다"를 의미하는 '데카크' 동사와 유의어들ㅡ'레아'와 '하살' 동사ㅡ이 사용되어 이 왕국의 파괴적인 성격이 두드러지게 나타납니다. 특히 두

---

19. Seow, *Daniel*, 44-45.
20. 환상의 내용은 굵은 글씨체로, 거기 대응되는 해석은 밑줄로 표시하면 다음과 같다: 31-없음 // 32a-37-38 // 32b-39 // 33a-40 // 33b-41-43 // 34-35, 45a-44-45b.

번 사용된 '데카크' 동사는 34절의 **사람의 손으로 쪼아내지[잘라내지] 않은 돌**이 이 마지막 왕국을 부수는 것['데카크']을 묘사할 때 사용됐는데, 이는 이 왕국이 다른 왕국들을 "부수는"['데카크'] 폭력을 행사했기에 그에 대한 보응을 받았음을 암시하는 것 같습니다). 앞서 하나님은 느부갓네살 왕에게 나라들을 다스리는 능력, 곧 폭력마저도 연상케 하는 강한 힘('테코프': 40절의 '탁키프'와 어원이 같음)을 허용하셨습니다(2:37). 그러나 **이 네 번째 왕국은 그 힘의 강도와 태도 면에서 느부갓네살의 왕국을 아득히 능가**하는 듯합니다. 그러나 또한 이 왕국의 특이함은 그 발과 발가락이 얼마는 진흙 도자기요[21] 얼마는 쇠인 것처럼 그 왕국이 나누이고('펠라그') 통일되지 않은 상태이며, 그 왕국이 얼마는 쇠처럼 견고하나 얼마는 진흙 도자기처럼 부서질 만한 것이라는 사실입니다.[22] 다니엘은 이것을 그들이 사람의 씨(ESV는 "혼인 관계를 통해서"로 번역)로 서로 섞인 상태이나 서로 달라붙지는 않은 불안정한 상태로 해석합니다(2:41-43).

   이 신상 전체의 묘사와 그 해석이 주어졌습니다. 그러나 그것

---

21. 고대 그리스어 역본의 경우 41-42절에 "발가락"이라는 단어가 나타나지 않는다. 일반적으로 주석가들은 이(10개의) 발가락에 대한 언급을 병행 환상인 7:20의 네 번째 짐승의 열 뿔에 대한 언급과 병행하여 본래의 환상에 첨가된 부분으로 본다.
22. 주석가들은 이 구절에서 그리스의 프톨레마이오스와 셀레우코스 왕조의 상호 견제와 왕조의 결혼을 통해(첫 번째는 주전 252년에 안티오코스 2세가 베레니케와 결혼한 것, 두 번째는 프톨레마이오스 에피파네스가 안티오코스 3세의 딸인 클레오파트라와 주전 193년 결혼한 것; 11:6) 이집트와 시리아를 화해시키려는 시도를 본다. 11장 참고.

이 해석의 끝은 아닙니다. 신상 자체의 해석은 마무리됐지만, 신상과 같은 지상 왕들의 왕국은 결코 영원하지 아니하며 그것은 역사의 궁극적인 목표가 아닙니다. 이제 다니엘서의 중요한 주제, 미래에 하나님이 세우실 **하나님의 나라**(왕국)에 대한 **선언**이 나타납니다.

역사의 목적지로서의 하나님의 왕국

> 그 왕들의 날들에 하늘의 하나님이 한 왕국('말쿠')을 일으키시리니 이
> 것은 영원히 망하지도 아니할 것이요 그 왕국('말쿠')이 다른 백성
> 에게로 물러가지 아니할 것이요 도리어 이 모든 왕국들을 부수어
> ('데카크') 끝내고 영원히 설 것이라. (2:44)

이 마지막, 하나님이 세우시는 최종적인 왕국은 앞서 연속적인 네 금속으로 묘사된 한 신상의 네 왕국과는 질적으로 다릅니다.[23] 또한 이것은 (특히 느부갓네살이 금으로 자신의 신을 만드는 다음 장과 연계해 본다면) 구약성경에 익숙한 이들에게 출애굽기 20:23, 25을 연상케

---

23. 다른 왕국과는 다른 이 마지막 왕국의 특성은 다음과 같이 묘사된다. (1) 그
    것은 "다섯째" 왕국이라고 불리지 않으며, 이는 그것이 서열에 속하지 않음
    을 암시한다. (2) 그것은 다른 것과 달리 일시적인 주권이 아닌 영원한 주권
    으로 묘사된다. (3) 본문은 "이 모든 나라를 쳐서 멸할 것"을 명시적으로 말
    한다. Newsom, *Daniel*, 83.

합니다.[24]

> 은이나 금으로 신('엘로힘')을 만들지 말고 … 내게 돌로 제단을 쌓
> 을 때 쪼갠(잘라낸) 돌로 쌓지 말라. (출 20:23, 25; 참고, 왕상 6:7; 스 5:8;
> 특히 느부갓네살이 세운 "형상"['쩰렘']과 "신"['엘라']이 병행하여 나타나는 3:12
> 참고)

신적 임재를 중재하는 매체로 날카롭게 대조되는 금속으로 이루
어진 신상과, 제단을 쌓을 때 놓여진 사람의 손의 인위적 가공이
들어가지 않은 돌, 이를 통해 비록 느부갓네살의 통치가 신상의
금머리 부분을 이루는 황금시대로 묘사되더라도, 그 훌륭한 가치
는 하나님이 미래에 세우실 왕국과 비교하여 부정적이고 우상적
인 것으로 즉시 상대화되어 버립니다.

한 가지 특이한 것은 2:35의 꿈의 내용 제시에서 다니엘은 우
상을 친 돌이 "큰 산"("반석", '투르')이 됐다고 설명했는데, 2:45에서
의 해석은 **사람의 손으로 쪼아내지(잘라내지) 않은 돌**이 "그 산("반
석", '투르')에서" 나왔다고 합니다. 그리고 그 돌, 하나님이 세우시
는 한 왕국은 모든 왕국들을 부서뜨렸던 네 번째 왕국과 같이 이
모든 왕국—마지막 네 번째 왕국, 쇠의 왕국만이 아니라 놋과 진
흙 도자기와 은과 금 전체의 왕국—을 부서뜨리고 영원히 설 것입

---

24. 또한 야훼께서 이스라엘의 "바위"로 묘사되는 신 32:4; 삼상 2:2; 삼하
    22:32; 시 18:31; 사 44:8; 합 1:12 등을 참고하라.

니다.

다니엘은 마지막으로 이 꿈의 내용과 해석의 참됨을 엄숙히 선언합니다('얏찌브'; 참고, 2:8). 그것은 이교도 해석자들의 거짓말과 망령된 말과는 다른(2:9) 하늘의 하나님으로부터 온 것입니다.[25]

이미 1장에서 암시된 다니엘의 비상한 은사, 모든 환상과 꿈을 깨달아 아는 능력(1:17)은 이번 에피소드에 드리워진 문제를 해결했습니다. 다니엘 안에서 일하는, 육체와 함께 살지 않는 신(들)의 능력(2:11)을 확인한 느부갓네살 왕은 다니엘 앞에 엎드려 절하고('예배'의 뉘앙스) 꿈과 그 해석을 알리는 자에게 허락한(2:6) 예물과 향품을 그에게 주며 그에게 전제를 드리게 합니다(2:46; 참고, 사 45:14; 49:23; 60:14; 향품에 대해서는 스 6:10 참고). 황금의 머리요 왕들의 왕으로 지명된(2:37-38) 위대한 왕이 그가 잡아온 포로, 그것도 이전에는 그의 지혜로운 모사들 가운데에서도 알려지지 않았던 한 청년 앞에 엎드리는 위대한 역전입니다. 동시에 그가 동서고금의 어떤 왕도 묻지 못한 일에 대한 응답을 받았다는 사실은(2:10) 그를

---

25. 일반적으로 주석가들은 전통사 연구를 통해 2장에서의 느부갓네살이 본 네 금속의 신상을 각각 바벨론-메대-페르시아-그리스로 식별한 상태로 주해를 진행한다. 물론 이것은 다니엘서가 처음 지금의 형태를 갖추게 됐을 때, 1차 독자들에게 의도했던 의미라고 할 수 있겠지만, 이러한 본문 배후에 집중하는 해석학만으로는 다니엘서의 독서 과정 중에 발생하는 역동적인 해석 게임과 이 책의 수용사를 충분히 이해할 수 없다. 여기서는 다니엘이 그 정체를 밝힌 금머리 부분, 곧 느부갓네살의 바벨론 왕국만을 그 정체가 식별된 왕국으로 두고 나머지 왕국들의 정체의 식별은 현재로서는 보류해 두는—독서 과정을 통해 그 의미가 드러나게 되는—전략을 택하고자 한다.

모든 왕들 중에서도 독특한 왕으로 자리매김하게 합니다.[26]

유다와 이스라엘의 하나님은 비록 처음엔 패전국의 보잘것없는 신으로 비추어졌겠지만, 그분은 이제 이스라엘의 언약의 하나님의 이름인 야훼를 넘어서, 바벨론 제국의 권세조차 통제하는 하늘의 하나님으로 자신의 능력을 보이기 시작합니다(2:18, 19, 23, 28, 37, 44). 이제 느부갓네살은 자신이 가진 모든 광대한 주권을 허락한 이 하나님 앞에 겸비하며 그에게 영광을 돌려야 합니다. 이야기의 마무리로서 왕은 다니엘의 하나님이 모든 신들의 신이요 모든 왕의 주님이심을,[27] 또한 그가 능히 은밀한 것을 나타내시는 분이심을 고백합니다(2:47). 다니엘은 많은 선물과 함께 왕에 의해 크게 높여져 바벨론 온 지방을 다스리는 권세를 얻었으며('셸레트': 마치 하나님이 2:38에서 느부갓네살로 하여금 땅의 모든 것을 다스리게 하신 것처럼), 모든 지혜자들의 장관('라브 시그닌')이 됐습니다(2:48).[28] 그뿐 아니라 왕은 다니엘의 요구에 따라 그의 친구들인 사드락과 메삭과 아벳느고를 세워 바벨론 지방의 일들을 총괄하게 하였고 다니엘

---

26. Newsom, *Daniel*, 70.
27. Seow가 지적하듯이 2:37에 느부갓네살을 "왕들의 왕"이라 지칭하는 것에서 47절에 하늘의 하나님을 "신들의 신"과 "왕들의 주"로 언급하는 것으로 나아가며, 이는 느부갓네살의 왕권이 실제로 그로부터 파생됐음을 시사한다. Seow, *Daniel*, 44.
28. Seow는 이 이야기 자체에서 다니엘이 예언한 하나님의 왕국의 성취가 시작됐다고 주장한다. 그 돌이 자라서 "큰 산"('투르 라브')을 이룰 것이라고 예언한 것처럼(35절), 이제 느부갓네살은 포로인 다니엘을 "크게"('라바') 만들었고, 그에게 많은 "큰('라브라브') 선물"을 주었으며, 그를 바벨론 전체 지방 총독의 "큰 자"("장관', '라브 시그닌')로 삼았다(48절). Seow, *Daniel*, 49.

은 왕의 문(왕궁)에 거하며 왕궁의 일을 맡게 됩니다. 이제 다니엘서의 분명한 주제가 드러났습니다. "**그는 때와 시기를 바꾸시며 왕들을 제거하시고 왕들을 일으키시며 지혜자들에게 지혜를, 이해를 지닌 자들에게 지식을 주시는도다**"(2:21). 2장에서 다니엘이 해석한 네 왕국의 존재는 앞으로 다니엘서의 개별 이야기들과 환상들을 통합하는 중요한 주제로 나타날 것입니다.

그렇다면 이 네 왕국은 구체적으로 무엇이며 하늘의 하나님이 세우시는 영원히 멸망치 않는 왕국은 무엇을 말하는 것일까요? 이야기가 진행되면서 아직은 명확하게 밝혀지지 않은 이 왕국들의 환상의 의미에 대해 하나님은 추가적인 계시와 해석을 허락하실 것입니다. 참으로 그 비밀들은 머지않아 베일을 벗게 됩니다.

그러나 그 전에, **하늘의 하나님은 느부갓네살 왕의 교만을 다루셔야 합니다.** 비록 그가 다니엘을 통해 그의 하나님을 모든 신들의 신이요 모든 왕의 주님으로 찬양하고 그의 주권을 인정했지만, 자신의 고백이 가지는 진정한 의미를 깨달은 것 같지는 않습니다. (무엇보다 다니엘은 느부갓네살에게 꿈과 해석의 기원을 설명할 때, 그것을 "이스라엘 민족의 하나님이신 야훼"["나의 아버지들의/조상들의 하나님", 2:23]의 이름이 아니라, 이 이교도 왕 역시 이해할 수 있는 명칭인 "하늘에 계신 하나님"께로 돌렸습니다. 느부갓네살이 비록 "너희"의 하나님을 찬양하기는 하지만 [2:47; 즉 심층적인 차원에서 느부갓네살의 찬양은 그들의 조상들의 하나님께 돌려지지만], 이미 다니엘과 그의 친구들의 이름이 바벨론의 신들의 이름이 포함된 명칭으로 바뀌고[2:26; 1:7; 4:8], 그들이 다른 바벨론의 지혜자들과 동일시된 이 시점[2:12-13, 18]에서 그가 다니엘이 선언한—그에게 위대한 왕권을 넘겨주신—
"하늘의 하나님"을 그의 손으로 유배시킨, 그들의 민족의 신이기도 한[1:1-2] 야훼
하나님과 진지하게 동일시했을까는 의심스럽습니다.)[29]

　　이어지는 3장에서 그는 전체가 금으로 이루어진 신상을 세워
온 백성으로 하여금 (자신이 다니엘에게 그러했듯이[2:46]) 강제로 그것
에 경배하게 합니다. 우리는 여기서 이 왕이 다니엘의 꿈의 해석
을 어떤 의미로서 받아들였는지를 엿볼 수 있는 것 같습니다. 그
는 자신의 큰 성 바벨론이 어떤 의미에서든 쇠락해 가는 것을 용
납하지 않을 것입니다.

추가 메모 1

우리는 아직 2장의 신상을 구성하는 네 금속을, 첫 번째 금머리로
지명된 느부갓네살을 제외하고는 구체적인 대상으로 식별하지 않
았습니다. 여기서는 독자들이 가지고 있는 전제에 따라 이 네 금
속의 정체를 다르게 식별할 수 있다는 사실을 살펴보고자 간단한
예시를 들려 합니다. 앞서 살펴본 것과 같이 2:37-38은 예레미야

---

29. 특히 다니엘이 2:28에서 처음 느부갓네살에게 비밀을 알리시는 능력을 지닌
하나님을 소개할 때, 다른 구절들과는 달리(2:18-19, 37, 44: 하늘의 하나님
['엘라 셰마야']), 보다 더 일반적으로 신을 지칭하는 것처럼 들릴 수 있는
"하늘에 계신 하나님"('엘라 비셰마야')으로 소개하는 것을 주목해 보라. 그
뿐 아니라 이야기의 화자가 다니엘과 느부갓네살의 대화가 시작되는 2:26에
서 다니엘의 바벨론 이름이 벨드사살이라는 사실을 (2장에서 유일하게) 상
기시키는 것을 주목하라.

27:5 이하의 인유를 불러일으킵니다.

> [5] 나는 내 큰 능력과 나의 쳐든 팔로 땅과 지상에 있는 사람과 짐
> 승들을 만들고 내가 보기에 옳은 사람에게 그것을 주었노라 [6] 이
> 제 내가 이 모든 땅을 내 종 바벨론의 왕 느부갓네살의 손에 주고
> 또 들짐승들을 그에게 주어서 섬기게 하였나니 [7] 모든 나라가 **그**
> **와 그의 아들과 손자를 그 땅의 기한이 이르기까지 섬기리라** 또
> 한 많은 나라들과 큰 왕들이 그 자신을 섬기리라. (렘 27:5-7 개역개
> 정)

흥미로운 사실은 예레미야 27:7이 느부갓네살과 그의 아들, 손자
에 이르기까지의 **세 왕의 통치**를 말하고, 예레미야 25:11-12이 이
기간을 **70년으로 설정**하는 것에 주목하면("이 모든 땅이 폐허가 되어
놀랄 일이 될 것이며 **이 민족들은 칠십 년 동안 바벨론의 왕을 섬기리라** 야훼의 말
씀이니라 **칠십 년이 끝나면 내가 바벨론의 왕과 그의 나라와 갈대아인의 땅을 그
죄악으로 말미암아 벌하여 영원히 폐허가 되게 하되**") 앞선 구약 선지서 전
통에 익숙한 사람들은 쉽게 이 기간의 마지막을 역대하 36:20-
23(스 1:1-4; 사 45:1-7)의 페르시아 왕 고레스의 부상과 연결시킬 수
있었을 것입니다.[30]

다시 말해, 이들은 다니엘이 고레스 왕 1년까지 있었다는 1:21
의 정보와 예레미야가 예언한 70년의 포로기가 느부갓네살, 그의

---

30. Goldingay, *Daniel*, 203-204.

아들, 손자, 그리고 유다에게 예루살렘으로의 귀환 명령을 내린 고
레스의 네 왕으로 이어진다는 성경 전통에 근거해 2장의 네 왕국
을 잠정적으로 이 네 왕의 통치와 연결시킬 수 있습니다. 또한 이
들은 메대와 페르시아가 하나의 왕국처럼 묘사되는 전통에 근거
하여(참고, 에 1:3, 14, 18-19; 10:2) "그 왕국이 나누이고 통일되지 않은
상태이며 민족들이 서로 불안정하게 섞인 상태"라는 2:41-43의
네 번째 왕국을 묘사하는 진술에서 메대-페르시아 연합국의 이미
지를 떠올릴 수 있습니다. (실제로 고레스 왕 자신이 페르시아 안산의 왕 캄
비세스 1세와 메대의 국왕 아스티아게스의 딸 만다네 사이의 아들로 알려져 있습
니다.) 즉, 본문의 암시들은 이들로 하나님이 세우실 영원한 왕국을
포로 귀환 이후 재건될 유다와 동일시하게 했을 것이며(참고, 2:44
또한 2:35의 사 41:15, 16에 대한 반향), 앞선 네 왕국을 느부갓네살 및 그
이후의 두 바벨론 왕과 페르시아 왕 고레스와 동일시하게 했을 것
입니다.[31] 물론 이들의 해석 역시 다니엘서를 계속 읽어가며 본문
이 독자의 읽기를 통제하는 방식에 의해 수정을 겪게 됩니다.

　이후에 다시 설명하게 되겠지만, 이것은 다니엘서가 독자와
벌이는 해석 게임 중 중요한 부분으로서, '본문의 의미'라는 것이

---

31. R. G. Kratz는 단 2장에서 느부갓네살의 꿈에 나오는 신상의 이야기는 원래
　　네 개의 왕국이 아닌 바벨론 왕국(예를 들어, 느부갓네살, 아벨마르둑, 네리
　　글리사르, 나보니두스[및 벨사살]의 통치)을 상징했으며, 2:1aα, (27), 28aβγ.
　　b, (34-35), 39('디 네하샤', '텔리타아'만), 40, 41aβ-bα, 42a, 44이 제외된 부
　　분으로 구성됐을 것이라고 주장한다. R. G. Kratz, "Die Visionen," in:
　　Schriftauslegung in der Schrift (Berlin: De Gruyter, 2000), 219-221.

결코 본문 안에 고정된 객관적인 실체가 아닌, 독자가 본문에 가져오는 선지식과 전제에 따라 달라질 수 있다는 현대 해석학의 중요한 통찰과 상응합니다. 즉, 본문의 의미란 **독서 과정 중에 본문과 독자 사이에서 역동적으로 생성되는 것**으로서, 독자는 본문에 명확히 명시되지 않은 여백을 자신의 전제가 도출해 낸 결론들로 채워나감으로 의미를 완성합니다. 이것은 다니엘서의 이해 및 신약성경에서 다니엘서가 재해석 되는 것과 관련해 특별히 염두에 두어야 할 사항입니다.[32]

추가 메모 2

네 왕국의 평행 환상인 7장에서는 네 번째 왕국에 의한 거룩한 자들의 고난의 시기로 **한 때, 두 때, 반 때**('잇단 베잇다닌 우펠라그 잇단')로 지정된 수수께끼의 숫자가 나옵니다(7:25).

무언가 기묘한 것은 다니엘서 전체를 읽고 그 수수께끼를 염두에 둔 채 다시 본문을 읽으면 2:38-43의 네 왕국의 '전체 기간' 묘사가 **한 때, 두 때, 반 때**처럼 여겨지도록 설계됐다는 인상을 받는다는 사실입니다. 이미 설명했듯 여기서의 네 왕국의 환상은 (1) 느부갓네살의 왕국을 명명하는 2:37-38과 (2) 가장 관심이 집중된 마지막 네 번째 왕국에 대한 2:40-43의 묘사, (3) 그리고 그 가운데

---

32. 예를 들어, M. Sternberg, *The Poetics of Biblical Narrative* (Bloomington: Indiana University Press, 1985), 186; 또는 Anthony C. Thiselton, 『성경해석학 개론』, 김동규 역 (서울: 새물결플러스, 2012), 464-469의 설명을 참고하라.

의 두 번째, 세 번째 왕국에 대한 지나가는 듯한 묘사로(2:39에서 이 왕국들은 각각 반 절씩만을 차지합니다), 크게 세 부분으로 나눌 수 있습니다. 느부갓네살이 자신의 꿈의 해석을 그의 모사들에게 요구했을 때, 그는 무능한 그들이 **때**('잇단')가 변하기만을 기다리며, 자신에게 속임수를 말하는 자들이라고 비난했습니다. 즉, 느부갓네살의 황금의 왕국을 첫 번째 **"때"**('잇단', 2:38)로 볼 때, 한 절로 묶어서 처리된 따라오는 은과 놋의 **두** 왕국을 **"두 때"**('잇다닌', 2:39)로, 쇠와 토기장이의 진흙으로 나뉜('펠라그', 2:41) 네 번째 왕국(2:40-43)을 **"반 때"**('펠라그 잇단')로 볼 수 있습니다. 즉, 본문은 이 전체 포로기간 역시도 "한 때 두 때 반 때"로 이해할 수 있는 여지를 독자에게 남기고 있습니다.

■ 2장에서 반드시 기억할 요소

1. 이제 하나님은 이스라엘과 유다의 언약의 하나님의 이름인 야훼를 넘어, **하늘의 하나님으로 온 땅에 미치는 그의 주권을 드러내십니다.** 그분은 다니엘이 찬송했듯, **때와 시기를 바꾸시며 왕들을 폐하시고 왕들을 세우시며 지혜자에게 지혜를 주시고 명철한 자에게 지식을 주시는 분이**십니다(2:21).

2. 느부갓네살의 꿈과 해석에 대해 다니엘이 알린 내용은 그 유명한 **네 왕국의 사상**을 도입합니다. 그 왕국들은 **갈수록 그 질적 가치가 하락되는 왕**

국들이며, 궁극적으로는 **영원한 하나님의 왕국에 의해 대체될 왕국들입니다**. 그러나 아직은 우리가 가지고 있는 전제들로 이 왕국의 정체에 대해 미리 답을 내리지 않도록 주의합시다(예를 들어, 네 왕국: 바벨론-메대와 페르시아-그리스-로마; 하나님의 왕국: 예수 그리스도로 인해 시작된 신약성경의 최후의 왕국). 앞으로 보게 되겠지만 **다니엘서는 이 네 왕국 사상을 통해 독자들과 미묘한 해석 게임을 펼쳐보입니다.**

3. 도래하는 **네 왕국이 신상**(우상)의 일부로, 영원히 세워질 하나님의 왕국이 **사람의 손으로 쪼아내지**(잘라내지) **않은 돌로 묘사된 것**은 모세의 언약법의 일부인 **출애굽기 20:23-26을 연상케 합니다**(은이나 금으로 신상을 만들지 말고 … 내게 돌로 제단을 쌓을 때 쪼갠[잘라낸] 돌로 쌓지 말라). 다니엘서는 **다른 구약성경의 이런 낯익은 반향을 통해 무엇을 말하고자 했을까요?**

다니엘서 3장:
풀무불 속에서의 구원

이제 새로운 에피소드가 시작됩니다.[1] 3장의 구조는 다음과 같습니다.

    A. 금신상을 예배하라는 느부갓네살의 명령(1-7절)

      B. 사드락, 메삭, 아벳느고에 대한 갈대아인들의 고발(8-12절)

        C. 풀무불에 던져지는 위협을 당하는 사드락, 메삭, 아벳느고(13-15절)

          X. 사드락, 메삭, 아벳느고의 신앙고백(16-18절)

        C'. 풀무불에 던져진 사드락, 메삭, 아벳느고(19-23절)

---

1.   고대 그리스어 역본에는 히브리어 본문에 없는 "18년"이라는 연대기가 표시되어 있으며 인도에서 에티오피아까지에 이르는 왕의 통치권이 강조된다(3:1; 참고, 에 1:1; 8:9). Collins에 의하면 이 때는 예루살렘에서 두 번째 유배가 일어난 때이다(참고, 렘 52:29). Collins, *Daniel*, 180.

B′. 사드락, 메삭, 아벳느고에 대한 하나님의 보호(24-27절)

A′. 세 친구의 하나님께 부주의하게 말함을 금하는 느부갓네살의
    명령(28-30절)

황금의 신상이 두라 평지에 세워지는 날

본문은 바벨론 지방 두라 평지에서 있었던 느부갓네살의 신상 낙
성식에 대한 이야기를 들려줍니다. 2장 마지막에 언급됐듯이 다니
엘은 왕궁에서 왕을 위해 일을 하고 있었다는 배경 설정으로 인해
거기에 등장하지 않으며(2:49), 대신 다니엘이 천거하여 왕이 바벨
론 지방의 일들을 총괄하게 한 그의 세 친구인 사드락, 메삭, 아벳
느고가 주요 배우로 등장합니다. 앞서 보았던 2장에서 다니엘은
하나님이 느부갓네살에게 보이신 장래 일에 대한 꿈과 그 해석을
전해 주었습니다. 그것은 머리부터 발끝까지 아래로 내려갈수록
가치가 하락하는 재료로 이루어진 한 신상에 대한 꿈이었고, 다니
엘이 전한 해석은 앞으로 이 (네) 지상의 왕들의 통치(왕국들)가 지
나간 후, 최종적으로 하나님이 이 모든 왕국들을 멸망시키시고 세
우시는 영원한 왕국이 도래하게 될 것이라는 사실이었습니다. **3장
에서 느부갓네살은 마치 자신이 본 것과 같은 한 신상을 만들어
세웁니다.** 느부갓네살이 이 신상을 세웠다는 것('쿰')은 1, 2, 3, 5, 7,
12, 14, 18절을 통해 반복하여 강조되며, **2장의 신상과 다른 것이**

있다면 전체를 금으로 만들었다는 사실입니다(참고, 출 20:23). 본문에 나와 있는 대로 그 신상의 크기(높이 60암마, 너비 6암마)를 환산해 보자면, 높이가 약 30미터 정도, 너비는 3미터가 안 되는 괴이한 비율의 신상의 모습이 그려집니다.[2] 그것이 바벨론 지방의 두라 평지에 세워지며(3:1), **느부갓네살 왕은 사람을 보내 총독, 지방장관, 행정관, 모사, 재무관, 재판관, 법률사, 각 지방 모든 관원이 이 신상의 낙성식에 함께 모이도록 합니다**(3:2). 그리고 그들이 그 신상 앞에 섰을 때(3:3) 선포하는 전령은 크게 외쳐 **백성들, 나라들, 각 언어로 말하는 자들에게** 왕의 명령, 곧 나팔, 피리, 각종 수금을 비롯해 온갖 악기 소리가 울려 퍼질 때에[3] 느부갓네살 왕이 세운 이 금신상에게 절하라는 명령을 전합니다(3:4-5). 그리고 이 명령에 복종하지 않는 자를 즉시 맹렬히 타는 풀무불에 던져 버리겠다는 무시무시한 죽음의 위협이 내려집니다(3:6).[4]

우리는 여기서 느부갓네살이 불러 모은 온갖 종류의 관원들과 2장에서의 꿈의 해석 내용을 통해 느부갓네살 왕의 동기를 유추할

---

2. 여기에는 바벨론의 60진수 체계에 대한 암시가 담겨 있는 것으로 보인다. Hartman & Di Lella, *Daniel*, 160. 고대 그리스어 역본의 경우 넓이를 12규빗으로 합리적으로 변화시켰다.

3. 단 3장의 악기에는 주로 그리스식 이름들이 붙어 있으며, 역대기의 성전 음악과 비교해 매우 국제적이다. 자세한 것은 Collins, *Daniel*, 183-184을 보라.

4. 여기서 왕의 칙령은 종교적 예배를 강요할 수 있는 권리를 암시하고, 이 권리는 의미심장하게도 죽음의 협박으로 집행된다. 이는 1:12-15에서 다니엘이 거부한 바, 왕이 생명의 공급자로 주장되는 모습과 절묘한 대조를 이룬다. Davies, 『다니엘 연구 입문』, 140.

수 있습니다. 꿈 해석에서 그의 왕국(통치)이 신상의 금머리에 비견되는 위대한 나라이기는 하지만, 그것은 어쨌든 나타났다 사라지게 될 가장 첫 번째 왕국이기도 합니다. 이제 그는 아마도 다니엘의 해석을 통해 꿈에서 본 신상 전체를, 그가 왕으로 통치하고 있는 **바벨론 왕국 그 자체로 이해**한 것 같습니다. 그 자신 이후에 겨우 세 왕이 더 일어나게 되고 바벨론 제국이 멸망할 것이다(렘 27:7)? **특히 신상을 파괴한 돌은 그것의 약점인 쇠와 진흙 도자기가 뒤섞인 발을 가격해 그것을 파괴했습니다.** 그는 다니엘의 해석을 자신에게 왕권을 넘겨준 신의 특별한 경고, 적극적인 조치를 취해 재난을 면하라는 경고로 해석한 것 같습니다(실제로 동일하게 히브리인 영웅이 강대한 이방의 왕—이집트의 바로—의 꿈을 해석해주는 모티프를 가진 창세기 41장의 경우, 요셉은 41:33-36에서—다니엘서 2장과는 달리—어떤 조치를 취해야 할지 왕에게 조언합니다).[5] 즉, 느부갓네살이 생각한 바, 바벨론 제국을 영원히 견고하게 하기 위해서는 뭔가 분명한 조치가 필요합니다. 그리고 그 조치는 그가 꿈에서 본 신상 전체를 금으로 만들어 **바벨론 자체가 영원하리라는 염원**을 가시화하는 것으로 나타났습니다. 하나님이 다니엘을 통해 알리신 그분의 적극적인 미래를 향한 의지는, 그에게 익숙한 '세계관'(당시에 꿈이 조치가 필요한 신의 '경고'로서의 기능을 한 것)과 왕이 가진 욕망에 의해 그 자신의 왕국을 영원히 견고케 하기 위한 수단으로 왜곡되고 말았습니다(이러한 의사소통의 왜곡, 심지어 하나님의 말씀이 뜻하는 바의 왜곡 역시 우리

---

5.   참고, Newsom, *Daniel*, 84.

가 드물게 보는 현상은 아닙니다).[6]

이 신상이 구체적으로 어떤 신의 신상인지는 중요하지 않습니다. 말 그대로 이 신상은 느부갓네살의 신, 그 영광의 형상이며, 왕이 바벨론의 정치 권력의 기틀을 떠받치는 각 국가 출신의 고위 인사들을 이 낙성식에 불러 모아 신상에게 절하게 한 것은 **이 국가주의 우상에 모든 관료들의 충성을 결집시키기 위한 것**이었습니다.[7] 왕국을 견고케 하기 위해 고안한 효과적인 방법! 다니엘에게 절하며 그의 하나님을 인정했던 왕(2:46)은 이제 왕국의 관원들에게 자신의 신에게 절하도록 강제하고 있습니다(3:5-6, 11, 15). 말 그대로 그는 자기가 했던 고백의 의미(2:47)를 이해하지 못하고 있으며, 아이러니하게도 다니엘을 통해 그에게 알려진 바 하늘의 하나님이 결정한 신적 계획에 도전하고 있습니다.

이제 온갖 악기의 연주 소리를 들었을 때, 모든 백성과 나라들과 각 언어를 말하는 자들이 왕의 명령대로 이 금신상에 엎드려 절했습니다(3:7). 역설적으로 하나님이 알리신 꿈과 그에 대한 다니엘의 해석이 결과적으로 왕을 자극하여 바로 이 금머리로 표현된 왕국의 우상적 본성을 본격적으로 촉발시킨 것 같은 느낌도 듭

---

6. 느부갓네살이 2장의 꿈과 그 해석을 (이스라엘의 하나님의 미래를 향한 적극적인 계획이 아닌) 무언가 조치가 필요한, 그에게 왕권을 넘겨준 신의 경고로 여겼다는 해석이 4:29-30에서의 다니엘의 꿈의 해석에 대한 그의 반응과는 다른 2:47의 반응을 더 잘 해석해 줄 것이다.
7. 낙성식을 의미하는 이 용어 '하누카'는 구약성경의 다른 곳에서 제단 및 성전 봉헌식 등에 사용된 것과 동일한 용어다(민 7:10-11, 84; 대하 7:9; 왕상 8:63 등).

니다(2:38b). 모든 것은 사전에 고지된 하나님의 계획대로 흘러갑니
다. 신상으로 표현된 왕국은 이제 역사 안에서 그 본성을 드러내
었고, 이제 모든 역사는 지체 없이 하늘의 하나님이 친히 세우실
종말의 왕국을 목표로 달려나갈 것입니다.

그때에 갈대아 사람들이 느부갓네살 왕 앞에 나아와 유대인들
을 고발합니다(3:8-9; 이들의 말은 2:4의 갈대아인들의 말과 같이 "왕이여 오
래[아람어, "영원히"] 사십시오"로 시작됩니다). 이들은 왕이 반포한 명령을
반복하며 그들이 제거하고자 하는 이 유대인들의 이름을 명명합
니다(3:10-12). 그들은 다른 이들과 달리 금신상에 절하지 않은 다니
엘의 친구들, 사드락, 메삭, 아벳느고입니다. 앞서 2:49에서 보았
듯이 사드락, 메삭, 아벳느고는 다니엘의 요청에 의해 고위 관직을
얻게 됐습니다. 물론 이들의 탁월함은 1:20에서 입증됐습니다. 그
러나, 본토인인 갈대아인들 가운데 외국인인 유대인들이 높은 고
위 관직을 얻은 것을 질투하고 못마땅하게 여겼던 자들이 있었을
것은 당연합니다. 이 기회를 놓치지 아니하고 그들은 먹잇감을 사
냥할 기회를 얻은 맹수들처럼 이 유대인들을 고발합니다(3:8; 이
"고발하다"로 번역된 아람어를 직역하면 "조각들을 먹다"로, 이들은 이 유대인들
을 잡아먹으려는 사자처럼 묘사됩니다). 그들은 왕이 미처 보지 못한 불순
종의 사각지대를 포착하고, 그것을 이들을 향한 자신들의 적대감
을 분출하는 기회로 사용합니다.[8] 그리고 그 고발에는 이들이 느
부갓네살 왕이 베푼 은혜도 모르는 자들이라는 (과장되고) 미묘한

---

8.   참고, Newsom, *Daniel*, 107.

수사학이 숨겨져 있습니다. "왕이 바벨론 지방의 일을 총괄하도록 하셨는데, 이들은 왕께, 그리고 왕의 명령에 주의를 기울이지 않으며, 왕의 신들을 섬기지 않고 왕의 금신상에게도 절하지 않는다. 더구나 그들은 바벨론 지방의 중요한 직위를 맡은 자들인데, 그들이 왕에게의 충성을 표현하는 이 낙성식의 간단한 명령에도 순종하여 신상에 절하기를 거부한다면, 다른 일에 대해서는 말해야 무엇하겠는가? 그들은 반역의 씨앗들이다"라는 논리입니다. 국가의 신에 대한 무례함은 왕국의 질서에 대한 위협입니다. 애초에 왕국의 몰락을 초래할 요인을 원천 봉쇄하고자 왕이 취한 조치에 지금 정면으로 도전하는 이들이 있습니다.

　고발하는 자들만이 아니라 분노한 왕도 사자와 다를 것이 없습니다(참고, 잠 16:14). 크게 분노한 느부갓네살은 사드락, 메삭, 아벳느고를 자기 앞으로 끌고 오게 한 후 사실 여부를 확인하고 그들에게 다시 한번 기회를 주겠다고 회유합니다(3:13-15a). 물론 거절할 경우 풀무불에 산 채로 던져지는 죽음의 협박과 함께 동일한 명령이 이들에게 다시 한번 내려집니다. 그리고 그는 이야기의 흐름상 **매우 중요한 수사적 질문**을 그들에게 던집니다. **"어떤 신이 능히 너희를 내 손으로부터 구원해 내겠느냐?"**(3:15b; 참고, 왕하 18:28-35; 19:10-13; 사 36:13 이하).

　결국 느부갓네살은 이 말을 통해, 사실상 그가 어떤 신도 두려워하지 않음을 드러냅니다. 그러나 왕의 이 질문에 대해 사드락, 메삭, 아벳느고는 느부갓네살이 원하는 대답("아무도 능히 왕의 손에서

우리를 구원할 수 없습니다")이 아닌 그를 더욱 자극하는 대답을 합니
다. "느부갓네살이여, 우리가 이 일(법령)에 대하여 왕에게 대답할
필요가 없습니다"(3:16). 이제 이들은 느부갓네살이 한 말, "너희가
··· 그렇지 아니하면 ···"(3:15)이라는 조건문을 받아 "우리 하나님
이 계시다면 ··· 만일 그렇게 하지 아니하실지라도 ···"(3:17-18)라는
조건문으로 바꾸어 대답함으로 **질문의 초점**을 그들 자신의 존재
로부터 하나님의 존재로, 즉 그들이 느부갓네살의 신상에 엎드려
경배할 준비가 되어 있는가의 여부에서 그들을 구원하실 수 있는
하나님의 존재로 옮깁니다.[9] 이로써 이들은 그들의 하나님 외에는
어떤 신에게도 절하지 않는, 충성스러운 유대인으로서의 종교적
정체성을 드러냅니다.

그렇게 하지 아니하실지라도 ···

우리가 섬기는('펠라흐') 하나님이 계시다면 그가 우리를 맹렬히
타는 풀무불 가운데에서 능히 건져내실 수 있으며 왕의 손에서도
건져내시리이다. **그렇게 하지 아니하실지라도**, 왕이여, 우리가
왕의 신들을 섬기지도('펠라흐') 아니하고 왕이 세우신 금신상에게
절하지도('세기드') 아니할 줄을 아시옵소서. (3:17-18)

---

9.   Seow, *Daniel*, 56.

이로써 대결의 국면은 느부갓네살과 사드락, 메삭, 아벳느고의 대립을 넘어, 느부갓네살과 유대인들의 하나님의 대립으로 변화됩니다. 그들은 그들의 하나님의 구원 능력을 신뢰합니다. 물론 그분이 언제나 그들 자신을 위해 그 행위를 하셔야 하는 의무가 있는 것은 아닙니다. 그분은 우상과는 달리 자유로우신 하나님이십니다. **비록 하나님께서 그렇게 하지 아니하실지라도** 그들은 결코 왕의 신들을 섬기지도 않고 금신상에게 절하지도 않겠다는 단호한 결심을 내비칩니다.

비록 느부갓네살은 그들의 육체를 멸할 수 있으나 그들로 하여금 자신의 신을 숭배할 수 있게 강제할 수 없습니다. 비록 그들이 건져냄을 얻지 못할지라도 이 불복종을 통해 그들은 강한 바벨론 왕보다 그들의 하나님이 더욱 큰 권세를 가지신 분임을 증거합니다. 자신의 왕권에 대한 큰 자부심을 지닌, 모든 것을 통제하기를 좋아하는 왕에게 있어서 이것은 도저히 견딜 수 없는 상황입니다. 더구나 이들이 능력 있는 구원자로 주장하는 그 신은 자신의 손에서 그 도성과 왕을 건져내지도 못했고, 그의 성전 그릇들이 자신의 신들의 보물 창고에 복속된 패배자가 아니었던가(1:1-2)?

결국 느부갓네살은 분노가 가득하여 사드락과 메삭과 아벳느고를 향하여 얼굴의 형상(개역개정에서 "얼굴빛"으로 번역)을 바꾸었습니다. 여기서 "형상"에는 신상과 동일한 '쩰렘'이라는 단어가 사용됐습니다. 마치 자신에게 경배하지 않는 그들에 대한, 무시무시한 신상의 분노로 일그러진 얼굴이 느부갓네살의 얼굴을 통해 표현

되는 것 같습니다. 그리고 그의 가득찬 불과 같은 분노는 그 풀무
불의 열기를 평소보다 7배나 더 뜨겁게 만드는 명령으로 구체화
됩니다(3:19). 느부갓네살은 군대의 용사들을 명하여 사드락, 메삭,
아벳느고를 결박해 맹렬히 타는 풀무불에 던져넣게 하였고(3:20-
21),[10] 엄한 왕의 명령과 뜨거운 풀무불의 무시무시한 조합에 의해
사드락, 메삭, 아벳느고를 붙잡고 있던 사람들부터 타 죽게 됐습니
다(3:22). 보통 처형당하는 죄수들은 옷을 벗는 것이 관례였지만[11]
그들은 불에 잘 타는 외투와 터번, 그 외 다른 옷을 입은 채—C. L.
서우에 의하면 이러한 모든 조치는 그들의 죽음을 확실하게 하기
위해서 취해진 것입니다[12]—죽음의 불 속에 산 채로 떨어졌습니다
(3:21, 23). 그들이 풀무불 속으로 떨어지는 것을 막은 어떤 기적도
일어나지 않았습니다. 그들의 말처럼 하나님은 "구원하지 아니하
신 것" 같습니다(3:18). 아니, 오히려 그 자리에 모인 사람들의 눈에
는 이 유대인들의 주장이 당연히 허풍인 것으로, **"어떤 신이 능히
너희를 내 손으로부터 구원해 내겠느냐?"**(3:15)는 느부갓네살의 말
이 사실로 입증된 듯합니다.

　　그러나 이윽고 놀라운 일이 일어납니다! 기적은 풀무불 바깥

---

10. 범죄자를 산 채로 화형에 처하는 것은 고대 근동에서 종종 시행됐지만 흔한
　　일은 아니었다. 자세한 것은 Hartman & Di Lella, *Daniel*, 161; Collins,
　　Daniel, 185-186을 보라.
11. Hartman & Di Lella, *Daniel*, 162-163.
12. Seow, *Daniel*, 58.

이 아니라, 바로 그 풀무불 '안에서' 일어납니다.[13] 느부갓네살은 놀라움에 사로잡혀 급히("불안해하다"라는 의미도 가지는 '베할' 동사가 쓰였습니다; 참고, 2:25) 일어나 주변 모사들에게 묻습니다.

"우리가 세 사람을 풀무불에 던져 넣지 아니하였던가? 결박된 이들을 …." 왕의 모사들은 그의 말을 확인해 주지만 그는 지금 결박되지 않은 네 사람이 불 속을 거니는 것을 보고 있습니다(3:24; 참고, 사 43:2). "내가 결박되지 않은 네 사람이 풀무불 안에서 걷는 것을 보는데, 그들에게 상함이 없고 네 번째의 모양은 신들의 아들과[14] 같도다!"(3:25).

느부갓네살은 자신이 만든 보지도, 듣지도, 알지도 못하는 그의 신들(참고, 5:23)의 형상 대신, 불 속을 자유롭게 거니는 신들의 아들 같은 이를 보고 있습니다. 과거에 불 속에서 자신의 임재를

---

13. Goldingay, *Daniel*, 322. 참고로 다니엘서의 그리스어 번역본(LXX, TH)에는 23절과 24절 사이에 아사랴의 기도와 세 청년의 노래라고 불리는, 세 친구가 불 속에서 자기 민족의 죄를 고백하는 기도와 구원하시는 하나님을 찬양하는 추가된, 약 70절에 근접한 구절들이 들어 있다.

14. 느부갓네살이 본 "신들(하나님)의 아들"에 대해 Lacocque는 이 표현이 다니엘서에 나오는 몇 가지 친숙한 요소를 연상시킨다고 말한다. (1) 그 안에 거룩한 신들의 영이 있는 다니엘 자신(4:8, 9, 18; 5:12; 6:3), (2) 또 3장에 나오는 천사가 이방 왕의 눈에 "신들의 아들 같다"면, 그는 이스라엘 백성의 눈에는 "사람의 아들과 같다"(참고, 8:15; 10:5; 12:5). 성도들의 백성 전체는 "사람의 아들과 같은 이"이고(7:13), 다니엘 자신도 "사람의 아들"로 일컬어진다(8:17). (3) 신실한 이스라엘 백성, 7장의 "거룩한 자들"과 천상의 존재들 사이의 직접적인 관계는 후자도 "거룩한 자들"이라는 사실로 더욱 강조된다(참고, 8:13, 24). Lacocque, *The Book of Daniel*, 66.

나타내셨던 하나님은(출 19:16, 19; 20:18, 21; 신 4:11-12, 15, 33, 36 등)[15] 이제도 불 속에 던져진 충성스러운 자신의 백성들과 함께 계시며 그의 신적 임재를 나타내십니다!

느부갓네살은 자신의 힘을 무력화하는 다른 현실과 능력을 보았고, 사드락, 메삭, 아벳느고의 고백대로(3:17) 그들의 하나님이 그들을 구원하신 기적을 보았습니다. 그들의 말이 입증되었습니다! 느부갓네살은 타고 있는 풀무불의 문으로 가까이 나아가 이제 그들을 **"지극히 높으신 하나님의 종들"**이라고 부르며 불 속에서 나와 가까이 나오라 명합니다(3:26). 이제야 느부갓네살은 이 유대인들의 하나님의 권능을 깨닫기 시작한 것 같습니다.

이들은 그 말대로 나아왔고 함께 모인 총독과 지방장관과 행정관과 왕의 모사들은 불이(그리고 불 같은 왕의 분노가) 능히 그들을 **지배하지**('셀레트'; 개역성경은 "해하지"로 번역) **못한 것**을 봅니다.[16] 그들의 몸도, 머리털도, 겉옷 빛도 변하지 않았고, 심지어 불탄 냄새도 없었습니다(3:27). 캐롤 A. 뉴섬의 말대로, 기적적으로 보존된 이 세 명의 유대인 청년은 금신상의 상징적 대응물, 즉 주권의 물리적 표현 역할을 합니다.[17] 금신상에게 절하도록 하기 위해 느부갓네살

---

15. Seow, *Daniel*, 59.
16. Seow에 의하면 불의 힘에 대한 구체적인 언급은 특히 관리들이 사용하는 대부분의 단어가 페르시아에서 유래했다는 데에 비추어 볼 때 중요하다. 왜냐하면 불은 페르시아인들 사이에서 숭배됐고, 불의 시련은 궁극적인 사법 재판이었기 때문이다. Seow, *Daniel*, 60.
17. Newsom, *Daniel*, 113.

이 소집한 이들은 오히려 그 명령을 거부하는 이들을 왕의 손에서 능히 구원하시는 하나님의 행하심을 목격합니다.

느부갓네살은 다시 한번 이 하나님을 찬송하게 됩니다. 이 찬송은 3:12의 세 친구를 참소한 갈대아 사람들의 참소 내용을 연상케 하는 어구로 나타나며, **이로써 이 유대인 청년들이 옳았음이 입증됩니다.** 이들의 불복종에 대한 왕의 보복은 그들에게 해를 입히기는 커녕 겉옷조차도 변하게 하지 못했기 때문입니다('세나', 3:27) 오히려 그들의 불복종이 왕의 명령을 변하게 하였고('세나', 3:28), 왕 자신의 태도의 변화를 가져왔습니다(참고. 3:15, 19).

> 찬송을 받으시리로다! 사드락과 메삭과 아벳느고의 하나님, 그의 천사를 보내사 그를 의지하고 왕의 명령을 변경하며(아람어, '세나'; 개역개정은 "거역하고"로 번역) 그들의 몸을 주어(아람어, '예하브'; 개역개정은 "바쳐"로 번역) 그들의 하나님 외에 모든 신을 섬기지('펠라흐') 아니하고 그에게 절하지('세기드') 아니한 종들을 구원하신! (3:28)

느부갓네살은 모든 백성과 나라와 언어를 사용하는 이들에게 새로운 법령을 내립니다. 자신의 신상을 섬기라는 명령과 그렇지 않는 자를 처형하겠다는 무서운 협박은 이제, 이전의 자신처럼("어떤 신이 능히 너희를 내 손으로부터 구원해 내겠느냐?", 3:15) 이 유대인 청년들의 하나님께 부주의한 말을 하는 자에 대한 처형 위협으로 바뀝니다(3:29; 참고, 2:5). 참으로 **그와 같이 사람을 구원할 다른 신은 존**

재하지 않기 때문입니다!

2장에서는 그가 다니엘에게 절하고 예물과 향품을 준 것으로 유대인의 하나님을 예우하는 것이 간접적·개인적으로 표현된 반면, 이제는 그의 조서를 통해 이 예우가 모든 백성과 언어를 말하는 자에게 공개적으로 선언됩니다. 물론 이 장의 이전 명령의 적극적인 성격(신상에게 예배하라)과는 달리 이 명령이 소극적인 성격(사드락, 메삭, 아벳느고의 하나님에게 부주의하게 말하지 말라)을 가진다는 점에서, 또한 그가 여전히 신들의 수호자로서 자신의 권세를 통해 사람들을 강제함으로 이 하나님을 어느 정도로 경외할 수 있는지 결정할 수 있다고 생각하는 것처럼 보인다는 점에서,[18] 그가 이 하나님에 대해 더 배워야 할 것이 남아 있음을 암시하는 것 같습니다.

왕은 사드락과 메삭과 아벳느고를 바벨론 지방에서 더욱 형통케('쩰라흐') 합니다(3:30). 2장에서 하나님은 계시자로 느부갓네살에게 알려지셨다면 이 장에서 그는 구원자로 자신을 드러내셨습니다(그리고 다음 장에서 그는 심판자로 자신을 드러내실 것입니다).

그러나 언젠가, 다니엘의 시대로부터 먼 훗날 동일한 무시무시한 죽음의 위협 앞에 하나님의 백성들이 **"그렇게 하지 아니하실지라도"** 그들의 한 분 하나님께 충성을 맹세해야 하는 시간이 다가오고 있습니다.[19] 그 시간은 마치 풀무불의 불이 7배나 뜨거워진 것

---

18. Newsom, *Daniel*, 113.
19. 1마카 2:59-61은 안티오코스 4세 에피파네스의 무서운 박해와 배교 상황에

과 같은, 이집트의 노예 생활의 고통을 아득히 능가하는(신 4:20) **고통의 시간**이 될 것입니다(참고, 9:2, 24-27). 그러나 그때에도 하나님의 백성들은 그 풀무불 같은 시간 속에 주님의 임재가 그들과 함께한다는 사실을 기억해야 합니다.[20] 또한 그 풀무불과 같은 시간들은 신실한 하나님의 백성들을 연단하는 시간이 될 것입니다(11:35; 잠 17:3; 사 48:10).[21] 그리고 그 고난의 시간이 마무리되고 여명이 밝아올 때, 백성들과 나라들과 각 언어를 말하는 모든 자들은 (이 장의 느부갓네살의 금신상이 아닌) 모든 권세와 영광과 왕국을 하늘의 하나님으로부터 영원히 수여받는 누군가를 경배하게 될 것입니다 (7:27).

■ 3장에서 반드시 기억할 요소

1. 느부갓네살이 금신상을 만든 것은 느부갓네살이 2장의 다니엘의 신상과 돌에 대한 꿈 해석을 어떻게 수용했는지 보여줍니다. 즉, 그는 바벨론

직면해, 마카베오 형제의 아버지 마타디아스의 임종 연설을 기록한다. 거기서 그는 이 세 친구의 구원과 6장 다니엘의 구원 이야기를 언급하며, 그의 아들들에게 하나님께 신실할 것을 격려한다.
20. 이런 의미에서 3장의 풀무불은 세계 왕국들 아래에서 하나님의 백성, 이스라엘의 유배 생활을 언급하는 상징적인 의미를 가질 수 있다. 3:23 이하에 외경 아사랴의 기도와 세 청년의 노래를 삽입한 편집자는 이러한 이해를 전제했던 것으로 보인다.
21. 역사 자료 가운데 (종교적) 경배 행위를 거부했다는 이유로 사람들이 죽임을 당한 최초의 명백히 알려진 사례는 안티오코스 에피파네스의 유대인 박해다. Collins, *Daniel*, 185.

을 영원히 멸망치 않을 왕국으로 만들고자 하는 야심을 드러냈습니다. 이것은 느부갓네살이, 다니엘이 해석한 신상 전체를 바벨론 왕국으로 이해했음을 암시합니다.

2. 다니엘서 이야기의 각각의 에피소드들에는 **후반부를 예고하는 복선들이** 존재합니다. 여기서는 다니엘의 세 친구의 고백, 죽음의 위협 앞에서 하나님이 그들의 생명을 구원해 주지 않을지라도 그들의 하나님께 충성하겠다는 고백, **"그렇게 하지 아니하실지라도 …"**(3:18)를 기억할 필요가 있습니다. 훗날, 하나님의 백성들이 이 고백을 하게 될 시점이 다가옵니다.

3. 또 하나의, 후반부를 암시하는 중요한 복선 하나는 **7배나 더 뜨거워진 풀무불 같은 고난의 시간입니다. 과연 그러한 시간이 도래할 것입니다.** 그러나 하나님의 사자가 사드락, 메삭, 아벳느고와 함께 그 불 속에 있었듯, 훗날의 하나님의 백성들도 그 시간이 도래할 때 **하나님의 사자들이 자신들과 함께 함을** 기억해야 합니다.

다니엘서 4장:
교만한 왕을 능히 낮추시는 하나님

4장의 구조는 다음과 같습니다.[1]

    A. 도입부: 하나님의 주권에 대한 찬양(1-3절)

    B. 꿈의 보고(1인칭)(4-18절): **주제절 – 17절**

        1. 느부갓네살의 꿈과 번민, 해석의 요청(4-9절)

        2. 꿈의 내용(10-17절): a. 꿈 속의 나무(10-12절)

                                  b. 꿈 속 순찰자들의 개입(13-17절)

        3. 다니엘을 향한 느부갓네살의 해석 요청(18절)

    B′. 꿈의 해석(3인칭)(19-27절): **주제절 – 25절**

        1. 다니엘의 번민과 꿈과 해석의 도입(19절)

        2. 꿈의 해석(20-26절): a. 나무에 대한 해석(20-22절)

---

1.   이 구조는 Goldingay, *Daniel*, 254을 참고하여 다소 수정했다.

b. 순찰자들의 메시지의 해석(23-26절)

3. 느부갓네살을 향한 다니엘의 요청(27절)

B″. 성취의 보고(3인칭)(28-33절): **주제절 - 32절**

A′. 결론부: 하나님의 주권에 대한 찬양(34-37절)

이제 **느부갓네살 왕과 관련된 마지막 에피소드**가 펼쳐집니다. 이
것으로 하늘의 하나님을 향한 교만한 왕의 반항은 그 종지부를 찍
고 그는 그 하나님 앞에 완전히 굴복하게 됩니다. 본문은 온 땅에
거주하는 모든 백성들, 나라들, 각 언어를 말하는 자들에게 보내는
느부갓네살 왕 자신의 1인칭 조서의 형태로 그 하나님의 승리를
극적으로 선포합니다(4:1).[2] 이 조서는 느부갓네살 자신이 배운 교
훈이 단지 그 자신만을 위한 것이 아니라 "땅에 사는 모든 자"가
알아야 하는 것임을 강조합니다(참고, 4:17). 이로써 그의 조서의 내

---

2.   고대 그리스어 역본은 1-3절이 빠져 있다. 그러나 고대 그리스어 역본은 히
브리어 본문보다 더 길고, 몇 가지 점에서 확장되었다. 예를 들어, 이 이야기
의 연대기는 렘 52:29에서 예루살렘이 멸망한 느부갓네살의 18년으로 설정
되어 있고(이것은 19[22]절에서 느부갓네살이 예루살렘 성전을 파괴한 일과
그의 마음이 오만했다는 다니엘의 언급을 준비하게 한다), 왕을 상징하는 나
무는 이제 너무 커서 해와 달이 그 안에 머물고 있으며(9[12]절), 14[17]절의
선언은 나무가 파괴되고, 그가 결박되어 짐승과 함께 풀을 먹는 것을 보고
놀라는 내용으로 확장된다. 28[31]절에서 왕에게 주어진 하나님의 심판 선언
은 그의 집의 무익한 사람에게 왕위가 주어질 것이라는 긴 언급으로 확장되
며, 심지어 천사들이 그를 추적한다(29[32]절). 4:33-37의 찬양 역시 그의 회
복뿐 아니라 그가 짐승으로 변한 것 또한 언급한다. 참고, Collins, *Daniel*,
220; J. A. Montgomery, *Daniel*, ICC (Edinburgh: T & T Clark, 1926), 247-
249.

용을 읽고 듣는 독자들은 그 조서가 반포되는 대상들 가운데 포함 됩니다. 그는 3장에서처럼 더 이상 열방의 백성들을 자신의 명령 을 통해 굴복하도록 강제하지 않고 그들에게 큰 평강을 전하며 하 나님이 행하신 일을 기쁘게 증언합니다.

이 4장에서 무엇보다 눈에 띄는 것은 4:1-3과 4:34b-37이 하나 님을 찬양하는 서론부와 결론부로서 느부갓네살 자신이 보고하는 사건의 내용을 둘러싸고 있다는 것입니다. **그는 하나님의 능력과 권세**, 특히 3절과 34절을 통해 **하나님의 왕국과 통치의 영원함을 찬양합니다.** 주권과 왕권에 대한 용어는 시작과 끝부분의 찬송의 초점이며 이 장 전체에 걸쳐 반복됩니다.[3] 즉, 그는 **이제 비로소 배워야 할 것을 배웠고**, 2장에서 다니엘의 꿈의 해석을 통해 밝혀진 하나님의 뜻, 때와 시기를 바꾸시며 그의 자유하심에 따라 왕들을 제거하시고 또한 일으키시는 그의 권능에 완전히 굴복했습니다. 지 금 그는 하나님의 영원한 주권의 의미를 깨달은 사람으로서 말하 고 있습니다.

> 지극히 높으신 하나님이 나에게 행하신 **표적들과 기적들**을 보여 주는 것을 좋다고 여겼다. 얼마나 큰지, 그의 표적들이. 얼마나 강 력한지, 그의 기적들이. **그의 왕국은 영원한 왕국이요, 그의 주권 은 대대에 이르리로다.** (4:2-3; 참고, 시 145:5, 13)[4]

---

3.   참고, Seow, *Daniel*, 64.

4.   Lebram은 이 구절에 대해 다음과 같이 말한다. "하나님에 대한 이 명칭('엘

느부갓네살은 먼저 이 하나님을 "지극히 높으신 하나님"으로 부름으로써(참고, 4:17, 24-25, 32, 34), 그에게 왕권을 주신 "하늘의 하나님"(2:37)을 그가 인정했던 사드락, 메삭, 아벳느고의 하나님, 즉 이전에 그가 패배시켰다고 생각한 이스라엘의 하나님과 동일시합니다(3:26; 참고, 1:1-2). 그뿐만 아니라 그는 이러한 표적들과 기적들을 일으키신 하나님의 능력을 찬양합니다. 아이러니한 것은 이 "표적"과 "기적"이 이스라엘을 속박에서 해방시키신 하나님의 능력이 나타난 출애굽 사건을 연상시키는 단어이며(출 7:3; 신 6:22; 7:19; 시 135:9), 지금 그 하나님을 찬양하는 이가 다름 아닌 이스라엘-유다의 포로들을 관장하는 바벨론의 왕이라는 사실입니다.[5]

라하 일라이아': 지극히 높으신 하나님)은 장차 하나님의 나라를 받을 "가장 높은 이의 거룩한 자들"의 이름이 언급되는 7:18의 중요한 구절을 가리킨다("가장 높은 하나님"이라는 이름은 3:26에서 처음으로 나타나고 4:17, 24, 25, 32, 34에 "가장 높으신 이"로 다시 5:18, 21에서 "가장 높은 하나님"으로 언급된다. 또한 7:22, 25, 27). 마찬가지로 4:34에 다소 변형된 형태로 포함되어 있는 3:33b(즉 4:3b)의 왕의 고백은 다가오는 하나님의 나라를 유사한 용어로 묘사하는 7:14c, d의 진술을 겨냥하고 있다. 이러한 언급을 통해 느부갓네살의 경험은 세계 왕국의 몰락과 진리와 정의의 영원한 왕국을 가져오게 될 하나님과의 만남으로 드러난다. 동시에 이 이야기는 하늘의 하나님이 영원한 왕국을 세우실 것이라는 사실이 처음으로 선포되는 2:44과 연결된다." Lebram, *Das Buch Daniel*, 110.

5. 　Seow, *Daniel*, 65.

몰락하는 세계수의 환상—지극히 높으신 이가 다스리신다!

이제 왕이 알게 하고자 하는 그 사건, 그 자신의 입을 통해 서술되는 표적들과 기적들에 대한 이야기는 2장과 유사한 느부갓네살의 꿈의 해석 이야기로 시작됩니다. 그 발단에서 그는 자신이 구가하고 있던 태평한 시간들을 다음과 같이 묘사합니다. "나 느부갓네살은 내 집에 평안하게('셸레') 있었고 내 궁에서 (무성한 식물처럼) 번성하였다('라난')"(4:4).

학자들에 의하면 "평안한"과 "번성하는"에 쓰인 아람어 단어들의 의미가 흥미롭습니다. C. L. 서우에 의하면 이 "평안한"('셸레')은 3:29에서 "경솔히"로 번역된 '샬루'(또한 6:4에서 "그릇됨"으로 번역된 '샬루')와 관계가 있습니다. 즉, 실제로 부주의한 태도, 태만한 상태를 의미하며, "번성하는"을 의미하는 '라난'은 구약성경에서 식물의 무성함을 묘사하는 데 쓰이는 단어로(시 37:35; 52:8; 92:14; 렘 17:8) 느부갓네살 자신이 꿈에서 보게 될 나무의 형상을 예견합니다.[6] 더 이상 거치는 것이 없는 무성한 나무처럼 평안함, 심지어 나태함을 누리는 왕 자신의 모습이 소개됩니다. 그러나 2장 에피소드의 발단과 같이 그가 꾼 또 하나의 꿈은 왕권에 대해 이 왕이 하늘로부터 교육을 받는 새로운 이야기를 시작하게 합니다.

2장에서의 꿈이 그의 마음(영)을 동요케('파암') 하여 잠이 달아나게 한 것(2:1)에 비해서 이번 꿈은 그를 "두렵게"('데할') 하고 그의

6.　Seow, *Daniel*, 66.

침상에서 떠오르는 온갖 상상들과 머릿속의 환상들을 통해 그를 불안에 떨게 만듦으로('베할') 더 큰 영향을 미쳤습니다(4:5).[7] 그는 명령을 내려 이전과 같이 그 꿈의 해석을 알고자 바벨론의 모든 지혜자들을 불러들였습니다(4:6). 이전과는 달리 느부갓네살은 그들에게 꿈의 내용을 말해 주었지만 여전히 그들(마술사, 점성가, 갈대아인, 점쟁이)은 2장에서와 마찬가지로 왕의 꿈을 해석하지 못했습니다(4:7). 이것은 물론 마지막에 등장하는 주인공인 다니엘의 출현을 준비합니다.

느부갓네살은 먼저 다니엘이 자신 앞에 들어온 것과 그의 이름이 자신의 신의 이름을 딴 "대마술사 벨드사살"이라는 사실, 그의 안에 거룩한 신들의 영이 있으며(참고, 창 41:38) 어떤 은밀한 것도 그에게는 문제가 되지 않는다는 그의 능력을 소개합니다. 그리고 그 후 자신의 꿈에서 본 환상들과 그 해석을 그에게 요청합니다(4:8-9). 얼핏 불필요한 언급 같아 보이지만 이것은 이야기의 통렬한 아이러니를 제공합니다. 독자들이 모두 알듯이 그에게 우주적 왕권을 하사하신 "가장 높으신 하나님"은, 그가 다니엘을 "벨드사살"로 명명할 때 그 이름을 딴 그의 신인 "벨"(마르둑)과 같은 바벨론 신들이 아니라, 지금 다니엘 안에서 그를 통해 말씀하시며, 그의 눈 앞에서 놀라운 구원의 능력을 행하신 유대인들의 하나님입니다(3장). 그는 독자들이 모두 알고 있는 이 명백한 사실을 홀로

---

7.   Hartman & Di Lella, *Daniel*, 175.

알지 못하는 것 같습니다.[8] 그러나 우리가 4:2-3의 느부갓네살의 찬양에서 보았듯이, 이 모든 사건이 끝났을 때 그는 자신에게 왕권을 하사한 신이 누군지를 알게 될 것입니다.

이제 그의 침상에서 느부갓네살 자신이 머릿속으로 본 환상들의 보고가 시작됩니다.

> 보라! 땅의 중앙에 한 나무가 있고 그것의 높이가 매우 컸다('삭기'). 그 나무가 커졌고 강해졌고, 그 높이가 하늘에 닿았으니 그것의 보임은 온 땅 끝까지 이르고, 그것의 잎사귀는 아름답고 그 열매는 매우 많아서('삭기') 그 안에 그 아래 모든 이를 위한 먹을 것이 있었고 그것은 짐승('헤이바트 바라')에게 그늘을 드리우며 하늘에 나는 새들이 그 가지들에 거하며 그것으로부터 그것은 모든 육체에게 먹을 것을 주었다. (4:10-12; 참고, 겔 17:23)

느부갓네살이 꿈에서 본 나무는 마치 바벨탑이 그러했듯이(참고, 창 11:4) 하늘에 닿는 엄청난 높이를 가지고 있고, 땅끝까지 보이는 매우 크고 강한('테케프') 나무, 참으로 강한('탁키프') 이적을 행하시는 하나님(4:3)이 세우신 나무입니다. 즉, 땅의 중앙에서 우주의 각 영역들을 연결하고 통합하는 신화적인 세계수라 할 수 있습니다.

---

8. 참고, Newsom, *Daniel*, 136. Newsom에 의하면, 다니엘의 바벨론식 이름인 "벨드사살"의 첫째 요소 "벨트"는 실제로 바벨론 신인 "벨"(*Bel*)이 아닌 아카드어 "생명"(*balatu*)을 의미한다. 그러나 단 4장이 이를 바벨론 신 "벨"과 연관 지음을 통해 이야기의 주제를 효과적으로 전달한다.

그것은 아름다운 잎사귀와 많은 열매로 심미적으로 아름답게 묘사되고 온 세상의 행복의 원천으로 기능합니다.[9] 들짐승과 새가 거기에 깃들고 인간과 짐승들을 포함하여 모든 육체가 그것으로부터 먹을 것을 얻는다는 꿈의 묘사는, 그것이 느부갓네살 자신의 통치를 비유적으로 묘사한 것임을 알 수 있습니다. 이미 우리는 2:38의 다니엘의 꿈 해석에서 하나님이 느부갓네살에게 사람들뿐 아니라 들짐승과 하늘의 새들까지 주셨다는 내용을 읽었으며, 모든 생명체에 대한 생명 유지자로서의 나무의 부양 능력은 고대 근동의 왕실 이데올로기와 일치합니다.[10]

흥미로운 점은 앞으로 진행될 이 꿈의 내용이 **구약성경에 익숙한 독자들에게는 결코 낯선 것이 아니라는 사실**입니다. 그것은 **에스겔 31장에 있는 이집트에 대한 심판 신탁에서 몰락하는 앗시리아와 매우 유사한 이미지**를 가지고 있습니다. 거기서도 나무의 영광스러운 묘사가 나타나고 교만으로 인한 나무의 몰락이 그려집니다. 즉 지금 본문은 다음과 같이 말하며 **독자들의 해석 능력을 시험해 보는 것처럼 느껴지기도 합니다.** "바벨론의 지혜자들은 이 환상을 이해할 수 없더라도, 당신은 다니엘과 함께 이해할 수

---

9. 참고, Newsom, *Daniel*, 137-139.
10. Wadi Brisa에 있는 느부갓네살 2세의 왕실 비문을 보라: "나는 느부갓네살, 의의 왕. 내 주 마르둑이 내 손에 넘겨준 먼 곳에 거주하는 민족들을 나는 은혜롭게 축복한다. 나는 그들을 먹였고 … 충실한 자들을 의로 인도하여 적들을 억압했다. 바벨론 … 나는 그들을 복종하게 만들었다. 그것의 영원한 보호 아래 나는 모든 백성을 모았다. 축복의 통치, 나는 내 땅에 여러 해의 풍족함을 허락했다." Bauer, *Das Buch Daniel*, 111에서 인용.

있어야 하고, 구약성경의 해석에 능숙한 사람이어야 합니다(**다니엘이 해석하는 "꿈"은 현재 활자로 성경에 "기록된"** 것이라는 사실을 기억합시다). 그래야 당신은 앞으로 당신에게 맡겨질 과제를 수행할 수 있기 때문입니다." 그리고 그렇게 이 심판 신탁을 기억해 낼 수 있는 독자라면—다니엘이 해석을 제공하기 전에도 이미—이 환상이 의미하는 바를 충분히 알 수 있을 것입니다.

　이어지는 환상에서 느부갓네살은 또한 한 감시자, 한 거룩한 자가 하늘에서 내려오는 것을 봅니다(4:13). 비록 그가 본 나무가 온 우주에 미치는 거대한 나무처럼 묘사됐지만, 이들이 하늘에서 내려오는 장면은 (마치 바벨탑 이야기에서 하나님이 내려오시는 장면처럼[창 11:7]) 렌즈를 줌아웃(zoom out)하여 이 신화적 세계수를 능가하는 더 큰 권세와 더 큰 세계의 존재를 상기시킵니다. 이 "감시자"(순찰자)라는 명칭은 그 왕이 아무리 땅에서 위대한 제국을 통치한다 할지라도, 그 주권을 주신 이가 하늘의 왕이시기에(1:2; 2:37) 그의 통치를 감찰하는 하늘의 존재들이 있음을 보여줍니다.¹¹

　말하자면 그들은 우주적 질서의 준수를 감독하는 천사적인 존재입니다. 지상의 어떤 왕의 통치도 무제한의, 무소불위의 권력을

---

11. "감시자들"은 헬레니즘 시대와 초기 로마 시대의 유대 문헌에서 널리 입증되었다. 가장 유명한 예는 타락한 천사들을 가리키는 『에녹1서』 1-36장의 "감시자들의 책"에 있으나(참고, CD 2:18), 그것이 타락한 천사들만을 가리키는 별명은 아니다. 관련 문헌들에 대한 자세한 소개는 Collins, *Daniel*, 224-226을 참고하라. 다니엘서에서의 감시자들은 거룩한 자들과 대략적인 동의어로 사용되며 이 거룩한 자들은 7장과 8장에서 두드러지게 등장한다.

발휘할 수 없습니다. 그들은 자신에게 왕권을 허락하신 이에게 책임을 져야 합니다. 이미 2:21에서 선언되었듯이, 그들의 통치가 그것을 주신 분의 뜻에 합당치 않을 때, 하늘의 왕은 언제든지 그들을 왕위에서 끌어내리기도 하시고, 다른 사람을 그 자리에 앉히실 수도 있습니다. 비록 느부갓네살이 원하는 대로 사람을 죽이고 살리며, 높이고 낮출 수 있다 하더라도(참고, 5:19; 왕하 5:7. 이것은 실제로 하나님이 소유하신 권세입니다) 그는 그 자신을 그렇게 하실 수 있는 더 높으신 분이 계시다는 사실을 참으로 깨달아야 합니다. 그 역시 자신이 끌어내린 유다 왕 여호야김처럼(1:2) 그렇게 권좌에서 끌어내림을 당할 수 있습니다. 느부갓네살은 이 하늘의 감시자들이 그 나무를 파괴하라고 어떤 이들에게 크게 외치는 명령을 듣습니다. 나무는 그 줄기가 베어지고, 가지, 잎사귀, 열매의 순서로 파괴되어 갑니다.[12] 거기 깃든 짐승과 새들도 모두 떠나게 됩니다. 그러나 모든 것이 파괴되지는 않습니다. 마치 이사야 6:13에서의 하나님의 명령처럼, 느부갓네살은 그 뿌리의 그루터기를 땅에 남겨 두어 쇠와 놋줄로 동인 채(투옥 이미지: 시 149:8; 삿 16:21; 대하 33:11) 들풀 가운데 두어 하늘 이슬에 젖게 버려 두라고 명령하는 것을 듣습니다(4:14-15). "(그것이) 땅의 풀 가운데에서 짐승과 더불어 그의 몫을 얻으리라!"

앞에서 "땅"은 그의 주권이 미치는 영역이었으나, 이제 "땅"은 그의 지극히 낮아짐을 묘사합니다(유사하게 두 가지 용법을 모두 보여주

---

12. Newsom, *Daniel*, 140.

는 2:39 참고). 또한 꿈속 존재의 이미지는 나무에서 사람으로, 다시 짐승으로 변화됩니다. 그는 사람의 마음으로부터 변하여 짐승의 마음을 받아, **일곱 때('쉬브아 잇다닌')라는 특정 시간을 지나게 될 것**입니다(4:16). 이것은 순찰자들의 법령이요, 거룩한 자들의 명령으로 말해진 바입니다. 짐승들을 먹여 살리던 거대한 나무 자신이 먹이를 얻던 짐승의 하나와 같이(4:12; 2:38) 되었습니다. 하나님이 이 일을 행하시는 **목적은** 살아 있는 자들이 **"지극히 높으신 이가 사람의 왕국을 다스리시며 그가 원하는 이 누구에게든지 그것을 주시며 또 비천한 사람들을 그 위에 세우시는 줄을 알게 하려 함"**입니다(4:17, 25, 32; 참고, 삼상 2:7-8; 시 113:7-8; 눅 1:52).

환상의 보고를 마친 느부갓네살 왕은 벨드사살(다니엘)에게 꿈의 해석을 재촉합니다(4:18-19a). 느부갓네살의 반응을 보건대 그 자신도 어렴풋이 그 꿈의 의미를 예감한 듯합니다. 다만 그가 이해할 수 없는 부분들이 있었기에 그는 다니엘로부터 그 의미를 분명히 확인받고 싶어한 것 같습니다. (이러한 나무 이미지가 고대 근동에서 왕과 그의 왕국을 가리키는 잘 알려진 이미지였다면, 그가 이 꿈에서 징벌을 당하는 나무가 자신이라는 사실을 모르지는 않았을 것입니다.) 실제로 고대 근동에서 신의 지지에 대한 개념은 왕권의 이념에서 가장 중요한 요소였습니다. 그렇기에 왕들은 지속적인 좋은 전조와 호의적인 꿈과 예언을 주장하면서 신들이 자신의 통치를 지지한다는 증거를 기회가 있을 때마다 확인하고자 했습니다.[13] 그런 왕에게 이러한 꿈

---

13. Walton, *Ancient Near Eastern Thought and the Old Testament*, 283.

은 심각한 재앙을 의미합니다. (3장에서 암시되었듯이) 느부갓네살은
바벨론, 자신의 영광으로 이룩한 왕국이 영원할 수 없다는 사실을
받아들이기 어려워했지만, 적어도 2장의 다니엘의 네 왕국 환상
해석이 그에게 (바벨론 왕국은 결국 멸망하게 될지라도) 자신의 통치 기간
에는 태평을 누릴 수 있으리라는 기대를 품게 만들었다면—그의
치세는 영광스러운 금머리의 왕국에 비견됐습니다—이 꿈으로 말
미암아 그에게 곧 갑작스러운 신적 심판이 들이닥칠 수 있다는 예
감은 그를 두렵게 만들기에 충분했을 것입니다. 더구나 꿈에서 사
람의 왕국을 다스리며 누구든지 그가 원하는 자를 왕으로 세우는
이로 선포된 이는, 느부갓네살이 생각했던 바벨론의 신들이 아닌
그 자신이 얼마전 기적을 목도한 후, 유대인들의 하나님을 부른
명칭인 "지극히 높으신 이"로 일컬어지고 있었습니다(4:17; 3:26).
결국 느부갓네살은 (그 자신이 3장에서 행한 것과 같은 어리석은 행위의 결과
로) 이 신의 노여움을 사 권좌를 빼앗기게 될까요?

"그의 주권은 영원한 주권이요
그의 왕국은 대대에 이르리로다"

다니엘에게도 이는 예상치 못한 일이었던 것 같습니다.[14] 그도 한

---

14. 19-33절은 4장의 나머지 부분의 1인칭 화법과는 달리 3인칭으로 서술된다.
    이 부분이 서사의 중간과 전환 지점이라는 것을 주목할 수 있는데 여기서는

동안 놀랐고 느부갓네살처럼 꿈의 내용으로 인해 불안해했으며
(4:5의 느부갓네살의 반응이었던 '베할' 동사가 두 번 쓰였습니다.) 그 꿈과 해
석이 왕이 아닌 왕을 미워하는 자, 왕의 대적에게 응하기를 원한
다는 말로 이 꿈이 흉조임을 공손히 그에게 아룁니다(4:19b). 그리
고 그는 느부갓네살이 본 꿈속의 나무의 형상을 반복하여 묘사하
며 해석을 시작합니다(4:20-21).

"그것은 당신입니다. 왕이여! 이는 당신께서 커지고 강해지고
당신의 위대함이 커지며 하늘에 닿으시며 당신의 주권이 땅끝까
지 (미침이니이다) …"(4:22). 왕은 외부적으로 크게 성장했습니다. 그
러나 그 큰 성장이 나무를 심은 하늘의 주인에게 기쁨이 된 것은
아닙니다. 다니엘은 이제 왕이 본 바, 그 감시자, 거룩한 자가 하늘
에서 내려와 선포한 명령이 의미하는 것을 설명합니다(4:23-24). 그
것은 왕에게 내려진 하나님의 심판의 칙령입니다. 느부갓네살 왕
은 사람에게서 쫓겨나 짐승의 아들처럼 되어 들짐승과 함께 거하
며 소처럼 풀을 먹고 하늘 이슬에 젖어 **일곱 때**를 지낼 것입니다.
당시 메소포타미아의 왕들이 신과 인간 영역 사이의 중재자로서
"신들의 형상"으로 일컬어지는 초인간적인 지위를 누렸다는 것을

다니엘이 왕의 꿈을 해석함으로써 세상과 왕의 운명을 지배하고 계신 이가
왕이 아닌 하늘의 하나님이라는 사실이 강조된다. 즉, 화법이 전환되는 19절
부터 느부갓네살도 1인칭 화법의 자신이 가졌던 서사의 "지배권"을 3인칭
화법의 서술자에게 빼앗긴다. Lucas, 『다니엘』, 140. Lacocque, *The Book of
Daniel*, 83.

생각하면 이는 인간 이하의 지위로 떨어지는 끔찍한 형벌입니다.[15]

그러나 나무뿌리의 그루터기가 남아 있으므로 그것이 최종적 심판이 아니며 회복의 기회가 남아 있음이 암시됩니다. 이 심판에는 정해진 기간이 있습니다. "일곱 때!" 아마도 이 숫자는 처음부터 제한되어 있는 포괄적인 총체성의 기간을 상징하는 것으로 보입니다. **지극히 높으신 이가 사람의 왕국을 다스리시며 그가 원하는 이 누구에게든지 그것을 주시는 줄을 알게 되기까지**(4:25)! 그리고 그때에야 그는 다시 회복되고 그의 왕국이 견고케 될 것입니다 (4:26).[16] 이제 다니엘은 **중요한 권고**를 덧붙입니다.

그런즉 왕이여('멜레크') 나의 조언('멜라크')을 용납하시고('셰파르';

---

15. Newsom, *Daniel*, 141.

16. 26절에는 다스림의 주체가 25절의 "지극히 높으신 자"('일라이아')에서 "하늘"('셰마야')로 바뀐다. 이것은 히브리성경에서 "하늘"이 신성을 대신하여 사용된 유일한 예이며, 우리는 처음으로 유대교에서 "하나님"의 대리자로서의 "하늘"을 만나게 된다. Collins, *Daniel*, 229. J. Montgomery, *Daniel*, 239. Goldingay는 이 이야기에서 사용된 땅과 하늘의 대비에 관심을 기울이는데 "땅"은 "세상"이라는 의미에서의 '땅'을 가리킬 수 있고, 이때 느부갓네살의 통치 영역을 암시한다(4:1, 10-11, 20, 22). 또한 이 단어는 "지면"을 뜻할 수 있고 그때 느부갓네살의 비참함을 가리킨다(4:15, 23). 하늘 역시 하나님이 거주하시는 공간일 뿐 아니라 하나님을 가리키는 완곡한 표현이 된다. 즉, 이 장에서의 주 관심은 땅의 왕과 하늘의 왕의 관계이다(참고, 1, 10, 11, 12, 13, 15, 20, 21, 22, 23, 25, 26, 31, 33, 34, 35, 37절). Seow, *Daniel*, 64. 나아가 여기서 이 "하늘"이라는 표현은 느부갓네살 자신도 인정한, 그에게 왕권을 넘겨준 "하늘의 하나님"(2:37)을 느부갓네살이 목도한 풀무불에서의 구원을 베푸신 이스라엘의 하나님, "지극히 높으신 이"(3:26; 4:2, 17, 24-25, 32, 34)와 동일시하는 기능을 하는 것으로 보인다.

참고, 4:2) **공의로 죄를 그치시며 가난한 자를 긍휼히 여김으로 불의를 (그치소서) 그리하시면 왕의 번영함이 길어질 것입니다.** (4:27)

비록 2장에서 신적으로 결정되고 알려진 바, 그의 왕국 바벨론이 언젠가 몰락하게 될 것은 피할 수 없는 사실이지만, 왕이 임박한 심판을 피하고 그의 번영을 길게 할 수 있는 길이 있습니다(참고, 4:4). 그것은 야훼께서 이스라엘-유다와 다윗 왕가의 왕들에게 요구한 바와 같은 통치의 원리, **토라(율법)의 정신**을 행하는 것입니다. 즉, 느부갓네살은 자신의 왕권에 대한 고집과 통제 욕구로 사람을 마음대로 죽이는 폭력적이고 공포스러운 통치, 그 외의 모든 죄들을 그치고 **공의와 가난한 자를 향한 긍휼의 정신으로 백성들을 다스림으로 하나님의 주권에 순복한다는 것을 보여주어야 합니다.** 이스라엘뿐 아니라 더 넓은 무대인 고대 근동에서도 정의를 행하고 약자의 권리를 보호하는 사법제도를 운용하는 것은 신들이 왕에게 위임한 중요한 역할이었습니다.[17] **하나님의 요구와 기준은 여전히 변함없습니다. 법령의 세부적인 실천은 다를지라도 여전히 통치자에게 요구하시는 하나님의 뜻은 동일합니다.** 바로 이것이 지켜지지 않았기 때문에 다윗 왕가의 왕권은 몰락했습니다. 다니엘은 이를 행함으로 느부갓네살이 그동안 쌓아온 죄업을 청산할 것을 아룁니다(4:27).

　　그러나 그 자신이 보고하듯, 그의 교만으로 말미암아 이 모든

---

17. 참고, Walton, *Ancient Near Eastern Thought and the Old Testament*, 283.

일은 그 왕에게 닥치게 됩니다. 바로 다니엘의 꿈의 해석이 있은
지 1년째(아람어, "열두 달의 끝") 되는 날, 그가 바벨론 왕궁 위에서 걷
고 있을 때 말입니다(4:28-29).[18] 이미 돌이킬 시간은 충분히 주어졌
습니다. 앞서 **2:37의 다니엘의 꿈 해석에서 보았듯 왕국('말쿠')과
권세('헤센')와 능력('테코프')과 영광('에카르')을 그에게 넘겨주신 이
는 하늘의 하나님, 지극히 높으신 (이스라엘의) 하나님입니다.** 그러
나 도성 바벨론을 내려다보며 발설한 그의 말에는 실상 위에 언급
된 이 모든 것이 자신의 손으로 이룩한 것이며 꿈의 내용과 해석
을 인정할 수 없다는 뉘앙스가 담겨져 있습니다.[19]

> 이 큰 바벨론은 내가 능력('테코프')의 권세('헤센')로, 또한 내 위엄
> 의 영광('에카르')을 위하여 왕국의 집('베이트 말쿠')으로 지은 것이
> 아니냐? (4:30)[20]

---

18. 28-35절은 근동의 왕실 비문 스타일로 구성되었다. 배정훈은 29절이 다윗이
    밧세바를 범할 때 왕궁(지붕) 위에서 거닐던 장면을 연상시킨다고 말한다.
    배정훈, 『다니엘』, 107.
19. 고대 메소포타미아에서 도시는 본래 신들의 창조물이요, 우주의 궁극적 결
    실과 질서 정연함이 발견되는 곳이자 국가의 토대였다. 자세한 것은 Walton,
    Ancient Near Eastern Thought and the Old Testament, 275-278을 보라.
20. 실제로 느부갓네살은 위대한 건축자로 역사에 기록됐다. 바벨론은 고대 세
    계에서 가장 크고 웅장한 도시 중 하나였으며, 그 화려함의 대부분은 특히
    느부갓네살 덕분이었다. 그가 그곳에 세운 위대한 건물을 자랑하는 그의 설
    형 문자 비문 중 몇 개가 보존되어 있다. Hartman & Di Lella, *Danㅌiel*, 178.
    비문의 내용은 Montgomery, *Daniel*, 243-244을 참고하라.

그러나 그의 입에서 그 말이 끝나기도 전에 하늘에서 소리가 떨어졌습니다. **"네게 말하노니 느부갓네살 왕아 왕국이 네게서 제거됐느니라"**(4:31; 참고, 2:21). 그는 **지극히 높으신 이가 사람의 왕국을 다스리시며 그가 원하는 이 누구에게든지 그것을 주시는 줄을 알기까지**, 사람에게서 쫓겨나 들짐승처럼 행하면서 **일곱 때를 지내야 합니다**(4:32).[21] 그 즉시 하늘의 칙령은 성취되었고 그는 용모도 짐승처럼 변하여 그의 머리카락('세아르')은 독수리('네샤르')처럼, 손톱('테파르')도 새('찝파르')처럼 변했습니다(4:33; 이 육체적 변화는 15, 16절의 꿈의 보고에서는 언급되지 않은 내용입니다). 예레미야 27:5-6과 다니엘 2:37-38에서 들짐승들에 대한 지배권을 얻은 느부갓네살은 그 짐승들과 같아졌습니다. 캐롤 A. 뉴섬에 의하면 메소포타미아에서는 악마와 죽은 자들이 새와 같은 특징을 갖는 것으로 묘사됐는데, 결국 느부갓네살의 변화는 그가 인간 사회의 보호 영역 밖에 사는 야생 동물의 혼란스러운 영역으로 떨어진 것을 상징할 뿐 아니라 그 형벌의 기간 자체가 죽음의 때와 동일하다는 것을 의미

---

21. 주석가들은 흔히 이 느부갓네살의 이야기를 쿰란에서 발견된 소위 "나보니두스의 기도"라는, 역사 속의 바벨론 마지막 왕으로 알려진 나보니두스의 이야기와 비교한다. 거기서 나보니두스는 1인칭으로 "가장 높은 신"의 명령에 따라 사람들로부터 떨어져서, 아라비아 사막에 있는 도시 데마에 7년 동안 머물러야 했다고 말한다. 그는 악성 궤양으로 고통받았고, 그의 신들에게 드리는 모든 기도는 그가 바벨론에 유배되어 있던 유대인 선견자로부터 편지를 받기 전까지는 아무 소용이 없었다. 이것은 그에게 자신의 질병이 우상 숭배에 대한 형벌이며 가장 높으신 하나님께 경의를 표해야 한다는 의식을 갖게 했다. 나보니두스는 자신의 범법과 죄를 고백한 후 용서를 받게 된다. Bauer, *Das Buch Daniel*, 119; Hartman & Di Lella, *Daniel*, 178-179.

합니다.[22]

그러나 본문은 유다의 포로기를 야기한 이 왕의 비참한 형벌 기간의 사건들을 더 길고 자세히 묘사하는 데 관심이 없습니다. 오히려 하나님이 정하신 **일곱 때**라는 특정 기간은 어느새 찼고(아람어, "그 날들의 끝에"), 느부갓네살이 그의 눈으로 하늘을 우러러보았을 때, 그의 지식이 그에게 돌아왔습니다(4:34, 36). 즉, **그가 하늘의 하나님을 인정했을 때, 그는 인간답게 되었습니다.** 이것은 그의 찬양의 고백을 통해서 입증됩니다.

> 내가 지극히 높으신 이를 찬양하며 영원히 사시는 이를 찬미하고 영광을 돌렸나니 그의 주권은 영원한 주권이요 그의 왕국은 대대에 이르리로다. (4:34)

그는 이제 땅과 하늘의 어떤 존재들도 그 앞에서는 아무것도 아닐 만큼, 그 하늘의 왕이 위대한 분이심을 고백합니다. 그가 아무리 온 땅을 호령하는 제국의 왕이라도 그 앞에서는 무력한 존재일 뿐입니다. 이미 2장(2:31-35, 44)에서 강조되었듯 **모든 인간의 왕국은 한정된 시기와 때를 가지고 있지만, 그의 주권과 왕국은 홀로 영원합니다. 하나님의 영원한 왕권은 미래에 실현될 그분의 영원한 왕국의 전제 조건이요 토대입니다.** 그는 땅의 모든 거주자들을 없는 것처럼 간주하시고, 하늘의 군대에게든지 땅의 거주자에게든

---

22. Newsom, *Daniel*, 148. 또한 Bauer, *Das Buch Daniel*, 117.

지 자기 뜻대로 행하실 수 있는 분이며 아무도 그의 손과 뜻을 막을 수 없습니다(4:35). 그 하나님의 왕권을 인정했을 때 느부갓네살에게 그의 지식뿐 아니라 왕국('말쿠')의 영광('예카르')과 위엄 및 얼굴빛 광채가 다시 돌아오고, 그에게 모사들과 귀족들이 찾아왔으며, 다시 자신의 왕국에 옹립되며 지극한 위대함이 더하여집니다(4:36). 다니엘서에서 이 교만했던 왕의 마지막 대사는 다음과 같습니다.

> 지금 나 느부갓네살은 하늘의 왕을[23] 찬미하고 높이며 영광 돌리나니 그의 일들은 진실하고 그의 길들은 공의로우시며('딘') **교만 속에서 걷는 자**('마흘레킨': "왕들"을 의미하는 '말킨'과 유사한 형태로, '말킨'에 비해 자음 '헤'가 하나 더 있습니다. 교만한 왕들을 연상시키는 **의도적인 언어유희**일 수 있습니다; 참고, 3:25)**를 그가 능히 낮추심이라.** (4:37)

느부갓네살은 비로소 사람이 사람답기 위해서는 하늘의 하나님과 그분의 자유로운 주권을 인정하고 그 앞에 항복해야 함을 깨달았습니다. 바로 그때에 지상 왕국의 통치는 인간다워집니다. 그가 일곱 때 기간의 형벌이라는 비싼 대가를 지불하면서 배운 바입니다. 아무리 자신이 신적 왕이고자 참 하늘의 왕께 반항해 봐야 역설적으로 그는 한낱 짐승이 될 뿐입니다. 이제 느부갓네살 왕은 이 하

---

23. 이 표현은 히브리성경에서 이곳에만 나오며 "하늘의 하나님"과 동일한 표현이지만 이 문맥에서는 왕권 주제를 강조한다. Collins, *Daniel*, 232.

나님이 자신을 통치하신다는 사실을 인정했기 때문에, 하나님은 느부갓네살을 "통해서" 통치하신다고 말할 수 있게 됩니다(고대 근동에서 왕은 신들이 그를 통해 주권을 행사하며 풍요와 복락을 흘려보내는, 땅 위에서의 신들의 대표자로 여겨졌습니다). 그렇기 때문에 그는 그의 왕국의 보좌를 되찾을 뿐 아니라[24] 뛰어난 위대함을 추가로 얻게 됩니다.

이것은 또한 자신들이 여전히 쇠사슬에 매인 듯이 **유배의 때를** 지나고 있다고 생각했던 **다니엘서의 1차 독자들에게 위로를** 줍니다. **하나님께서 원수와 같은 이교도 왕 역시도 정해진 기간이 찼을 때 회복시켜 주셨다면, 현재 유배 기간에 있는 그의 백성들의 형벌의 때가 찼을 때 그들 역시 회복시켜 주실 것은 더더욱 자명합니다**(참고, 사 11장).[25] 이미 4:2-3에서 느부갓네살이 언급한 **표적**과 **기적**은 출애굽을 연상시키는 만큼, **새 출애굽**을 예견합니다.

이제 느부갓네살은 무대에서 사라집니다. 이제 그 뒤를 잇는 왕은 어떤 사람일까요? 그러나 그가 누구이든지 하늘의 왕이신 지극히 높으신 하나님, 사람의 왕국을 다스리시며 그가 원하는 이에게 그것을 주시는 분은(4:17, 25, 32) 언젠가 그 주권을 자기가 기뻐하는 누군가에게 영원히 양도하실 것입니다. 그 왕국은 느부갓네살의 왕국과는 달리 대대에 이르는 영원한 왕국이 될 것입니다 (4:3, 34). 그 어떤 신적 권세를 주장하는 왕이라도 지극히 높으신

24.　Lucas, 『다니엘』, 158.

25.　참고, 배정훈, 『그의 나라는 영원한 나라이라』, (서울: 한국성서학연구소, 2007), 138-139.

하나님이 작정하신 이 결정에 저항할 수는 없습니다.

■ **4장에서 반드시 기억할 요소**

1. 느부갓네살이 다니엘에게 해석을 요구한 환상의 이미지는, 이미 에스겔 31장(그리고 사 6:13)에 유사한 선례가 있습니다. **이것은 마치 다니엘서 자신이 독자가 과연 구약성경의 해석 방법에 익숙한지 그 지식을 시험하고 그를 준비시키는 듯한 인상을 줍니다. 결국 다니엘서의 마지막에 이르러 해석의 최종적 임무는 독자에게 맡겨질 것이기 때문입니다.**

2. 이 장에서 하나님의 주된 명칭은 2장의 주 명칭인 "하늘에 계신 하나님"(2:18-19, 28, 37, 44) 대신 "지극히 높으신 이"로 나타납니다(4:17, 24-25, 32; 참고, 4:2). 이 명칭은 느부갓네살이 3:26에서 사드락과 메삭과 아벳느고의 하나님, 이스라엘의 하나님을 일컬을 때 사용한 명칭을 반향합니다. 즉, 본 장에서 세 번 반복되는 **"지극히 높으신 이가 사람의 왕국을 다스리시며 그가 원하는 이 누구에게든지 그것을 주시는 줄을 아는 것"**(4:17, 25, 32)이라는 어구는 이 장의 주제와 느부갓네살이 비로소 하나님의 이 교육의 목표에 이르렀음을 줍니다(4:26, 34, 37).

3. 이 교만한 이교도 왕은 **일곱 때**라는 그의 형벌의 기간이 찼을 때에, 하늘의 하나님의 주권을 인정하고 다시 그의 왕권을 되찾았습니다. 이 이야기를 읽는 다니엘서의 1차 독자들도 하나님이 정하신 형벌의 때가 찼

을 때에 유배의 고통에서 벗어나 위대한 영광을 덧입게 될 것입니다.

4. 이 장에서 반복되는 "지극히 높으신 이가 사람의 왕국을 다스리시며 그가 원하는 이 누구에게든지 그것을 주시는 줄 알기까지 …"라는 말은 다니엘서에서 하나의 복선으로 작용합니다. 이 왕국의 주권이 (다니엘서 안에서) 궁극적으로 누군가에게 영원히 양도될 것이 예견됩니다.

다니엘서 5장:
왕궁 벽에 기록된 심판[1]

5장의 구조는 다음과 같은 잘 짜인 교차 대구 구조로 이루어져 있습니다.[2]

    A. 도입—벨사살 왕의 잔치(1-4절)

      B. 손가락이 쓴 글이 나타나다(5-6절)

---

1.   고대 그리스어 역본의 경우 이야기 전체를 요약한 듯한 서문이 존재하지만, 이야기 자체는 상당히 축약되었다. 여기에는 다니엘을 향한 13절 이하의 왕의 대사가 매우 축약되어 나타나고, "셋째 통치자" 역시 '나라의 삼분의 일'을 다스리는 것으로 해석된다. 심지어 다니엘의 연설에서 느부갓네살의 일화에 대한 언급은 완전히 생략됐고, '메네 메네 테켈 우파르신'은 바로 해석되어 벨사살에게 제시된다. 또한 5:31의 왕국을 인수한 메대의 왕의 이름이 아르타크세르세스로 기록되었다. Collins, *Daniel*, 241; Montgomery, *Daniel*, 267.

2.   이 구조는 Lucas, 『다니엘』, 170을 참고하여 약간 수정했다.

C. 벨사살의 보상 제시와 현자들의 실패(7-9절)

D. 다니엘이 수수께끼를 해석할 것을 왕비가 확신하
다(10-12절)

X. 왕이 다니엘에게 수수께끼의 해석과 보상을
약속하다(13-16절)

X′. 다니엘이 왕을 꾸짖다(17-23절)

D′. 다니엘이 수수께끼를 해석하다(24-28절)

C′. 다니엘이 성공하여 보상을 받다(29절)

B′. 손가락이 쓴 글의 의미가 성취되다(30절)

A′. 결말—메대의 다리오가 왕국을 받다(31절)

이제 우리는 5장에 이르러 벨사살이라 이름하는 **바벨론 왕국의 마지막 왕**(어쩌면 예상보다 이르게!)을 만납니다.[3] 하지만 엄밀히 말해서, 역사적으로 당시 진짜 왕은 그의 아버지 나보니두스였으며, 그는 자신의 아들 벨사살에게 양위하듯 왕위를 떠맡기고 통치 기간의 대부분을 아라비아에서 보냈습니다(즉, 벨사살은 공동 섭정이었습니다). 나보니두스는 바벨론의 주신인 마르둑이 아닌, 달의 신인 '신'(Sin)의 종교를 부흥시키고자 하는 열망을 가지고 있었고, 이로

---

3. 실제 벨사살이 느부갓네살의 아들도, 왕도 아니었다는 사실은 비평학자들에 의해 다니엘서의 역사성에 대한 반론으로 제시된다. 그러나 신-바벨론 왕조의 마지막 왕이 나보니두스(Nabonidus)였지만, 다니엘서의 묘사처럼 실질적으로 벨사살이 바벨론을 통치했다는 사실은 1924년 이후 명백해졌다. 참고, Davies, 『다니엘 연구 입문』, 46-47.

인해 마르둑 제사장들의 많은 반발을 샀습니다. 실제로 페르시아 왕 고레스는 나보니두스에게 반발을 가지고 있는 마르둑 제사장들과 백성들의 호의를 힘입어 무혈 입성으로 바벨론을 정복할 수 있었습니다.[4]

또한 **실제 역사 자료에 의하면 느부갓네살과 벨사살**(또는 나보니두스) **사이에는 2-3명의 왕이 더 존재**합니다. 열왕기하 25:27에도 그 이름이 기록된 에윌므로닥뿐 아니라, 네리글리사르, 겨우 몇 개월을 통치한 나바쉬 마르둑이 그들입니다. 그러나 다니엘서는 이들의 존재에 관심이 없고 이야기는 느부갓네살로부터 바벨론의 마지막 왕인 벨사살의 시대로 건너뜁니다. 혈통적으로도 벨사살은 느부갓네살의 아들이 아니었지만, 다니엘서는 이 둘을 아버지와 아들 관계로 설정하여(5:2, 11[2회], 13, 18) 이 둘 사이의 (비교적 훌륭한 아버지와 열등한 아들 사이의) 의도적인 대조를 강조합니다.[5] 즉, 독자들은 앞의 느부갓네살의 이야기에 비추어 벨사살의 이야기를 읽어야 합니다.

---

4. 참고, Marc Van De Mieroop, 『고대 근동 역사』, 김구원·강후구 역 (서울: CLC, ³2016), 436-439.
5. Bauer, *Das Buch Daniel*, 1996, 122. 유대 역사가 요세푸스의 경우에는 나보니두스와 벨사살을 동일시한다. "바벨론인들이 나보니두스라고 부르는 벨사살"(Josephus, *Ant.* 10.11.2).

어리석은 왕의 연회

벨사살 왕은 마치 3장에서 느부갓네살 왕이 금신상을 만든 것('아바드')처럼 그의 귀족 천 명을 위해 큰 잔치("많은 빵"을 의미하기도 하는 '레헴 라브')를 만들고('아바드') 그 천 명 앞에서 **포도주**를 마셨습니다. 캐롤 A. 뉴섬에 의하면 고대의 연회, 특히 왕실 연회는 단순한 축제 행사가 아닌, 사치를 과시하기 위한 상징적인 기회였으며 호화로운 연회는 또한 왕을 강력한 후원자로 자리매김하게 하고, 그의 신하들을 왕과 더욱 긴밀하게 결속시키는 것이었습니다. 그는 지금 국가의 유력자들을 위한 잔치의 호스트요 후원자로 서 있습니다.[6] 느부갓네살이 금신상을 통해 그의 나라의 정치적·종교적 연합을 확고히 하려 했던 것처럼, 벨사살도 그의 잔치를 통해 비슷한 일을 이루고자 했던 것일까요?

그는 갑자기 무슨 생각을 했는지, 포도주를 맛볼 때 그의 아버지 느부갓네살이 예루살렘 성전에서 전리품으로 가져온('네파크') 금·은그릇(1:1-2)을 가져오게 합니다. 왕과 귀족들과 왕후들, 첩들이 그 잔들로 마시기 위해서였습니다(5:2).

이스라엘의 하나님의 성전 기물은 오직 하나님께 속한 거룩한 것으로 다른 용도로는 사용할 수 없는 것임에도 벨사살은 그것들을 가져와 단순한 술잔으로 사용하려 합니다. 더구나 여기 나열된 손님들의 목록에는 '왕후들'과 '후궁들'이 눈에 띄는데 캐롤 A. 뉴

---

6.   Newsom, *Daniel*, 165.

섬은 풍부한 포도주가 가득한 이런 잔치에 여자들이 함께 참석한
다는 것은 술취한 소란과 성적 방탕의 분위기를 암시한다고 말합
니다. 또한 고대에 왕실 연회에서 사용되는 잔은 왕이 부와 권력
을 과시하는 데 특히 중요한 수단이었는데[7] 이런 방탕한 분위기의
잔치에서 벨사살은 이스라엘 하나님의 거룩한 기물을 사용해 자
신을 과시하고자 합니다. 왕의 명령은 수행됐고 이제 왕은 귀족들
과 왕후들, 후궁들과 함께 그것으로 술을 마십니다.

주목할 것은 벨사살의 이 행동을 서술하면서 벨사살의 명령에
따라 그릇들을 가져온 행동을(3절), 느부갓네살이 예루살렘 성전으
로부터 이 그릇들을 나오게 한('네파크') 행동(2절)을 연상시키는 방
식으로 유사하게 병치하여 묘사하고 있다는 것입니다(더구나 3절은
예루살렘에 있는 그 성전이 '하나님의 집'이라는 사실을 부연 설명하여 강조합니
다). 결과적으로 2-3절에서 '네파크'(나오다) 동사가 연달아 두 번 사
용됨을 통해, 벨사살의 현재의 행동이 과거 느부갓네살이 예루살
렘 성전에 행한 것보다 배로 신성모독적인 행동임을 강조하는 듯
합니다. 비록 주 하나님 자신이 "주신"(1:2) 성전 그릇이지만, 하나
님의 성전을 침범한 느부갓네살의 행동 자체가 면죄되는 것은 아
닙니다. 그럼에도 불구하고 느부갓네살은 그것들을 자신의 신들
의 집의 보물 창고에 안치했지만, 그것들을 불명예스럽게 만들지
는 않았습니다. 그는 최소한 신에 대한 예우는 지켰습니다. 그러나
벨사살은 그것들을 방탕한 잔치에서 자신의 권력 과시를 위한 단

---

7.   Newsom, *Daniel*, 166-67.

순한 술잔으로 취급할 뿐 아니라 (4:34, 37의 느부갓네살과 달리) **금, 은, 놋, 쇠, 나무, 돌로 만든 신들**을 찬양했습니다(5:3-4). 이 재료의 목록들은 우리가 이미 살펴본 바, **결국에는 하늘의 하나님에 의해 무너질(!) 2장에서의 신상을 구성하는 재료들의 순서로 나열**되었습니다. 또한 "나무와 돌"의 경우 신명기 4:28이나 이사야 37:19, "그들의 신들을 불에 던졌사오나 그들은 신이 아니라 사람의 손으로 만든 것일 뿐이요 **나무와 돌**이라 그러므로 멸망을 당하였나이다"(개역개정)와 같은 구절을 연상케 합니다. 즉, 그 성전 기물들은 그의 이교 신들을 찬양하는 유사 제사 행위에 사용되기까지 한 셈입니다. 이것은 앞서 다니엘서의 이야기들을 통해 자신의 권세를 보여주신 이, **느부갓네살이 굴복하고 찬양과 영광을 돌렸던 하늘의 하나님에 대한 명백한 도전입니다.**

그에 대해 즉각적으로 사람 손의 손가락들이 나타났습니다('네파크'). 실체가 없는 손가락들, 그리고 그것의 즉각적인 등장으로 섬뜩함과 긴장감은 고조됩니다. 특히 여기에는 2-3절에서 느부갓네살이 하나님의 전에서 나오게 한('네파크') 기물들을 언급할 때 쓰인 동일한 '네파크' 동사가 사용됐습니다. 즉, 하나님은 벨사살의 신성 모독적인 행동을 좌시하지 아니하시고 그에 대한 보응으로 즉시(참고, 단 4:31-33) 심판을 알리는 손가락을 "나오게 하십니다."[8] 등불 앞에 나타난 손가락은 왕의 궁전 촛대 앞(맞은편) 석회벽에 글자를 쓰기 시작했고(마치 하나님의 손가락이 언약의 돌판들을 기록한 것처

---

8.   Bauer, *Das Buch Daniel*, 123.

림; 출 31:18; 신 9:10) 그것을 본 왕은 얼굴빛 광채가 변하고(4:36과 대조), 그의 아버지 느부갓네살처럼 불안에 떨며('베할') 엉덩이 매듭('케타르')이 풀리고('셰레') 무릎이 서로 부딪히는 신체적 반응까지 보입니다(5:5-6; 참고, 나 2:10[2:11 MT]).

벽에는 무슨 글이 쓰인 것일까요? 왕은 크게 소리 질러 이전의 느부갓네살처럼 점성가와 갈대아인과 점쟁이를 들어오게 하고 바벨론 지혜자들에게 글자를 읽을 것과 그것의 해석을 요구합니다(2, 4장). 이전의 느부갓네살의 역사는 유사하게 반복되고 있습니다. 단지 그 수수께끼의 대상이 꿈속의 환상에서 기록된 글자로 바뀌었을 뿐입니다(그리고 독자의 입장에서는 이 둘 다 현재 다니엘서라는 책에 활자로 '기록된' 것입니다). 해석에 대한 보상 역시 매우 파격적입니다(참고, 2:6, 48). 글자를 읽고 해석을 보인 이에게는 자주색 옷을 입히고 금사슬을 목에 걸어주며(자주색 옷은 에스더서[8:15]에서도 왕적인 높은 지위를 나타내며, 금사슬은 이집트에서 요셉에게 주어졌습니다[창 41:42]). 그로 하여금 **왕국('말쿠')에서 세 번째('탈타')로 다스리게('셸레트') 할 것입니다**(5:7).

이 말을 통해 벨사살은 실제 왕이었던 자신의 아버지 나보니두스와 섭정 왕인 자신을 이어 셋째 가는 자리를 주겠다고 말하는 것일까요? 그러나 **다니엘서에는 나보니두스의 존재에 대한 암시조차 나타나지 않는다**는 사실로 인해 현재의 본문이 그것을 의미했을 가능성은 적습니다. 이번 이야기에서도, 나아온 왕의 지혜자들 누구도 그 글자를 읽지 못하고 왕에게 그 해석을 알려주지 못했습니다(5:8). 그로 인해 벨사살 왕이 크게 두려워하며 그의 얼굴 빛이 변하고[9] 그의 귀족들도 당황한 것은 당연합니다(5:9). 어느새 즐거운 잔치는 아수라장이 되었습니다.

바로 그때 (아마도 느부갓네살의 미망인으로 보이는) 왕후가 이 일을 듣고 그 잔치 집에 들어와, 벨사살 왕으로 하여금 불안해하지 말 것을 권고하며(5:10) 해결책을 줄 수 있는 해결사를 소개합니다("왕이여, 오래[아람어, "영원히"] 사십시오"라는 말과 함께).

> 당신의 왕국에 **거룩한 신들의 영이 그 안에 있는 사람**이 있습니다. 당신의 아버지의 날들에 신들의 지혜와 같은 빛남과 통찰력과 지혜가 **그 안에서 찾아졌습니다,** 느부갓네살 왕, 당신의 아버지가 마술사와 점성가와 갈대아인과 점쟁이의 어른('라브')으로, 당신의 아버지, 그 왕이 세웠습니다(참고, 2:48; 4:9). 그의 뛰어난 영과 지식과 통찰력으로 말미암아 능히 꿈들을 해석하고 수수께끼들을 보임과 **매듭들("문제들", '케타르')을 푸는 것('셰레')이 그 안에서, 다니엘 안에서 찾아졌습니다.** 그 왕이 그의 이름을 벨드사살이라 둔. (5:11-12a)

그의 화려한 이력을 소개한 후 왕후는 권고합니다. "이제 다니엘

---

9. "그의 얼굴빛이 변하다"('지보히 샤나인 알로히')는 6절('지보히 셰노히')에서 보다 긴 표현이 사용됐고 그의 불안함도 "크게"('삭기')라는 말이 붙어 더불어 커졌다.

을 부르소서, 그가 그 해석을 보여줄 것입니다"(5:12b).

아마 다니엘은, 과거 요셉이 새로운 바로에 의해 잊혀진 것과 마찬가지로(출 1:8), 벨사살에게는 사실상 잊혀진 사람이었던 것 같습니다. 왕후의 권고에 따라 벨사살은 다니엘을 그의 앞으로 들어오게 했고, 왕은 그를 "내 아버지 왕이 유다에서 오게 한('아타'; 참고, 5:2, 3) 그 포로들 중 (하나)"라는 첫마디로 부름으로써 다니엘의 정체성을 규정합니다. 느부갓네살이 가져오고 벨사살이 남용한 예루살렘 성전 그릇들 및 지금 그가 나아오게 한 유다의 포로 다니엘, 벨사살은 왕후가 언급하지도 않은 이런 정체성으로 그를 부름으로써 그가 하찮게 여긴 예루살렘 성전 그릇들과 마찬가지로 다니엘을 낮추어 보고 있음을 보여줍니다(그가 14절에서 왕후의 말을 반복하지만 왕후가 말한 바 느부갓네살 왕의 때에 다니엘이 얻었던 높은 지위를 생략하는 것을 주목하십시오).[10] 그는 왕후로부터 들은 바 다니엘의 비상한 지혜와 능력, 그리고 앞선 지혜자들의 실패를 언급하며 이전과 같이 그에게 해석에 따른 보상을 제안합니다(5:13-16). 사실상 그는 다니엘을 "바벨론으로 오게 한 유다 자손"으로 낮추면서 자신을 그와 같은 비천한 이를 크게 높일 수 있는 주권자로 제시하고 있는 셈입니다.

그러나 다니엘은 그 보상을 거절합니다. 그는 당신의 예물은 당신이 가지고 보상은 다른 이에게 주라고 말합니다. 그럴지라도 그는 그 글을 왕에게 읽어주고 그 해석을 알게 해 주겠다고 약속

---

10. Lucas, 『다니엘』, 179; Seow, *Daniel*, 81.

함으로 하나님이 왕에게 보이시는 계시를 전하는 사명에 전념합
니다(5:17). 왕으로부터의 어떤 보상이 하나님으로부터 왕에게 주
어지는 메시지에 영향을 미치지 않을 것입니다. 이제부터 그는 왕
의 잘못을 고발하고 하나님으로부터 온 심판의 메시지를 선언하
는 과거의 선지자들과 같은 모습으로 묘사됩니다.

메네 메네 테켈 우파르신

이제 다니엘은 2:37에서 처음 꿈의 해석을 전했을 때처럼 왕을 부
름으로 입을 엽니다.

> 당신, 왕이여! **지극히 높으신 하나님이 왕국과 위대함과 영광과
> 위엄을 주셨습니다. 느부갓네살, 당신의 아버지에게.**[11] 그에게 주
> 신 위대함으로 모든 백성들과 나라들과 언어를 말하는 자들이 그
> 의 앞에서 떨며 두려워하였습니다. **그는 원하는 자를 죽이고, 원
> 하는 자를 살게 하며, 원하는 자를 높이며, 원하는 자를 낮추었습
> 니다**(마치 자신이 하나님이라도 된 듯이; 참고, 4:17, 25, 32; 신 32:39; 삼상 2:7;
> 시 75:7; 욥 5:11-16). 그의 마음이 높아지고 그의 영이 교만으로 강해

---

11. Lucas에 의하면 18절은 구문형식상 '느부갓네살, 당신의 아버지'를 가장 마
     지막에 배치함으로, 처음에 하나님이 벨사살에게 복을 주신 방식을 설명하
     는 것처럼 말하다가, 나중에는 벨사살이 아니라 느부갓네살에게 베푸신 복
     임이 드러나는 효과를 준다. Lucas, 『다니엘』, 189.

짐으로("완고해짐으로", '테케프') 그가 그의 왕국의 왕좌로부터 내려옴을 당하고 그 영광이 그로부터 제거되고, 또 사람의 아들들에게서 쫓겨나 그의 마음이 들짐승과 같이 됐고 그의 거처가 들나귀와[12] 함께 하며, 소처럼 풀을 먹으며 하늘 이슬에 그의 몸이 젖었습니다. **지극히 높으신 하나님이 사람의 왕국을 다스리시며 그가 누구든지 원하시는 자를 그 위에 일으키시는 줄을 알기까지.**
(5:18-21)

다니엘은 이제까지 다니엘서를 읽어온 독자들이 함께 공유하여 알고 있는 느부갓네살의 일화, 특히 그가 그의 교만으로 인해 하나님의 심판이라는 비싼 값을 치르고 배워야 했던 교훈을 벨사살에게 들려줍니다. 그리고 이제 18절에서처럼 다시 한번 벨사살을 부름으로("당신, 그의 아들 벨사살") 그에 대한 기소를 시작합니다. 그는 이 모든 것을 알면서도 마음을 낮추지 않았고(22절) 오히려 자신을 하늘의 주재 위에 높이고(23절; 참고, 20절—동일한 '룸' 동사 사용) 그의 집의 그릇을 자신의 앞으로 가져오게 하여 귀빈들과 함께 술을 마셨습니다. 그뿐만 아니라 보지도 듣지도 알지도 못하는 만들어진 신들을 찬양하며, 벨사살의 모든 호흡과 길을 손에 쥐고 계신(참고, 렘 10:23; 잠 16:9) 하나님께 영광을 돌리지 아니하는 신성모독을 저

---

12. 21절에 삽입된 들나귀는 4장에는 나타나지 않은 어구이며, 구약에서는 하나님께 대한 불순종의 상징으로 사용된다(렘 2:23-24; 호 8:9). 헬레니즘 이집트에서는 악신 세트-티폰의 동물이다. Lebram, *Das Buch Daniel*, 75.

질렀기에 심판을 위해 그분의 앞으로부터 이 글을 쓰는 손가락이 보내어져 그 글이 기록되었다고 전합니다(5:22-24; 참고, 6:8-10, 12, 13).

흥미로운 사실은 독자들이 화자와 공유하는 다니엘서의 앞선 장들에 기록된 느부갓네살의 일화를, 다니엘은 벨사살 역시 당연히 알고 있는 것으로 전제한다는 사실입니다. **즉, 그는 기록된 말씀(4장)에서 배워야 할 교훈을 듣지 않고 노골적인 죄를 지어 형벌을 받는 자의 전형으로 기능합니다.** 그리고 그 형벌은 느부갓네살에게 주어졌던 권고와 마찬가지로(4:27) 우상 숭배에 대한 심판(신 4:28; 시 115:4-7; 135:15-18)을 선언하는 토라의 기준을 따릅니다. 그러나 또한 놀라운 업적 속에 스스로 교만해졌지만 가장 높으신 하나님의 주권을 인정한 느부갓네살과, 그 어떤 자랑할 만한 업적도 없이 자신의 자긍심을 높이려고 성전 기물을 오용하며 우상을 찬양한 벨사살의 모습이 대조됩니다. 느부갓네살이 그의 왕국을 회복한 반면, 벨사살은 그의 왕국을 빼앗기게 될 것입니다.

이제 기록된 글자가 무엇인지, 그리고 그 해석이 알려집니다. "메네[13] 메네 테켈 우파르신"(5:25). 고대 아람어는 히브리어처럼 본래 모음도 없고 종종 단어의 분할도 없이 기록됐기 때문에 읽는 사람은 기록된 내용을 발음하기 위해 다양한 해석적 결정을 내려야 합니다.[14] 또한 이 글자들을 명사로 읽느냐 동사로 읽느냐에 따라서

---

13. 사 65:11-12에서 이 동사는 "정하다", "운명 짓다"는 뜻으로 사용되며 이때 (같은 어근에서 파생된 것으로 보이는) "운명"을 뜻하는 명사 '메니'와 어울려 재담 효과를 발생시킨다. Lucas, 『다니엘』, 182.
14. Newsom, *Daniel*, 175; Lucas, 『다니엘』, 181-182 참고.

도 다른 읽기가 가능합니다.

먼저 이것은 (1) **"그것이 세어졌고('메네'), 세어졌고('메네'), 무게가 달아졌으며('테켈'), 나뉘었다('파르신')"**로 읽을 수 있습니다. 또는 다음과 같이도 읽을 수 있습니다. (2) **"세어지다**(여기서 두 번의 '메네'는 각각 동사와 명사로 한 번씩 사용되는데 첫 번째 '메네'는 동사로 해석합니다), **한 메네**(여기서의 두 번째 '메네'는 명사로 해석합니다. 이는 곧 60세겔로 환산됩니다; 참고, 겔 45:12), **한 세겔**(1세겔), 그리고('우') **두 개의 반**(1세겔)('파르신'은 "반"이라는 뜻을 가지고 있는 '페라스'의 두 배라는 뜻입니다: 0.5 + 0.5 = 즉, 1세겔)." 즉, 60 + 1 + 0.5 + 0.5로서, **"전체 62세겔이 세어졌다"**의 의미입니다. 각 화폐 단위는 가치가 큰 것에서 적은 것의 순서로 언급됩니다.

여기서 **다니엘**은 각 단어의 어원에 따른 번역으로 **벨사살과 그의 왕국과 관련한 핵심 요지의 해석만을 전달**합니다. 그 해석은 이렇습니다. '메네'는 하나님이 왕의 왕국을 세어서('메나') 그것을 마치게 하셨다는 것이며(5:26) '테켈'은 벨사살을 저울에 달아보니('테칼') 모자람이 찾아졌다는 것이요(5:27; 신들의 지혜와 같은 빛남과 통찰력과 지혜가 그 안에서 찾아진 다니엘과는 달리! 참고, 5:11-12, 14), '페레스'('우파르신')는 그의 왕국이 나뉘어('페라스') 메대와 페르시아 사람에게 준 바 되었다 함입니다(5:28). (이 경우) (3) 명사로 해석되는 두 번째 '메네'인 60세겔을 선왕인 느부갓네살의 무게로, 따라오는 '테켈'을 한없이 부족한 벨사살의 무게인 1세겔로, '우파르신'은 그 1세겔이 다음 왕들인 메대의 다리오와 페르시아의 고레스에 의해 반으로 쪼개지는 이미지로 해석할 수도 있습니다. 또한 (4) '**페 레스**'는 메대와 함께 언급된 '**페르시아**'(아람어, '**파라스**')**와도 형태와 발음이 비슷합니다.** 당시의 궁전 벽에는 일반적으로 왕의 공적을 찬양하는 비문으로 덮여 있었다는 사실을 생각하면,[15] 하나님으로 부터 나온 손가락이 벽에 쓴 글자는 이 이야기에서 통렬한 아이러 니를 제공하는 셈입니다.[16]

놀랍게도 본문은 자신의 왕국 멸망의 해석에 대해서 벨사살이 보인 어떤 반응도 알려주지 않습니다. 그에게는 죄를 고백하는 기 색도 없고, 회개의 표시도 없고, 자비를 구하는 기도도 없습니다.[17] 그의 아버지 느부갓네살과는 달리 하나님을 향한 어떤 반응도 없 다는 점에서 이는 모자람으로 판명된 그의 성품의 일면을 보여주 는 것일까요? 다만 그 자신이 상급으로 제시한 것처럼 다니엘에 게 자주색 옷과 금사슬을 입히고 그를 왕국의 셋째 통치자로 선포

---

15. 고대 세계에는 글을 읽을 줄 아는 사람이 거의 없었지만, 왕들은 자신의 업 적을 기록한 기념비적인 문서를 공개적으로 전시했고 메소포타미아에서는 공식 문서를 낭독하여 청중에게 내용을 전달하는 것이 관습이었다. 즉, 여기 서 연출된 장면은 왕실에서 기록된 말을 사용하는 것과 유사하다. Newsom, *Daniel*, 168.

16. Bauer, *Das Buch Daniel*, 124. 또한 이러한 워드플레이(word-play)의 중요성 을 설명하는 Newsom의 말을 주목하라. "(말과 현실에 관한 고대의 이해에 따르면) 특히 신탁의 상황에서 말은 그들이 묘사하는 사물의 현실에 참여하 는 것으로 이해되었다. 단어의 다의성은 현실의 서로 다른 수준이나 측면 사 이에 연결이 이루어질 수 있게 해 주었다. 해석자의 워드플레이 의미 구성은 재치의 표현이 아니라 숨겨진 현실의 인식이자, 실제로 권력의 행위였다." Newsom, *Daniel*, 178.

17. Seow, *Daniel*, 83.

함으로 그는 다니엘의 메시지를 참된 것으로 인증합니다(5:29). 그리고 하나님의 사형선고가 바로 집행됩니다. 여기에 몇 가지 아이러니가 있습니다. 왕의 두려움을 해결할 자로서 다니엘을 추천한 왕후의 첫마디는 "왕이여, 오래(아람어, "영원히") 사십시오"였지만 왕의 운명은 그날 밤을 넘지 못했습니다.[18] 또한 그녀가 다니엘을 소개했을 때 그에 대해 사용한 말인 "매듭들('케타르')을 푸는('셰레')"(개역성경은 "의문을 풀 수 있었나이다"로 번역) 자는 벨사살 왕이 글자를 보고 두려워했을 때의 반응인 "그의 엉덩이 매듭들('케타르')이 풀렸('셰레')"던 것과 동일한 어구로서(개역성경은 "[넓적다리] 마디가 녹는 듯하고"로 번역), 다니엘은 실제로 왕이 두려워했던 운명을 확인해 주는 해석만을 전했을 뿐입니다.[19] 그 왕의 이름의 의미는 "오 벨이시여, 왕을 보호하소서"이지만, 그 우상 신은 왕을 하나님의 손에서 구해낼 수 없었습니다. 왕이 패전국의 포로된 자로 정체성을 규정했던(5:13) 해석자의 해석과 그가 모독한 그 해석자의 (마찬가지로 그분의 임재를 상징하는 성전 그릇이 바벨론의 전리품이 된) 하나님에 의해, 이들이 함께 모인 가운데 그 갈대아 왕은 그날 밤 죽임을 당했고 그 왕국은 메대 사람 다리오가 얻게 됩니다(5:30-31).[20] 참으로 원

---

18. Newsom, *Daniel*, 172.
19. 참고, Lucas, 『다니엘』, 170-171; Goldingay, *Daniel*, 283.
20. 고대 세계에는 사 21:5이나 렘 51:39 외에도 메대와 페르시아의 기습 공격으로 바벨론이 함락될 때 바벨론 왕과 그의 귀족들이 밤에 잔치를 벌이고 있었다는 이야기가 널리 퍼져 있었다(Herodotus I 191; Xenophon, *Cyropaedia* vii 5). 또한 고레스가 마르둑의 선택을 받아 바벨론을 사악한 왕 나보니두스로부터 해방시켰다고 주장하는 고레스 칙령의 선전 문구 역시 참고하라.

하는 자를 죽이고 살게 하시며, 원하는 자를 높이고 낮추시는 오
직 한 분(5:19), 느부갓네살을 낮추시고 또 살려두셨던 하나님은 이
제 벨사살을 죽이시고, 다리오를 위에 올리십니다. 또한 왕국을 얻
은 **메대 사람 다리오의 나이인 62세(!)(31절)**는 위에서 "메네 메네
테켈 우파르신"(5:25)을 문자적으로 해석했을 때 나오는 숫자로, 곧
다음 왕국의 등장을 암시합니다.[21]

한 가지 미묘한 사실은 **다니엘이 거부했던, 처음 벨사살이 글
의 해석을 보이는 자에게 약속했던 상급이**(5:7)—어떤 의미로는 다
니엘 자신의 말처럼(5:17)—**실제로는 다른 사람, 곧 다리오에게 주
어진 것처럼 보이기도 한다**는 사실입니다. 물론 벨사살이 약속한
직위인 "세 번째"는 고대 바벨론의 직위의 공식 명칭으로(또한 출
14:7 참고)[22] 여기서의 의미는 왕과 그의 어머니 다음의 지위를 의미
할 수도, 고대 그리스어 역본의 묘사처럼 국토의 3분의 1에 대한
권력을 의미할 수도 있습니다. 그러나 또 한편 다니엘이 자신의
해석을 통해 그 글의 의미를 왕에게 알려주었다면, 다리오는 왕국

Hartman & Di Lella, *Daniel*, 187, 191; 또한 Goldingay, *Daniel*, 285-287.

21. 참고, Goldingay, *Daniel*, 294. 한 가지 흥미로운 사안은 4장에 나타났던 느
    부갓네살의 "일곱" 때와 함께(4:16, 25, 32) 다리오의 나이인 62가 9:25-27의
    포로기의 종결을 알리는 70이레의 처음 두 숫자와 일치한다는 사실이다(일
    곱 이레와 예순두 이레).

22. Lebram, *Das Buch Daniel*, 76. Hartman & Di Lella는 이 명칭이 이 시기에는
    고위 관리의 직함으로서의(본래는 전차에 타는 세 번째 사람) 원래 의미를
    잃었다고 주장한다. Hartman & Di Lella, *Daniel*, 184. 또한 Collins, *Daniel*,
    247을 참고하라.

을 벨사살로부터 인수함으로 다니엘의 해석을 실재화시켜 보여주었습니다. 또한 그는 다니엘서 이야기에서 느부갓네살, 벨사살에 이은 그 **왕국의 세 번째 다스리는** 왕입니다(사실상 다리오는 벨사살의 왕국을 멸망시킨 것이 아니라 인수한 것으로 묘사되는 것을 주목해봅시다. 참고, 9:1). 그렇다면 그가 다니엘이 해석한 2장의 네 왕국 가운데 세 번째 왕국의 통치자일까요? (2:39에 쓰인 "세 번째"를 의미하는 '텔리타이'와 "왕국"을 의미하는 '말쿠', "다스리다"를 의미하는 '셸레트' 동사 모두가 벨사살의 보상의 약속이 불특정 다수에게 처음 주어지는 5:7에 나타나며, 동일한 약속이 다니엘에게 이행되는 5:29에는 동사 '셸레트' 대신 관직을 의미할 수도 있는 명사적 용법으로 쓰인 형용사 '샬리트'가 사용되는 미묘한 변화가 일어납니다.) 즉, 5장에서 나타나자마자 사라진 벨사살이 은으로 이루어진, 느부갓네살보다 못한 왕국('메네 테켈 우파르신'이 점점 하락하는 화폐 가치의 순서로 나열되었던 것처럼), 곧 두 번째 통치자였던 걸까요(2:32, 39)?

어쨌든 때와 시기를 바꾸시며 왕들을 제거하시고 세우시는 하늘의 하나님의 역사는(2:21) 다시 한번 나타났습니다. 그리고 먼 훗날, 성전(기물)에 대해 동일한 신성 모독을 저지르고 자신을 하늘의 주재보다 높이는(5:23; 7:25; 8:11, 25; 11:36), 하나님의 백성들의 결정적인 대적으로 나타날 한 왕에 대해 하늘의 하나님께서는 동일한 심판을 내리실 것입니다.[23]

---

23. 예컨대, 5:23의 "자신을 높이"는 특성은 8:11, 25과 11:36의 종말론적 대적으로 상징되는 안티오코스 에피파네스의 묘사와 일치한다. 참고, Collins, *Daniel*, 250. 1마카 1:21 이하는 안티오코스 4세 역시 신성모독적으로 성전 기물들을 옮겼다고 보고한다.

우리는 이 장에서 다니엘과 왕들이 대조되고 있는 것을 봅니다. (1)
다니엘에게서는 **신들의 지혜와 같은 능력**이 찾아진 데에 반해('셰
카흐', 5:11-12, 14) **벨사살**에게서는 **모자람**이 찾아졌습니다('셰카흐',
5:27). (2) 또한 다니엘의 말에서 나타나는 **느부갓네살의 마음(영)**은
교만으로 **완고**해진 데 반해(5:20)과 왕후의 말에서 나타나는 **다니
엘의 마음(영)**(5:11-12)은 **뛰어남**과 **거룩한 신들의 영**으로 특징지어
집니다.[24] 즉 본 장에는 **느부갓네살과 벨사살 사이의 비교**가 나타
날 뿐 아니라, **다니엘**과 이 **두 왕** 사이의 비교 역시 나타납니다.

흥미로운 것은 다니엘에 대한 독특한 묘사, **"거룩한 신들의 영
이 그 안에 있는 사람"**이라는 말이 교만한 왕들(느부갓네살, 벨사살)
의 심판을 다루는 4, 5장에 밀집되어 나타난다는 사실입니다(4:8-9,
18; 5:11, 14; 참고, 2:11). 이 묘사는 신상을, 신의 임재와 계시를 사람에
게 중재하는 역할을 하는 매체로 여긴 고대 근동의 사상을 연상케
합니다. 신상은 비유컨대 영적인 존재인 신의 몸과 같은 것으로서,
신이 자신의 임재를 인간 세계로 확장하는 수단임과 동시에 인간
이 신 앞으로 나아가는 것을 가능케 하는 수단이었습니다. 즉, 신
이 신상에 들어와 성전에 임재할 때 영의 세계에 있던 신은 육신
의 세계에 자신을 드러냅니다.[25] 이런 관점에서 하나님의 영이 그

24. 참고, Goldingay, *Daniel*, 291.
25. 자세한 것은, Walton, *Ancient Near Eastern Thought and the Old Testament*,
    113-118을 보라.

안에서 활동함으로 지상에서 하나님의 임재를 중재하는 하나님의
(살아 있는) 형상(신상; 참고, 창 1:26-27)인 다니엘과, 하나님의 심판 아
래 있는 우상숭배자(3:1-3, 5, 7, 14; 4:8; 5:4)인 벨사살, 느부갓네살 왕
이 대조되며(고대 근동에서 왕들이 신들의 형상으로 여겨졌다는 점을 생각할
때에 아이러니는 더욱 통렬해집니다), 나아가 다니엘을 통해 자신의 임재
와 계시를 왕들에게 중재하시는 **살아 계신 하나님**과 이방 왕들이
섬기는 (금, 은, 놋, 쇠, 나무, 돌로 만들어진 보지도, 듣지도, 알지도 못하는) **우
상**(5:4)이 **대조**됩니다. 하늘의 하나님은 다니엘의 이름의 의미와
같이("하나님이 심판하셨다") 그를 통해 자신의 뜻을 드러내시며 이 왕
들을 심판하셨습니다. 4-5장에서 드러나는 또 하나의 아이러니는,
이 왕들이 다니엘을 통해 중재되는 참 하나님의 임재를 마주하고
그를 그러한 신적 임재를 표현하는 언어로 일컬으면서도 "내 신의
이름을 따라 벨드사살이라 이름한 자"(느부갓네살, 4:8), "내 아버지
왕이 유다에서 오게 한 그 포로들 중 하나"(벨사살, 5:13)라는 다니엘
의 정체성 규정으로 인해, 그들이 실제로 마주하고 있었던 참 하
나님의 임재의 의미를 충분히 파악하지 못했다는 사실입니다.

또한 "거룩한 신들의 영"이 다니엘 안에 있다는 묘사는 전통적
으로 유대교와 그리스도교 주석가들을 난처하게 한,[26] 2:46의 느
부갓네살 왕이 다니엘에게 절하며('세기드') 예배의 제스처를 취한
것을(그리고 다니엘이 그것을 거부한 것처럼 보이지 않은 것을) 어떻게 이해
해야 할지 힌트를 제시합니다(참고, 계 19:10; 22:8-9). 나아가 이것은

---

26. Lucas, 『다니엘』, 99.

유대인들이기도 했던 초대 교회 성도들이, 성경의 성취로서 다니
엘보다 더욱 위대한 종말의 "그 사람의 아들" 예수를, 어떻게 유일
하신 하나님과 함께 예배의 대상으로 삼을 수 있었는지 이해하는
데에도 통찰을 제공해 줍니다(참고, 고후 4:4; 골 1:15). 심지어 신약성
경 저자들은 최후의 심판 때 성도들이 예수의 운명에 참여하여,
다니엘과 같이 세상을 심판하는 주체가 될 것이라는 전망을 피력
합니다(고전 6:2-3; 계 20:4; 참고, 단 7장).

■ 5장에서 반드시 기억할 요소

1. 이번에 **해석의 과제**로 주어지는 것은 **"글, 즉 기록된 것"**입니다. 이번에도
다니엘은 해석자로서 독자들에게 모범을 보여주지만, **독자들 스스로 깨
달을 수 있는 여러분의 해석은 알려주지 않은 채 독자들이 그것을 스스로
발견하게 합니다**('메네 메네 테켈 우파르신' = 62세겔로 세어졌다 = 다음 왕인 다리오
의 나이 62//그리고 페르시아를 연상시키는 '파르신' 등). 즉, **궁극적으로 다니엘서는 독
자들이 해석해 깨달아야 할 기록된 것, 성경으로서 주어지게 될 것입니다.**

2. 다니엘은 벨사살이 제안한 상급, 특히 세 번째 통치자의 자리를 거부
하고 그것을 다른 사람에게 주라고 말했습니다. 다니엘이 거부한 상급은
마치 다리오가 취하게 된 것 같습니다. 그렇다면, 메대의 **다리오가 다니
엘의 네 왕국 해석에서 나타난 세 번째 왕국의 통치자일까요?** (이 경우 자동적
으로 두 번째 왕국은 벨사살의 왕국이 됩니다.) 여전히 우리는 **텍스트가 독자들과
미묘한 해석 게임을 진행**하고 있음을 기억해야 합니다!

다니엘서 6장:
사자의 손으로부터의 구원[1]

6장을 이루는 교차 대구 구조는 다음과 같습니다.[2]

---

1. 고대 그리스어 역본의 경우 다리오의 나이는 5:31에 명시되어 있지 않고, 120명이 아닌—에 1:1과 일치시키려는 듯—127명의 방백을 임명했다고 기록되어 있다. 또한 다니엘을 반대하여 모의를 꾸민 자들은 모든 총집정관들과 총독들이 아닌, 두 청년이며(4절), 다니엘에 대한 고소에서 다니엘은 "사로잡혀 온 유다 자손"이 아닌 "당신(왕)의 친구"로 불린다(13절). 다니엘이 사자 굴에 던져질 때 다리오의 "내일 아침까지 담대하라!"는 격려의 말이 덧붙으며(16절), 18절에서는 다리오의 금식 보고 직후, 하나님이 사자들로부터 다니엘을 구원하시는 내용이 서술된다. 다니엘이 무사함을 본 것은 다리오 혼자가 아니라 모인 모든 군대이며(23절), 27절의 다리오의 송영에는 구원하지 못하는 우상의 무능함에 대한 서술이 추가됐다. 28절은 히브리성경의 "이 다니엘이 형통하였다. 다리오의 왕국에서, 그리고 페르시아 사람 고레스의 왕국에서" 대신 "다리오 왕은 그의 종족에게로 돌아갔고, 고레스, 그 페르시아인이 그의 왕국을 넘겨받았다"로 종결된다(5:31과 유사하게). Collins, *Daniel*, 262-263; Montgomery, *Daniel*, 280-281.

2. 이 구조는 Goldingay, *Daniel*, 310을 참고하여 약간 수정하였다.

A. 서론: 다니엘의 형통함(1-3절)

　　B. 금령을 정하는 다리오 그리고 하나님을 향한 다니엘의 기
　　　도와 찬양(감사)(4-10절)

　　　　C. 대적들이 다니엘을 죽이려고 공모함(11-15절)

　　　　　　X. 다리오가 다니엘의 구원을 소망함(16-18절)

　　　　　　X′. 다니엘이 구원받음(19-23절)

　　　　C′. 대적들이 죽임을 당함(24절)

　　B′. 다리오의 조서와 하나님을 향한 찬양(25-27절)

A′. 결론: 다니엘의 형통함(28절)

　　새로운 이야기는 벨사살 왕의 왕국을 인수한 다리오가(5:30-31)
자신이 원하는 대로 총독3 120명을 일으켜 세워 모든 왕국을 다스
리게 하고, 그 위에 총집정관 셋을 두어 총독들로 그들에게 명령
받은 일을 결산하게 하여 왕에게 손해가 없는 효율적인 정치 시스
템을 구축하는 것으로 시작됩니다(6:1-2). 지나간 벨사살의 왕국에
서 "세 번째"로서 다스리는 직위를 얻은 다니엘(5:29) 역시 메대의
다리오가 왕국을 얻은 후에도 세 명의 총집정관 중 하나로 여전히
활동하고 있습니다(6:2).4

3.　Goldingay에 의하면 이 용어('아하쉬다르판')는 "왕국의 수호자"를 의미한
　　다. Goldingay, *Daniel*, 313.

4.　Hartman & Di Lella, *Daniel*, 198.

사실 **이 다리오라는 왕의 신원은 불명확합니다. 그는 메대 사
람이라고 소개되었는데** 종종 성경이 메대와 페르시아를 하나의
연합 왕국인 것처럼 소개하는 일이 많지만, 또한 메대와 페르시아
는 별개의 나라였고, 이사야서가 알고 있는 것처럼(사 45:1-7) 바벨
론을 멸망시킨 이는 페르시아 왕 고레스입니다. 성경 외부의 역사
자료뿐 아니라, 다니엘서를 제외한 다른 성경 전통에서도 이 메대
사람 다리오라는 인물은 알려지지 않았습니다.[5]

　더욱이 놀라운 사실은 본서 1-2장 해설에서 보았듯 다니엘서
는 예레미야의 전승들을 밀접하게 따라가고 있었습니다. 우리는
**모든 나라가 느부갓네살과, 그의 아들, 그의 손자를 그 땅의 기한
이 이르기까지 섬기리라** 한 **예레미야의 선포**(렘 27:7)를 기억합니
다. 그러나 다니엘서는 **여기서 의도적으로 예레미야의 예언을 벗
어나는 듯합니다.** 벨사살은 느부갓네살의 아들로 설정되었지만,
그의 죽음 이후 그 왕국의 왕이 된 인물은 느부갓네살과 어떤 친
족 관계도 없는 메대 사람입니다. 이것은 분명 2장에서 다니엘이
해석한 네 왕국 중 세 번째 왕국의 왕이 느부갓네살과 벨사살의

5.　Hartman & Di Lella는 이 인물의 모델이 된 페르시아의 다리오 대왕(주전
　　522-486년)이 본문에 묘사된 것처럼 그의 왕국을 재조직한 유명한 사람이었
　　음을 지적한다. 그는 그것을 satrapies라고 불리는 여러 개의 큰 지역으로 나
　　누었고, 각 지역은 satrap이라고 불리는 관리가 통치했다. 그들은 단 6장의
　　120명의 방백을 통한 통치는(참고, 에 1:1; 8:9) 과장됐을지라도 이 이야기가
　　페르시아 왕국의 관료적 조직을 정확하게 반영하고 있다고 평가한다. Hart-
　　man & Di Lella, *Daniel*, 197-198과 Collins, *Daniel*, 264-265. 또한 다리오와
　　메대의 문제에 대해서는 Davies, 『다니엘 연구 입문』, 40-44을 참고하라.

후손이 되리라 예상한 이들을 놀라게 했을 것입니다.

말하자면, 메대 사람 다리오라는 이 인물과 관련해 중요한 것은 그의 역사성에 대한 문제가 아니라 다니엘서 내에서 이 인물이 어떤 기능을 가지는가 하는 것입니다. 고대에 어떤 텍스트의 가치는 독자들의 실존적 문제에 대한 응답으로서 구체적으로 사용되는 데에 있었고, 다니엘서는 이 목적에 매우 독특한 방식으로 기여하는 성경의 텍스트입니다. 다니엘서 이전에는 알려지지 않았던 이 인물의 등장으로 인해 다니엘서에서는 종말의 비밀과 관련해 해결되어야 하는 수수께끼가 발생합니다(이것은 9장에 이르러 살펴보게 될 것입니다).

변할 수 없는 왕의 법과 하나님의 법

세 총집정관 중에서도 다니엘은 그 안에 있는 뛰어난 영 때문에 (4:9; 5:12: 한글 성경은 "마음이 민첩하여"로 번역) 다른 총집정관들과 총독들보다 탁월하였고 왕은 (마치 바로가 요셉을 그렇게 했듯이, 창 41:38-44) 그를 온 왕국 위에 일으켜 세워 전국을 다스릴 것을 계획했습니다 (6:3). 물론 이런 인사 조치는 다른 총집정관들과 (아마도 그들과 정치적 이익 관계에 있는) 총독들의 반발을 샀습니다. 그래서 그들은 다니엘을 끌어내리기 위한 구실, 왕국의 일에 대해 다니엘이 잘못한 **부분을 찾으려 했으나** 그에게서 아무 근거와 허물을 **찾아낼 수 없**

었습니다. 그가 모든 일을 충성스럽게 감당했고 어떤 잘못도 범하지 않았기 때문입니다. 그러나 이 사람들은 다니엘을 무너뜨릴 근거 찾기를 멈추지 않습니다. 그들은 자신들이 **그의 하나님의 법**('다트 엘라흐', 독자들이 **토라**와 동일시할 수 있는)에서 그 근거를 **찾는 것 외에는** 다른 방도가 없음을 알고 **그것을 이용하고자 합니다**(6:4-5, 이 두 절에서는 "찾다"를 의미하는 '셰카흐' 동사가 5번이나 반복되며[참고, 5:11-12, 14] '허물'을 의미하는 '셰하트'가 2번 반복됩니다). 그리고 이들이 계략을 세웠을 때에 함께 모여 다리오 왕에게 나아가 말합니다(6:6).

> 다리오 왕이시여, 오래(아람어, "영원히") 사십시오! 왕국의 모든 총집정관들, 지방장관들, 총독들, 모사들, 관원들이 왕께서 한 법령('케얌')을 세울 것('카야마')과 한 금령을 굳게 할 것을 의논하였나니, 누구든지 삼십 일 동안 당신, 왕 외에 다른 신에게나 사람에게 구하는 자는 사자 굴(구덩이)에 던져넣기로 한 것이니이다. (6:6b-7)[6]

---

6. 7절의 아람어 문장의 구조는 매우 흥미로운 방식으로 구성되어 있다: A. 의논했다. 왕국의 모든 총집정관들, 지방장관들, 총독들, 모사들, 관원들이—B. 한 법령을 세울 것—X. 왕이—B′. 한 금령을 굳게 할 것—A′. (a. 구하는 자는 누구든지—b. 다른 신에게나 사람에게—x. 삼십 일 동안—b′. 당신 왕 외에—a′. 사자 굴[구덩이]에 던져진다)(6:7). 전체 문장이 A-B-X-B′-A′의 구조를 이루어 왕을 중심에 두고(X), 법령과 금령을 세우며 굳게 하는 것이 왕을 둘러싸고 있으며(B-B′), 왕국의 모든 관원의 의논과 그들이 사냥하고자 하는 이의 정체성이 가장 바깥 부분에서 문장을 둘러싸고 있다(A-A′). 그들이 사냥하고자 하는 인물의 정체성을 말하는 마지막 A′ 부분 역시 a-b-x-b′-a′의 형태로 교차 대구 구조를 형성한다.

이들은 왕국의 정치 권력의 기틀을 떠받치는 모든 관원들이 모든 것 위에 왕을 유일한 신적 존재로 추대하는 법(금)령을 세워야 할 것에 일치 단결하였다고 말합니다. 이것은 동일하게 모든 관원으로 하여금 왕의 신을 섬기게 함으로 국가 권력을 공고히 하려는 **3 장의 느부갓네살의 금신상 사건과 본질적으로 유사한 성격을** 가졌지만, **그 시작이 절대적 주권을 탐하는 왕으로부터의 명령 하달이 아닌, 관원들이 일치 단결하여 왕에게 명령을 내릴 것을 권한다는 점에서 미묘한 대조**가 있습니다. 물론 이것은 거짓말입니다. 이 결정에 있어서 가장 중요한 다니엘을 빠뜨렸기 때문입니다.

그들은 더 나아가 금령을 세울 뿐 아니라 조서에 왕의 서명을 함으로 메대와 페르시아의 취소 불가한 법('다트')을 따라 그 법령의 효력을 변경할 수 없게 하기를 구합니다(6:8; 에 1:19; 8:8. 여기 사용된 "변경하다"['셰나'] 동사는 3:28에서 다니엘의 세 친구가 느부갓네살 왕의 명령을 변경했다[거역했다]는 언급을 연상케 합니다. 즉, 3장에서 다니엘의 세 친구가 왕의 명령을 변경한 것과는 달리, 이제 그 누구도 이 법령을 변경할 수는 없습니다). 비록 한 달이라는 제한적 기간에만 효력을 발휘할 법령이지만, 광대한 제국을 통치해야 하는 왕에게 있어서는—비록 그가 허영에 가득찬 왕이 아니었을지라도—이러한 절대 권력이 왕권에 가지는 이익을 시험하기에 좋은 기회입니다. 이에 다리오는 그렇게 신적 왕으로 입지를 견고히 하라는 제안이 그 자신에게 더없이 큰 손해가 되는 계기가 될 줄 알지 못한 채, 그들의 말대로 문서와 금령을 기록합니다(6:9).

그러나 왕으로서 자신을 숭배의 대상으로 삼는 것을 받아들이는 사람은 누구나 자신을 하나님의 자리에 두는 것이며 이렇게 반포된 조서는 다니엘이 섬기는 하나님의 법과 정면으로 충돌하게 됩니다. "하나님의 법"(6:5)과 "메대와 페르시아의 법"(6:8) 중 다니엘은 어떤 법령을 따를까요? 당연히 신실한 유대인인 다니엘은 왕의 법령에 순종하지 않으며 이에 따라 그는 이제 말 그대로 잔인한 사자와 같은 이들의 사냥감이 됩니다(참고, 시 22:13; 57:4).

그러나 다니엘은 왕이 기록한 문서를 알고도 그의 집에 들어가 예루살렘을 향한 윗방 창문을 열고 전에 하던 대로 하루 세 번씩 무릎을 꿇고 기도하며 그의 하나님 앞에 찬양을 올렸습니다(6:10; 시 55:17).[7] 이러한 기도의 모습은 **열왕기상 8:46-51**, 솔로몬이 예루살렘 성전의 낙성식 때 올렸던 간구를 기억나게 합니다.

> 범죄하지 아니하는 사람이 없사오니 그들이 주께 범죄함으로 주께서 그들에게 진노하사 그들을 적국에게 넘기시매 **적국이 그들을 사로잡아 원근을 막론하고 적국의 땅으로 끌어간 후에, 그들이 사로잡혀 간 땅에서** 스스로 깨닫고 그 사로잡은 자의 땅에서

---

7. 다니엘의 이러한 종교적 실천은 국가의 왕권이 무너진 후 디아스포라에서 점점 더 유대교의 두드러진 특징이 되며, 우리는 유대교가 스스로를 어떻게 이해했는지에 대한 최초의 증언 중의 하나를 보게 된다. 6세기 이후 디아스포라 상황의 유대교는 이 전통을 크게 강화하였다. Bauer, *Das Buch Daniel*, 131, 134; 또한 Hartman & Di Lella, *Daniel*, 199.

돌이켜 주께 간구하기를 우리가 범죄하여 반역을 행하며 악을 지었나이다 하며 **자기를 사로잡아 간 적국의 땅에서 온 마음과 온 뜻으로 주께 돌아와서** 주께서 그들의 조상들에게 주신 땅 곧 주께서 택하신 성읍과 내가 주의 이름을 위하여 건축한 성전 있는 쪽을 향하여 주께 기도하거든 주는 계신 곳 하늘에서 그들의 기도와 간구를 들으시고 그들의 일을 돌아보시오며 주께 범죄한 백성을 용서하시며 주께 범한 그 모든 허물을 사하시고 그들을 사로잡아 간 자 앞에서 그들로 불쌍히 여김을 얻게 하사 그 사람들로 그들을 불쌍히 여기게 하옵소서 그들은 주께서 철 풀무 같은 이집트에서 인도하여 내신 주의 백성, 주의 소유가 됨이니이다.

(왕상 8:46-51 개역개정)

다니엘은 아마도 (무엇보다) 여전히 포로된 자기 민족을 위해 기도하고 있는 것으로 보입니다(참고, 9장). 처음부터 다니엘을 사냥감으로 삼았던 저 악한 사자의 무리와 같은 자들이 이 기회를 놓칠리 없습니다. 그들은 함께 모여 다니엘이 그의 하나님 앞에 기도하고 간구함을 발견합니다(6:11; 참고, 6:7). 이런 방식으로 그들은 비로소 자신들이 찾고자 했던 다니엘을 고발하기 위한 근거를 **찾았습니다**('셰카흐'; 참고, 6:4-5).

그들은 왕의 앞으로 나아가 제정된 금령에 대해 논하고 이에 왕 자신이 이 일이 확실한, 변경 불가한 법으로 세워진 금령임을 선언하게 합니다(6:12). 이렇게 왕이 자기의 말로 스스로를 덫에 걸

리게 하였을 때 이들은 다니엘을 "사로잡혀 온 유다 자손"으로 규
정하며 그가 왕께, 그리고 왕의 명령과 왕이 기록한 금령에 주의
를 기울이지 않으며, 하루 세 번씩 (그의 하나님께) 구함으로 적극적
으로 왕을 무시하고 있다고 고발합니다(6:13; 비교, 3:8-12).

왕은 이제 그들이 세운 조서가 누구를 사냥하기 위해 제정된
것인지를 깨달았을 것입니다. 그는 그저 다니엘을 사냥하는 자들
이 사용한 미끼에 불과한 존재였을 뿐입니다. 그가 총애했던 다니
엘은 그의 하나님 앞에 온전한 충성을 드림으로 그의 법령을 무시
했고, 다리오 앞에 충성된 자들로 자신들을 포장한 관원들은 결국
자신들의 목적을 위해 자신을 허수아비로 이용했을 뿐입니다. 다
리오가 신하들의 말에 크게 불쾌해진 것은 당연합니다.[8]

비록 다리오는 다니엘이 왕에게 주의를 기울이지 않는다는
('라-심') 신하들의 말을 듣고도, 해가 지기까지 다니엘을 구원하기
위해 그에게 마음을 기울이며('심') 분투하지만(6:14), 이미 그 자신
이 스스로의 함정에 갇힌 후입니다. 그들은 또다시 함께 모여(참고,
6:6, 11) 왕이 스스로 세운 바, 메대와 페르시아의 법에 따른 금령과
법령은 고칠 수 없음을 알라고 왕을 가르치는 투로 명령합니다
(6:15; 개역성경은 "아시거니와"로 번역).

다니엘이 하나님의 법에 의해('다트 엘라헤흐', 6:5) 대적들의 함정
에 갇히게 된 것처럼, 다리오 역시 취소 불가한 메대와 페르시아
의 법('다트 레마다이 우파라스', 6:8, 15)에 의해 꼼짝달싹할 수 없는 신

---

8.   Goldingay, *Daniel*, 320-321.

세가 되었습니다.[9] 대적들은 왕을, 누구의 요청이든 오직 그를 통
해서만 응답받을 수 있도록, 절대적인 신으로 추앙하는 법령을 세
우는 것처럼 아첨했지만, 결국 왕은 덫에 걸려 자기가 정한 바를
시행하지 않을 수 없었고, 그는 자신이 원하지 않는 일을 할 수밖
에 없는 스스로의 무능력만을 절감할 뿐이었습니다. 다니엘은 **앞
서 그들의 하나님에 대한 충성 때문에 풀무불에 던져졌던 그의 세
친구처럼(3장) 사자 굴(구덩이)에 던져지게 됩니다.** 왕은 단지 자기
가 할 수 없던 일을 다니엘의 하나님이 하시기를 구할 수밖에 없
습니다. "네가 항상 섬기는 너의 하나님이 너를 구원하시기
를"(6:16; 이는 3:15b의 느부갓네살의 질문 "어떤 신이 능히 너희를 내 손에서 구
원해 내겠느냐?"와 대조됩니다[10]).

왕의 명령은 한 돌을 (가져)오게 하여 그 구덩이의 입(품)에 두어
('심') 막고 "왕의 인장"과 "귀족들의 인장"으로 봉하는 것으로 마
무리됩니다. 다니엘에 대한 조치가 변경되지 않게 하기 위함입니
다. 마소라 본문에서는 이 행동의 의미가 다소 모호하지만, 고대
그리스어 역본은 이 행동의 의미를 설명하는 **"이는 다니엘이 그
들에 의해 제거되거나 왕이 그를 구덩이에서 끌어올리지 못하게
하려 함이라"**라는 **추가 구절**을 덧붙이고 있습니다. 즉 사자 굴이
왕과 귀족들의 인장으로 인봉된 이유를, (1) 왕은 귀족들이 다니엘

9.   참고, O. Plöger, *Das Buch Daniel*, KAT 18 (Gütersloh: Gütersloher, 1965),
      97.
10.   참고, Goldingay, *Daniel* 321. 또한 Seow는 왕의 이 말이 3:17의 다니엘의 세
      친구의 말을 연상시킨다고 지적한다. Seow, *Daniel*, 92-93.

을 꺼내어 그를 그들의 손으로 처리하려는 것을 막으려는 것으로, (2) 귀족들은 왕이 다니엘을 구출한 다음 구덩이를 다시 봉인하는 것을 막으려는 것으로 해석하는 것입니다.[11] 이것이 다니엘을 구하기 원했던 왕이 할 수 있는 전부였습니다. 이제 다니엘의 조치에 관해 인간이 관여할 수 있는 일은 더 이상 없습니다.

그가 그의 하나님을 신뢰하였기에 …

시간은 흘러갑니다. 궁으로 돌아간 왕은 밤이 새도록 금식하였고, 그를 즐겁게 할 만한 어떤 것도 자기 앞에 들이지 않습니다. 그 상태로 그는 잠들지 못한 채 그 밤을 보냅니다(6:18). 그리고 그는 이른 아침에 일어나 비춰오는 광명 속에 급히 사자 굴로 나아갔습니다(6:19). 그는 어두운 밤이 지나고 구원의 빛이 비춰는 새벽이 다가왔음을 아직 알지 못합니다. 왕은 구덩이에 가까이 나아가 고통스러운 목소리로 다니엘을 향해 외칩니다.

> 다니엘! **살아 계신 하나님의 종아, 네가 항상 섬기는 네 하나님이 사자들에게서 너를 구원하실 수 있었느냐?** (6:20)

과연 어느 누가 긍정적인 대답을 기대할 수 있을까요? 사실상 예

11.　Seow, *Daniel*, 92-93.

상되는 것은 무거운 침묵입니다. 그러나 예상 밖에 반가운 목소리
가 들려옵니다. 다리오의 질문 속에 담겨 있는 "살아 계신 하나님
의 종"이라는 말에 이미 그 대답이 담겨 있습니다. 하나님이 살아
계신다면(참고, 3:17) 그는 자신의 신실한 종을 구원하실 수 있습니
다.[12]

다니엘은 대답합니다. "왕이여, 오래(아람어, "영원히") 사십시오
(참고, 6:6)! 나의 하나님이 그의 천사를 보내었고 사자들의 입(품)을
닫으셨습니다!"(참고, 3:25). **비록 무력한 왕은 자신의 의사에 반하여
다니엘을 던져넣은 굴의 입(품)을 막을 수밖에 없었지만**(이 봉인은
밤에 비밀리에 굴이 열리는 것을 방지하기 위한 것으로 다니엘이 확실히 죽음에
넘겨졌음을 보여주기 위한 것이었습니다), **살아 계신 하나님은 이미 사자
들의 입을 막아 그 사자들이 다니엘을 해할 수 없게 했습니다.** 바
로 하나님의 이 행위가 구덩이의 입을 닫는 의도된 결과를 무력화
시키며, 죽음이 확실해 보일 때에도 그분이 생명을 보존하실 수
있음을 확증합니다.[13] 다리오가 원했지만 무능하여 할 수 없었던
것을, 하늘의 하나님은 능히 하실 수 있습니다. 다니엘은 계속 말
합니다.

이는 그의 앞에 나의 결백함이 **찾아졌기 때문**이며('셰카흐'; 참고,
6:4-5, 11), 또 왕이여, 나는 당신 앞에서도 범죄하지(해를 끼치지) 아

12.　Bauer, *Das Buch Daniel*, 137.

13.　Seow, *Daniel*, 94.

니하였기 때문입니다. (6:22b)

앙드레 라코크(Andre Lacocque)에 의하면 고대 바벨론의 관습에서는 희생자가 고문을 당하고도 다음 날까지 살아 있다면 용서를 받았습니다.[14] 하늘의 왕 앞에서, 또한 땅의 다리오 왕 앞에서도 그의 무죄가 입증됐습니다. 하나님의 법령을 위해 지상의 왕의 잘못된 법령을 깬 것은 죄로 인정되지 않았습니다. 하나님이 죄 없다 하셨기에 그 어떤 왕이라도 그가 죄인이라고 선언할 수 없습니다. 왕은 크게 기뻐하며 다니엘을 굴에서 끌어올리게 하였고 그에게서 **어떤 상함(해)도 찾을 수 없었습니다**('셰카흐'; 참고, 6:4, 5, 11, 22; 또한 3:27).[15] **이는 그가 그의 하나님을 신뢰했기 때문**입니다('아만', 6:23; 참고, 6:4). 행한 대로 갚으시는 하나님은 왕을 비롯해 누구에게도 해를 입히지('하불라') 않은 다니엘이 어떤 해('하발')도 입지 않게 하셨습니다.[16]

동시에 신적 정의를 주장하는 하나님의 법은 무죄한 자에게 해를 입히려 했던 자들에 대한 형벌을 그에 상응한 것으로 규정하였습니다(출 21:23-25; 레 24:18-21; 신 19:21). 왕은 다니엘을 잡아먹듯 고

---

14. Lacocque, *The Book of Daniel*, 118.
15. 3:27과 6:22에서의 "상함이 없음"에 대한 강조는(또한 그들이 무덤과 같은 곳에서 살아 나오는 이야기는) 다니엘서의 첫 번째 독자들에게 다가올 세상에서의 육체 부활의 모티프로 읽혔을 수 있다. 참고, Lebram, *Das Buch Daniel*, 83.
16. Newsom, *Daniel*, 200

발한 자들(아람어를 직역하면 "조각들을 먹다"), 곧 그 자신들이 흉악한 사자들과 같았던 자들을 끌고 오게 하여 그들과 그들의 아내들, 자녀들까지 사자 굴에 던져 넣습니다. 그리고 그들이 굴 바닥에 닿기도 전에 사자들은 그들을 지배했고('셸레트'; 개역개정은 "움켜서"로 번역) 그들의 뼈까지도 부수어 버렸습니다(6:24). 무시무시한 인과응보입니다.

이야기의 결말은 4장의 느부갓네살 왕 이야기에서처럼 온 땅에 거주하는 모든 백성들과 나라들과 언어가 다른 모든 사람들에게 쓰는('케타브', 6:25) 다리오 왕의 조서로 마무리됩니다. 이전에 그를 유일한 신적 왕으로 추대했던 문서('케타브', 6:8-10)와 달리 참으로 유일하신 다니엘의 하나님을 높이는 명령이 내려집니다('심', 6:26; 참고, 6:13-14, 17).[17] 그는 4:1의 느부갓네살과 동일하게 그들에게 큰 평강을 전하며, 다니엘의 하나님의 영원한 왕국과 주권을 찬양합니다.

내 왕국의 주권 안에 있는 자들은 모두 다니엘의 하나님 앞에서

---

17. 대적들은 다니엘이 왕과 그의 조서를 주목하지('심') 않는다고 고소하며, 왕은 다니엘을 구원하려고 마음을 쓰고('심'), 결국 모든 백성들이 다니엘의 하나님을 숭배해야 한다는 조서를 둔다('심', 6:13-14, 17, 26). 이 동사('심')를 사용한 워드플레이의 논리는 다음과 같은 것으로 보인다. 구원치 못하는 동정적인 왕 다리오도 왕의 법령에 주목하지 않은 다니엘을 구하기 위해 마음을 썼다(왕이 그를 총애했기 때문에). 그렇다면 구원에 능하신 하나님은 자신의 법에 주목하는, 자신의 은총을 입은 자를 구하기 위해 얼마나 더 마음을 쓰시겠는가!

떨며 두려워할지니(참고, 5:19), 그는 살아 계시는 하나님이시요[18]
영원히 견고히 계시는 이시며(참고, 4:26) **그의 왕국은 파괴되지 아
니할 것이요 그의 주권은 끝까지** (이를 것이며), 그는 **구원하고 건져
내시며 하늘**과 **땅**에서 **표적들**과 **기적들**을 행하시는 이로서 다니
엘을 구원하여 사자들의 손('야드')에서 벗어나게 하셨음이라!
(6:26-27)

먼저 주목해 볼 것은 이 조서에서 다리오에 의해 내려지는 명
령인, 그의 왕국의 모든 백성은 다니엘의 하나님 앞에 "떨며('주아')
두려워('데할')"하라는 명령입니다. 이 표현은 5:19에서 느부갓네살
에게도 그대로 쓰였는데, 이전까지의 에피소드에서 (느부갓네살을 낮
추시고 또 살려두시며, 벨사살을 죽이시고, 다리오를 위에 올리심으로써) 그가
참으로 원하는 자를 죽이고 살게 하며, 원하는 자를 높이고 낮추
시는 분이심을 드러내 보이신 하나님은 다리오의 이 명령에 의해,
5:19에서 묘사된 느부갓네살과 같은 절대주권을 가진 강력한 제

---

18. "살아 계신 하나님"이라는 표현은 다니엘서 가운데는 6장에서만 쓰이며(20,
26절) 다른 성경 본문에서는 상대적으로 흔하지만 일반적으로 이스라엘인
의 입에서, 종종 이스라엘인과 이방인의 세력이나 우상 사이의 긴장의 맥락
에서 사용된다(수 3:10; 삼상 17:26; 왕하 19:4, 16; 렘 10:10). … 이 문구는
다니엘의 하나님의 효과적인 능력의 쟁점을 적절하게 포착한다. Newsom,
Daniel, 199. 또한 Seow는 (다리오의 고백으로 사용되는) 이 명칭을 21절의
다니엘의 말 "왕이여 영원히 사십시오"와 연결하여 왕의 생명을 생명의 근
원이며, 생명이 의존하는 하나님의 뜻에 연결시키고 포섭하는 역할을 한다
고 주장한다. Seow, *Daniel*, 93.

왕의 모습으로 그와 암시적으로 비교됩니다. 그러나 느부갓네살이 아무리 큰 권세를 가지고 있더라도 그와 그의 왕국이 결국 필멸의 존재에 불과했던 것과는 다르게, 그분은 살아계신 하나님으로 영원히 견고히 계신 분이며 그의 왕국은 파괴되지('하발'; 참고, 6:22) 아니할 것입니다. 그의 주권은 홀로 영원합니다(그의 왕국이 파괴되지 않는 왕국임을 표현할 때, 6:22에서 다니엘이 해를 입지 않은 것을 묘사한 것과 동일한 동사인 '하발'["파괴하다", "상하다"]이 쓰였습니다. 즉, 하나님이 자신의 종을 능히 상하지 않게 하신 것은 그의 왕국이 결코 파괴되지 않는 왕국임을 예표합니다.[19] 참고. 2:44; 7:14).

또한 그 살아 계신 하나님은 하늘과 땅으로 표현된 모든 창조의 영역(이 경우 하늘과 땅에 대한 언급은 두 양극에 있는 것을 언급함으로 전체를 포괄하는 수사법, '메리즘'[merism]입니다)에서 위대한 표적들과 기적들을 행하시는 분으로 고백됩니다. 다리오 자신이 할 수 없었던 자신의 신실한 신하를 구원하는 일을, 다니엘의 하나님은 능히 하실 수 있다는 사실을 그가 친히 체험했기 때문입니다.

그리고 이야기는 다음과 같은 말로 마무리됩니다. "이 다니엘이 형통하였다(참고, 3:30) **다리오의 왕국**에서, 그리고 **페르시아 사람 고레스의 왕국**에서"(6:28).

아마도 다니엘은 본래 다리오가 뜻한 바대로(6:3) 왕국에서 최고의 위치를 차지했을 것으로 보입니다. 지금까지의 이야기에서 놀라운 것은, 여러 큰 왕들의 시대는 풀이 마르고 꽃이 시듦처럼

---

19.   참고, Seow, *Daniel*, 95-96.

지나가지만(사 40:7) 여전히 비천한 정체성, "사로잡혀 온 유다 자손"(6:13)으로 인식되는 다니엘은 마치 그 자신과 다리오가 선언했던 하나님의 왕국처럼 커지며, 번영했다는 것입니다(2:35, 44; 6:26; 참고, 2:48; 4:9; 5:29; 6:2).[20] 그는 느부갓네살에 의해 바벨론 온 지방을 다스리는, 바벨론 지혜자들보다 높은 장관('라브 시그닌'/'세간': 3:2-3, 27; 6:7에서 "지방장관"으로 번역)의 자리에 올랐고(2:48), 벨사살과 다리오에 의해 최고 통치자 3인 중 하나가 되었으며(6:2; 5:29), 최고의 직위에까지 나아갑니다(6:3). 참으로 다니엘 자신이 **지극히 높으신 이의 행위의 모본이자, 그가 사람의 왕국을 다스리시고 자기의 뜻대로 그것을 누구에게든지 주시며 또 비천한 사람들을 그 위에 세우실 수 있는**(4:17, 25, 32) **능력이 있음을 보여주는 증거가 되었습니다.**

또한 이 마지막 구절은 다니엘서의 서론이었던 1장의 마지막 구절을 연상시킵니다. **"다니엘은 고레스 왕 1년까지 있으니라"** (1:21). 우리는 이제까지의 이야기에서 세 명의 왕들(느부갓네살, 벨사살, 다리오)을 만났습니다.[21] 더욱이 4-6장의 처음과 끝을 장식하는

---

20. 참고, Seow, *Daniel*, 95-96.
21. 2장의 환상은 인간 왕국 계승의 종결과 하나님의 백성으로 구성된 영원한 왕국의 궁극적 설립을 예견하기에 완전히 조화된 그림을 제시하지는 않지만, 다니엘서의 이야기 부분인 1-6장은 전반적으로 이방 통치하에서 유대인들이 살아갈 수 있는 가능성뿐 아니라 그런 상황의 정당성도 긍정한다. 왕은 하나님의 임명을 받은 통치자이기 때문에 원론적으로 왕의 통치와 하나님의 통치 사이에는 모순이 없다. 이러한 균형은 7장부터 진행되는 환상으로 넘어가면서 균열의 조짐을 나타내기 시작하며, 옛 시대의 종말과 임박한 "구원의

느부갓네살 왕과 다리오 왕의 찬양(4:1-3; 6:26-27)에서, 그분의 영원한 주권과 함께 언급된 "표적"('아트')과 "기적"('테마흐')은 (이미 4:2-3의 느부갓네살의 찬양에서 보았듯이) 바로 출애굽 사건을 연상케 하는 단어입니다(출 7:3; 신 6:22; 7:19; 26:8; 29:2-3; 34:11 등등).

예레미야가 예언한 70년의 포로 기간이 종결되는 고레스의 1년(사 44:28-45:7; 스 1:1-4; 대하 36:22-23), 그리고 선지자들을 통해 예언된 **새 출애굽**에 대한 기대(사 40:1-5)! 그렇다면 7장부터는 이 고레스 왕의 시대에, 느부갓네살 왕이 가져온 하나님의 성전 그릇들을 되돌리고(스 1:7-11) 포로 해방과 유다의 재건을 가져오게 한 결정적인 계기가 되는 다니엘의 위대한 영웅담들을 들려줄까요?[22]

결과적으로 2장에서 이야기된 네 왕국은 결국 느부갓네살, 벨사살, 다리오, 고레스의 왕국이었고, 그렇다면 이들을 무너뜨리고 영원히 서게 될 하늘의 하나님의 왕국이란, 에스라-느헤미야가 보고하는 포로기 이후 재건된 유다를 말하는 것일까요?[23] (온 땅을 다스릴 것이라는 셋째 나라는[2:39] 다리오로 정당화될 수 있습니다. 다니엘의 해석과 같이 그는 온 땅에 있는 모든 백성과 나라들과 언어를 사용하는 자들에게 조서를 반포했기

때"의 도래를 고대하게 된다. Davies, 『다니엘 연구 입문』, 147.

22. 실제로 외경인 "벨과 뱀 이야기"(단 14장)는 고레스 왕과 다니엘의 이야기를 들려준다. 흥미로운 것은 이 이야기가 "아스티아게스 왕이 죽어서 그의 조상들 곁에 묻히고, 그 뒤를 이어 페르시아의 고레스가 왕이 되었다."(단 14:1 공동번역)라는 정보로 시작되는데 아스티아게스는 역사적 데이터에 알려진 메대의 마지막 왕과 일치한다.

23. 참고, Seow, *Daniel*, 45-46.

때문입니다.[24] 그러나 **이 기대는 7장에 이르게 되면서 놀라운 반전을
경험**하게 됩니다.

이 **6장의 다니엘의 구원 이야기는 3장의 세 친구의 구원 이야기와
매우 유사한 구성**으로 이루어져 있습니다(또한 이 두 장은 어니스트 루
카스의 말처럼 다음과 같은 **동일한 어휘들**을 많이 공유합니다: "그릇됨"['샬루',
6:4; 3:29]; 6:7과 3:2의 직책 목록에 있는 많은 용어들; "돌아보지 아니하고"['레
샴'/'라 사무', 6:13; 3:12]; "구하다"['셰이지브', 6:14, 16, 20, 27; 3:15, 17, 28]; "급
히"['베히트베할라', 6:19; 3:24]; "참소하다"[문자적으로는 "조각을 먹다", '아칼루
카르쪼히'[6:24; 3:8]; "지배하다"['셸레트', 6:26; 3:27]; "형통하다"['쩰라흐', 6:28;
3:30("높이다"로 번역되는 사역형)]).[25] 두 이야기에서 신적 권위를 주장
하는 왕의 조서가 반포되고, 이야기의 주인공(들)은 왕의 고위급

---

24. 배정훈, "포로의 신학으로 읽는 다니엘서," 구약논단 15(4) (한국구약학회,
　　2009), 75. 참고로 여기까지의 다니엘서 독서에서 2:37-44의 첫 세 왕국을
　　느부갓네살, 벨사살, 다리오의 왕국과 동일시하는 것은 다니엘서 자체에서
　　각 왕을 다루는 에피소드의 분량에 의해서도 지지를 받는 것 같다. 첫 번째,
　　느부갓네살의 왕국에 대한 묘사에 두 절이 할애되었듯이(2:37-38) 다니엘서
　　는 4장까지의 에피소드를 느부갓네살에게 할애하며, 둘째, 셋째 왕국이 각각
　　반절씩만 할애되었듯이(2:39a, b) 벨사살과 다리오의 에피소드는 한 장씩(5,
　　6장)만 다루어진다. 이제 책의 나머지 분량 모두가 마지막 네 번째 왕국에 집
　　중되겠지만, 흥미롭게도 그 왕국은 이야기에서 암시된 고레스의 왕국이 아
　　니며, 네 왕국의 정체가 모두 새롭게 설정되는 반전이 발생한다.
25. Lucas, 『다니엘』, 199-200.

신하들로서, 자신들의 유일신 신앙을 지키기 위해 왕의 조서를 무
시함으로 다른 신하들의 고발을 받아 죽음의 위험에 던져지게 됩
니다. "그들의 하나님이 과연 그들을 구원하실 수 있느냐?"가 중
요한 질문으로 부상하며, 왕은 주인공들을 대적의 손으로부터 건
져내는 이 신적 구원을 목격하고 조서를 반포해 이 구원의 하나님
을 찬양합니다. 주인공들은 "지극히 높으신 하나님의 종"으로 불
리며 마지막으로는 구원받은 주인공들의 형통함으로 마무리됩니
다(다만 6장에서는 3장에서와 같은 왕 앞에서의 심문의 내용이 빠지고 다니엘의
생명을 두고 왕이 씨름하는 부분이 들어감으로 다리오를 3장의 느부갓네살보다
훨씬 동정적인 인물로 묘사합니다. 또한 3장의 다니엘의 세 친구는 그들이 하도록
명령받은 일을 거부했기 때문에 고소를 당하지만, 다니엘은 자기에게 금지된 일을
했기 때문에 고소를 당합니다).[26]

■ 6장에서 반드시 기억할 요소

1. 이 이야기에서 다니엘에게 **위기를 제공한 것은 바로 그가 섬기는 하나
님의 법과 왕의 법의 충돌**이었습니다. **실제로 다니엘서의 1차 독자들은 하
나님의 토라를 지키고자 사자와 같은 왕에게 큰 박해를 받았습니다.** 이
이야기는 그들에게 다니엘과 마찬가지로 구원하시기에 능한 "하나님을
신뢰할 것"을 권고하였을 것입니다.

---

26. 3장과 6장의 더 자세한 비교에 대해서는 Goldingay, *Daniel*, 312-313을 참고
    하라.

2. 구원치 못하는 동정적인 왕 다리오도 그가 다니엘을 총애했기 때문에 왕의 법령에 주목하지 않은 다니엘을 구하기 위해 마음을 썼습니다. 그렇다면 구원에 능하신 하나님은 자신의 법에 주목하는, 자신의 은총을 입은 자를 구원하기 위해 더욱더 일하실 것입니다.

3. 이야기의 마지막은 "이 다니엘이 형통하였다. 다리오의 왕국에서, 그리고 페르시아 사람 고레스의 왕국에서"(6:28)라는 말로 마무리되어 7장에서 독자가 **바로 이 고레스 왕 통치 1년의 다니엘의 영웅담을 만나게 될 것을 기대케 합니다**(참고, 1:21). 다니엘이 2장에서 해석한 **네 왕국의 환상**처럼 우리는 이제까지 **느부갓네살, 벨사살, 다리오 왕**을 만났고, 성경의 잘 알려진 전통은 **고레스 왕** 통치 1년에 유다가 포로에서 해방되어 고토로 올라가 성전 재건을 시작한 사실을 말하고 있기 때문입니다(2장의 돌이 하나님의 임재를 표현하듯이; 2:35). 그렇다면 결국 **예언된 영원한 하나님의 왕국은 이 유다의 재건을 말하고 있는 것일까요?** 그러나 다음 장에 이르러 이러한 독자의 기대는 **예상치 못한 반전**과 맞닥뜨리게 되고, 비로소 이 책이 대상으로 삼은 독자들이 누군지도 차츰 드러나기 시작합니다.

다니엘서 7장:
짐승들의 왕국, 사람의 왕국

6장의 해설에서 언급했듯이 이제까지의 이야기 흐름을 따라온 **독자들은 이제 2장의 네 왕국에 대한 환상 중 마지막 네 번째 왕국에 대한 이야기가 펼쳐질 것을 기대하게 될 것입니다.** 느부갓네살, 벨사살, 다리오의 세 왕국의 시대가 지나갔습니다. 그리고 그 환상은 마지막 네 번째 왕국의 묘사와 해석에 가장 긴 분량(2:40-43)을 할애해 다루었습니다. 또한 이미 1장의 종결부인 21절과 지난 이야기의 마지막 절이었던 6:28에서 네 번째 왕의 이름이 소개됐습니다. "페르시아의 왕 고레스", 다니엘 이전의 성경 전통에서 바벨론을 무너뜨리고 포로되었던 유다와 성전 기물을 다시 예루살렘으로 돌이킨, 야훼의 기름 부음 받은 자로까지 불린 왕(사 44:28-45:7; 대하 36:22-23; 스 1:1-4)! 그렇다면 7장을 시작으로 다니엘서의 남은 **부분은 유다가 해방되어 고토로 돌아간 고레스 왕 통치 1년의 다**

니엘의 영웅담을 들려줄까요?

그러나 7장으로 눈을 옮기는 순간 이런 기대를 품었던 독자는 예상치 못한 **반전**을 경험하게 됩니다. 시간의 흐름에 따라 순차적으로 전개되었던 이야기는 갑자기 고레스 왕의 통치 1년이 아닌 **바벨론 왕 벨사살 1년이라는 시간으로 역행**합니다! 1:1과 2:1에 뒤따르는 세 번째 연대기 공식입니다. 그리고 **그동안의 이야기에서 느부갓네살이 꿈으로 받았던(2, 4장) 미래의 일에 대한 환상을 이제는 다니엘 자신이 받게 됩니다. 이제부터 다니엘이 1인칭으로 보고하는 환상과 해석이 펼쳐집니다**(다니엘서는 2:4-7장까지는 아람어로, 1장-2:3 그리고 8-12장까지는 히브리어로 기록되어 있습니다. 그러나 장르로 보면 1-6장은 주로 3인칭 서술의 이야기요, 7-12장은 1인칭 환상 보고로 구성되어 있습니다. 즉, 여전히 아람어로 된 부분이 이어지지만, 장르가 갑작스럽게 변화되는 현상이 나타납니다). 특히 다니엘서 7장은 1부인 1-6장과 2부인 8-12장을 잇는 경첩과 같은 기능을 수행하는 다니엘서의 심장부라고 할 수 있습니다.[1]

다니엘의 꿈과 네 짐승의 환상

바벨론 벨사살 왕 1년, 다니엘이 그의 침상에서 꿈을 보았고 그의 머리의 환상을 (보았다.) 그리고 그 꿈을 기록하고 그 일의 전부를

---

1.   Newsom, *Daniel*, 215.

말하였다. (7:1)

다니엘은 환상을 보았을 뿐 아니라 **마치 구약의 몇몇 선지자들이 그랬듯이 그것을 기록**합니다(7:1; 사 8:16; 30:8; 렘 30:2; 36:2, 32; 합 2:2).[2] 바로 그 기록이 7장에서 다니엘의 목소리를 통해 독자의 눈앞에 펼쳐집니다.

> 내가 밤의 환상 속에서 보았다. 보라! 하늘의 네 바람('루아흐')이 큰 바다를 격동('기아흐')시켰다(참고, 창 1:2; 욥 38:8)! 그리고 큰 짐승들 넷이 그 바다로부터 올라왔는데 (그 모양이) 제각각 달랐다. (7:2-3)

환상은 고대 근동에 잘 알려져 있었던 혼돈을 제압하는 창조 신화, 즉 신적 전사가 바다의 괴물-용을 무찔러 질서와 안정을 수립하는 이야기의 배경인 **태곳적 혼돈의 바다**로부터 시작됩니다(에누마 엘리쉬, 바알 신화 등).[3] 여기서 지중해(겔 47장, 10:15, 19-20)는 신화적인

---

2. 환상의 경험을 기록하는 것은 묵시 장르에서 흔히 볼 수 있으며 미래의 독자들을 위해 계시를 보존하는 역할을 한다(단 12:4, 9; 참고, 『에녹1서』 81:6; 82:1; 『모세의 유언』 1, 16장; 계 21:5). Newsom, *Daniel*, 220.
3. 이 네 동물의 기원과 관련해 특히 우가릿 문헌과의 비교는 주목할 만하다. 이 자료들은 바다 괴물들(레비아탄, 탄닌, 라합)(시 29편; 68편; 74편; 89편; 104편; 사 27:1, 51:9-11; 욥 3:8; 7:12; 26:12-13; 40-41장)에 대한 야훼의 전쟁 모티프와의 유사성, 곧 땅에 혼란을 가져오지 않도록 억제하는 신의 모티프를 가지고 있다. 특히 단 7장에서 하나님으로 나타나는 "태곳적부터 항상 계신 이"('아티크 요민', 직역하면 "날들의 오랜 [존재]")와 "사람의 아들과 같은 이"('케 바르 에나쉬'), 그리고 우가릿 문헌의 "엘('*ab snm*)"과 "구름을 탄

"큰 바다"로 변해 있고 하늘의 네 바람('루아흐')은 **창세기 1:2**을 연
상시키지만(창 1:2에서 수면 위에 운행하시는 "하나님의 영"은 "강한 바람"으로
도 번역이 가능합니다), 그로부터 크게 격동하는('기아흐', 욥 38:8)[4] 그 바
다는 창세기 1장과 같은 (천지창조의) 기대감이 아닌 무언가 불길한
일이 일어나리라는 느낌을 전달합니다. 이제 고대 근동에 널리 퍼
진 혼돈의 전쟁 모티프처럼 신적 전사가 무찔러야 하는 용이 등장
할까요? 그러나 출현하는 괴물은 흔히 예상되는 용의 모습이 아
닌 각각 다른 종류의 짐승들입니다.[5] 다니엘은 그가 본 **네 짐승들**
의 모습을 묘사합니다.

바알"(*rkb 'rpt*)의 유사성은 자주 지적되었다. 그러나 여기 등장하는 짐승들
은 용의 모습이 아니며, 저자가 단순히 고대 자료를 차용한 것이 아니라 성
경의 전통을 활용하여 자신의 글을 작성한 창의적인 작가라는 점을 명심해
야 한다. Walton에 의하면 혼돈과의 전쟁 장르의 어떤 예도 단 7장의 모든 요
소에 대한 설명을 제공할 수 없다. J. H. Walton, "The Anzu Myth," in: *The
Book of Daniel: Composition and Reception*, Vol. 1, VT 83 (Leiden: Brill,
2001), 85.

4.   참고, Collins, *Daniel*, 294.
5.   K. Koch는 이 바다를 단순한 혼돈의 장소로 보는 것, 즉 태고의 바다 및 용으
로 대표되는, 창조주의 혼돈과의 신적 전쟁 신화를 본문 이해를 위한 결정적
열쇠로 보는 관점을 거부한다. 근거는 다음과 같다. (1) 구약성경의 바다와
리워야단에 대한 다양한 묘사들; (2) 고대 근동의 평행적 요소: 마르둑이 티
아매트를 상대할 때 사용한 무기가 네 바람이었다; (3) 특히 7:2은 창 1:2의
바다 위로 부는 "하나님의 영(바람)"을 연상케 한다. K. Koch, "Die Winde
des Himmels (Dan 7,1f.) Schöpfung oder Chaos?," in: *Unter dem Fußboden
ein Tropfen Wahrheit*, Festschrift für Johann Michael Schmidt zum 65
Jährigen Geburtstag (Düsseldorf: Evangelische Verlagsanstalt, 2001), 50-
53.

(1) **첫째는 사자와** 같았고 **독수리의 날개가** 그에게 있었으며, 내가 보았다. 그 날개가 **뽑히기까지,** 그리고 그것이 땅에서 **들어 올려졌고,** 사람처럼 두 발로 **일으켜졌으며**('쿰'의 수동태 사역형, '호키마트') 사람의 마음이 그것에게 **주어졌다.** (7:4)

(2) 그리고 보라! 다른 짐승, **두 번째는 곰과** 같았다. 그것의 한쪽이 **일으켜졌으며**('쿰'의 수동태 사역형, '호키마트') 세 개의 갈빗대가 그것의 **입,** 그것의 **이빨들** 사이에 있었고, 그렇게 그것에게 **말하여졌다.** 일어나라('쿰')! 먹으라! 많은 살("고기")을! (7:5)

(3) 이후에 내가 이것을 보았다. 보라! **다른 (짐승), 표범과** 같은 것을, 그 등에 네 개의 **새의 날개가** 있었고 네 개의 머리가 그 짐승에게 있었으며 주권('숄탄')이 그것에게 **주어졌다.** (7:6)

(4) 이후에 내가 이것을 밤 환상들 속에서 보았다. 보라! **네 번째 짐승을,** 두렵고 끔찍하며, 뛰어나게('야티르') 강하며('탁키프') 쇠로 된 **큰 이가** 그것에게 있어서 **먹고 부서뜨리고**('데카크'), 그 나머지는 발로 짓밟았다. 그것은 이전의 모든 짐승과 달랐고('셰나', "변하다") 열 뿔이 그것에게 있었다. (7:7)

대체 이 네 짐승들은 무엇일까요? 그것은 **"종류대로"** 창조된 창세기 1장의 창조물들의 모습과 비교할 때, 온갖 동물들의 특성이 섞여 있는 혼합 동물들의 모습입니다. 사자, 곰, 표범, 그리고 정체를 알 수 없는 또 한 짐승. 신화적 혼돈과의 전쟁 모티프에 대한 암시와 함께, 이런 혼합된 동물들의 외양 묘사는 이들이 하나님의 일반적인 창조 질서 밖에 있다는 인상을 전달합니다(참고, 레 11장, 신 14장). 즉, 7장의 동물들은 선천적으로 약탈적일 뿐만 아니라, **혼돈의 구현체**로서 세계를 구성하는 신적 질서의 범주를 위협하는 위험한 동물들입니다. 비록 하늘의 바람들은 천지 창조 때와 유사하게, 그러나 역설적으로 하나님의 선한 창조 질서를 위협하는 동물들을 등장시키지만, 그 바람의 기원이 "하늘로부터" 왔다는 것은 또한 이 혼돈이 전적으로 하나님의 계획과 통제 아래 있음을 보여줍니다.[6]

주목할 만한 것으로, 이와 유사한 짐승들(이름 없는 "짐승"까지 포함하여)의 목록이 **호세아 13:7-8**에서 발견됩니다. 거기서 이 짐승들은 범죄한 이스라엘을 심판하기 위한 **하나님의 도구**입니다.[7]

---

6. A. Frisch, "The Four (Animal) Kingdoms," in: *Four Kingdom Motifs before and beyond the Book of Daniel* (Leiden: Brill, 2021), 63-64; Goldingay, *Daniel*, 356.

7. 참고, Collins, *Daniel*, 295-296. 그 외에 이 동물들과 관련된 전통사에 대해서는 U. Staub, "Das Tier mit den Hörnern," in: *Hellenismus und Judentum: Vier Studien zu Daniel 7 und zur Religionsnot unter Antiochus IV* (Freiburg, Schweiz: Universitätsverlag; Göttingen: Vandenhoeck und Ruprecht, 2000), 39-47을 참고하라.

그러므로 내가 그들에게 **사자** 같고 길가에서 기다리는 **표범** 같으
니라. 내가 새끼 잃은 **곰**같이 그들을 만나 그의 염통 꺼풀을 찢고
거기서 암사자같이 그들을 삼키리라 **들짐승**이 그들을 찢으리라.

(호 13:7-8 개역개정)

이들은 2장에서 네 왕국으로 해석된 신상의 네 금속과 유사합
니다. 이 네 짐승 역시 범죄한 유다를 심판하기 위해 하나님으로
부터 그 출현이 허락된 지상의 왕국들입니다. 이 환상은 말 그대
로 2장의 네 왕국 환상의 또 다른 버전이며, **이 환상의 신화적 모
티프는 환상의 해석과 함께 역사화됩니다.** 물론 2장의 환상과 비
교하면 유사점만큼이나 미묘한 차이점들이 존재합니다. 2장과는
달리 첫 번째 짐승의 정체가 명시되지는 않았지만(2:38), 이 **첫 번째
짐승의 묘사는 확실히 우리가 느부갓네살의 이야기(특히 2, 4장)에서
본 내용들을 연상**시킵니다. **사자와 독수리가 동물 세계에서 가장
고귀한 동물들**로 평가된다는 사실을 염두에 둘 때(잠 30:30), 사자
와 같고 독수리의 날개가 있는 이 첫째 짐승은 2장에서 "금머
리"(2:37-38)로 묘사됐던 느부갓네살의 왕국과 같습니다(또한 느부갓
네살과 그의 군대가 사자와 독수리로 묘사되는 렘 4:7; 49:19, 22; 50:17; 겔 17:3;
합 1:8 참고).[8] 그는 비록 하나님의 주권에 대한 반항으로 짐승의 마
음을 받고 용모 역시 짐승과 같이 되어(4:16, 33) 짐승들 사이에 거
했지만 그는 결국 하늘의 하나님을 바라보았고 **다시 인간의 모습**

---

8.   Collins, *Daniel*, 297.

으로 회복되었습니다(4:34). 이 짐승에 대한, "그가 땅에서 들어 올려졌고, 사람처럼 두 발로 일으켜졌으며('쿰'의 수동태 사역형, '호키마트') 그것에게 사람의 마음이 주어졌다"(7:4)는 인간화 묘사는 바로 이 느부갓네살의 경험을 상기시키며 **긍정적인 이미지**를 전달합니다.[9]

다른 짐승들 역시 (병행 환상인 2:32b, 39에 비해 두 번째, 세 번째 짐승은 더욱 자세히 묘사되지만) **2장에서 보여준 동일한 왕국들을 묘사하는 것 같습니다. 둘째 짐승**은 곰과 같은 모습이며, 성경에서 곰은 사자만큼 고귀하지는 않지만, 사자와 함께 위험한 짐승으로 가장 자주 등장합니다(삼상 17:34-37; 삼하 17:8; 왕하 2:24; 암 5:19; 잠 28:15; 애 3:10; 호 13:8).[10] 그것은 마치 첫째 짐승이 두 발로 일으켜진 것처럼 일으켜집니다(동일한 '쿰'의 수동태 사역형, '호키마트'). 그러나 그것의 한쪽만 들려졌다는 묘사는 이 짐승이 완전히 인간화되지 않은 듯한 느낌을 전달합니다.[11] 오히려 이어지는 구절은 "**이빨**"로 대표되는 이 짐

9.　Newsom, *Daniel*, 223; O. Keel에 의하면 단 7장의 저자가 연상시키는, 단 4-5장의 사람을 사람으로 만드는 지식은 하나님의 주권에 대한 지식이다. 더욱이 사람의 통치는 4:34과 같은 특징을 가지고 있다. O. Keel, "Die Tiere und der Mensch in Dan 7," in: *Hellenismus und Judentum: Vier Studien zu Daniel 7 und zur Religionsnot unter Antiochus IV* (Freiburg, Schweiz: Universitätsverlag; Göttingen: Vandenhoeck und Ruprecht, 2000), 39-47.

10.　Collins, *Daniel*, 297; Newsom, *Daniel*, 224.

11.　이 주장은 "일어나다"를 의미하는 동사 '쿰'이 7:4, 5, 10, 16, 17, 24에서 사용되지만 첫 번째와 두 번째 동물의 출현(7:4과 7:5a)에만 수동태로 쓰인다는 사실로 정당화될 수 있다. Lebram, *Das Buch Daniel*, 88. Seow는 주로 메소포타미아의 징조 텍스트(*Summa Izbu*)의 반향에서 이 두 번째 동물에 대한

승의 **폭력성**을 강조합니다(입의 이 사이의 세 개의 갈빗대[12]). 이윽고 그
에게 들려오는 명령, "일어나라('쿰'), 더 많은 살(고기)을 먹으
라!"(7:5)는 명령은 이 짐승이 일으켜진 것이(동일한 어근의 '쿰' 동사)
인간화가 아닌 먹이를 잡아먹기 위한 목적이었는가 하는 의구심
을 일으킵니다. 이미 입에 갈빗대가 물려 있는데도 불구하고 더
많은 고기를 먹는 것이 종용되는 것은 이 왕국이 끊임없이 다른
왕국들을 정복하고 지배하려는 탐욕적인 확장 정책을 특징으로
한다는 것을 보여줍니다. 또한 곰은 사자와 같이 맹수의 왕으로는
알려져 있지 않은데, 이것은 2장의 "은의 왕국"이 첫째인 느부갓
네살 왕의 왕국보다 못할 것이라는 해석과 일치합니다(2:39).

　셋째 짐승 묘사는 그것이 동일한 고양이과 동물인 표범이라는
점, 날개를 가지고 있다는 점에서 **첫째 동물(사자)과 유사**합니다.[13]
그러나 사자가 표범보다, 독수리(의 날개)가 새(의 날개)보다 고귀하
게 여겨진다는 점에서 확실히 이 짐승은 이전의 짐승보다 더 낮은
등급을 가지는 것으로 보입니다. 이 짐승에게 "주권('솔탄')이 주어

　　해석의 기초를 찾았는데, 이 텍스트는 몸 한쪽만이 올라가서 몸의 균형이 잡
　　히지 않은 불균형의 상태를 임박한 재앙으로 묘사한다. Seow, *Daniel*, 103.
　　이 두 번째 짐승에 대한 다른 해석들은 Collins, *Daniel*, 297-298을 참고하라.

12.　갈빗대를 의미하는 단어인 '알라'는 "이빨"로도 번역될 수 있다. 이 번역은
　　불가타(*tres ordines erant in ore eius*)에 반영되어 있고 Saadiah에 의해 옹호
　　됐으며 아랍어의 동족어 *dl*'의 은유적 의미에 기초한 것으로 보인다("그의
　　입에", "그의 이빨"). Hartman & Di Lella, *Daniel*, 205 및 Newsom, *Daniel*,
　　224.

13.　Newsom, *Daniel*, 223-224.

진다"는 묘사(참고, 6, 12, 14[3번], 26, 27절[2번]), 그리고 그에게 (사방을 의미하는) 네 머리와 네 날개가 있다는 것은 그것의 보편성(좀 더 구체 적으로 네 날개는 신속한 속도[참고, 합 1:8], 네 머리는 원하는 방향으로 기꺼이 움 직일 수 있는 능력), 즉 2장의 셋째 왕국, 놋과 같은 왕국의 "온 땅을 다스리는" 특성을 상징하는 것 같습니다(2:39).[14]

마지막 네 번째 짐승의 등장은 앞의 세 짐승과는 달리 7:2a과 유사하게 "내가 밤 환상들 중에 보았다"라는 말을 통해 도입됩니 다.[15] 이 넷째 짐승의 출현(과 해석)에 큰 관심이 집중된다는 사실은 2장의 환상에서와 같이 이 **넷째 왕국의 중요성**을 암시합니다. 그 러나 이 동물의 전체적인 모습은 매우 불분명합니다. 그 짐승이 무엇을 닮았는지가 완전히 베일에 쌓인 채로 단지 두렵고 끔찍하 며, 뛰어나게 강한 짐승으로 묘사됩니다. 심지어 **그것은 앞의 세 짐승과 다릅니다.** 마치 앞에서 다니엘이 그의 세 친구와 동일한 지혜자로 묘사됐지만, 동시에 그들 중에서도 특별히 구별된 존재 였던 것과 같습니다(참고, 1:17).

그것은 두 번째 짐승인 곰과 같은 짐승과 유사하게 "이빨"과 "먹는"(7:5, 7) **폭력성**을 특징으로 가지며,[16] 둘째 짐승이 **세 갈빗대**

---

14. 네 개의 머리는 겔 1장의 네 얼굴을 가진 생물을 연상시키며, 전통적인 그리
     스도교 해석에서는 이 짐승을 알렉산드로스의 후계자가 된 디아도코이 장군
     들을 대표하는 것으로 보았다(히폴리투스, 히에로니무스, 라쉬, 칼뱅),
     Collins, *Daniel*, 298.
15. Lucas, 『다니엘』, 249.
16. 참고, Newsom, *Daniel*, 223.

를 물고 있었듯, 이 넷째 짐승은 앞의 **세 짐승**과 비교됩니다. 2장
의 쇠와 같은 네 번째 왕국 역시 강력한 파괴력과 힘('탁키프')으로
묘사됐는데 이 짐승 역시 '쇠'로 된 큰 이가 있어, 쇠가 모든 것을
부수는 것같이 뭇 왕국을 부서뜨리고(7:7; 참고, 2:40; 7:19, 23) 깨뜨릴
것이며, 또한 그것은 다른 짐승에게는 없었던 열 개의 뿔을 가지
고 있습니다(뿔은 권력과 힘을, 나아가 왕권을 상징합니다; 참고, 겔 29:21; 슥
1:21; 시 132:17).[17] 또한 이 7장의 넷째 짐승의 묘사에서는, 쇠와 토기
장이의 진흙으로 나뉘어 본질상 연합되지 않는—그래서 본질상
취약한—2장의 네 번째 왕국의 약점 자체가 생략됐습니다.

정체가 드러나지 않은 채로 그려지는 이 짐승의 압도적인 모
습은 환상의 묘사를 **첫 번째 클라이맥스**로 끌어올립니다(구약성경
에서는 **사자, 곰, 표범으로 갈수록 그들의 등장 빈도가 현저히 줄어듭니다**.[18] 이 네 번째
짐승은 성경에서 전혀 그 정체가 알려지지 않았습니다). 그것은 이전의 모든
짐승들과는 정말로 달랐습니다(7절).

또 하나 주목해 볼 중요한 패턴은 이 네 짐승 각각의 행동 양
식입니다. **첫째 짐승부터 세 번째 짐승까지는 그들의 행동이 신적
주권에 의한 허락의 의미를 지니는 수동형 동사로 묘사**됩니다. (1)
**첫째 짐승은 "그 날개가 뽑혔고, 땅에서 들어 올려졌고, 두 발로 일
으켜졌고, 사람의 마음이 주어지는", 수동형 동사가 4번 사용**됩니

---

17. Newsom에 의하면 숫자 10은 4나 7과 같은 숫자처럼 연속적인 기간을 나타
내기 위해 묵시적 체계에서 종종 사용된다(『에녹1서』 91:11-17; 93:1-10; 멜
기세덱 문서[11Q13] 2:7; 『시빌라의 신탁』 2.15), Newsom, *Daniel*, 225.

18. Seow, *Daniel*, 105.

다. (2) **두 번째 짐승** 역시 한쪽 측면이 **일으켜졌으며** 그것이 취해야
할 행동 양식이 명령으로 **말하여졌습니다**(수동형). "일어나라('쿰')!
많은 살(고기)을 먹으라(2번)!" (3) 그리고 **세 번째 짐승**의 경우 그에게
주권이 **주어진다**는 말로 **수동형 동사가 한 번 사용**됩니다. (4) 그러
나 이 **마지막 짐승**의 경우 어떤 수동형 동사도 그에게 사용되지 않
으며 그의 행동은 "**먹고 부서뜨리고, 나머지는 발로 짓밟는**" 3번의
능동 동사로 묘사됩니다. 마치 그는 **하늘의 신적 주권의 통제를 받
지 않는 듯한 모습**입니다.

즉, 이 네 짐승은 **2장**의 환상에서 **갈수록 질적 가치가 저하되
는 신상의 재료들과 같이 신적 사명과 긍정적인 인간적 특성을 가
지고 있는 것으로 묘사된 첫 번째 동물에서 자율적으로 최악의 폭
력을 저지르는 가장 끔찍한 마지막 동물로 그 가치가 계속 하락**해갑
니다.

그러나 이 마지막 네 번째 짐승의 경우 아직도 그 묘사가 끝나
지 않았습니다. 다니엘이 그 짐승의 열 뿔을 주의하고 숙고하는
사이에 **다른 작은 뿔**이—처음 네 짐승이 바다에서 나온 것처럼('쎌
레크', 7:3)—솟아오릅니다.[19]

---

19. 주석가들은 흔히 이 뿔의 등장에 대한 부분을 기존의 환상에 추가된 것으로
판단한다. 예를 들어, Kratz는 7, 7bβ, 8, 11a, 20-22, 24-25을 첨가된 부분으로
판단하였고(Kratz, "Die Visionen," 225), Collins는 7장에는 성전을 모독하는
것에 대한 명확한 언급이 아직 없다는 점에 근거해, 첫 번째 전체적인 첨가
가 주전 167년 12월 성전이 모독되기 전인 박해가 시작될 때 이루어졌고, 박
해 기간 동안 8-12장이 기록된 주전 163년까지 일부 수정이 이루어졌을 것이
라고 판단한다. 참고, Collins, *Daniel*, 323-324.

··· 보라! 다른 작은 뿔이 그들 사이에서 솟아올랐고('쎌레크') 이전
의 뿔들 중 셋이 그 앞에서 뿌리 뽑혔다. 또 보라! 사람의 눈과 같
은 눈들이 이 뿔에 (있었고), 또 큰 것들을 말하는 입이 (있었다)! (7:8)

이전의 **세 짐승**의 소개 후 **넷째 짐승**의 소개에서 위기의 묘사가 **한 번
정점에 이르렀듯이**, 이 넷째 짐승이 가지고 있는 열 뿔들 사이에 또
하나의 **작은 뿔**이 튀어나와 **이전의 세 뿔들**이 뽑히는 데에서(이 '뽑
히다'에 사용된 **수동태 형태**의 동사는 이 작은 뿔에게 권좌를 넘겨주신 하나님의
결정을 의미할 수 있습니다) **위기의 묘사는 또 한 번 정점에 이르게 됩니다.**
이 뿔 자체가 사람의 눈(참고, 잠 6:16-17; 21:4; 사 2:11; 5:15; 시 101:5)과 입
을 가지고 있는 **어떤 인격체**처럼 묘사되며, 그것은 아이러니하게
도 작지만 큰 말들을 말합니다(참고, 사 37:23; 잠 10:6, 11, 32; 11:11; 15:28;
18:6; 19:28; 다니엘서와 여러 성경 전통은 이 큰 말들을 하늘의 하나님께 대항하
는 인간의 교만한 말들을 암시하는 것으로 이해할 수 있게 합니다).[20]

그러나 장면은 순식간에 전환됩니다! 지금까지 산문으로 서술
된 글의 스타일도 9-10절에서 시문으로 전환됩니다(또한 13-14절,
23-27절도 시문의 형태로 서술됩니다).

---

20. Collins, *Daniel*, 299; 참고, Goldingay, *Daniel*, 360-361.

태곳적부터 항상 계신 이와 사람의 아들과 같은 이

내가 보았다! **보좌들(복수형!!)**이 펼쳐지기까지('레마', "던지다"; 참고,

3:6, 11, 15, 20, 21, 24; 6:7, 12, 16, 24; 개역성경은 "왕좌가 놓이고"로 번역) **태곳**

적부터 항상 계신 이('아티크 요민', 직역하면 "날들의 오랜 [존재]")가 앉

으셨는데('예티브') 그의 옷은 흰 눈 같고 그의 머리털은 깨끗한 양

털 같고 그의 보좌는 맹렬한 불꽃이요 그의 바퀴는 타오르는 불

이며, 불의 강이 흘러 그의 앞에서 나왔고('네파크'; 참고, 2:13-14; 5:5)

천천의 그를 섬기는 자들과 만만의 그의 앞에 선 자들이 있었다.

심판이 앉았고('예티브') 책들이 펼쳐져 있었다. (7:9-10)[21]

장면의 전환과 함께 이제까지 무대 바깥에서, 무대 위 등장인물들

의 찬송을 받으셨던 하늘의 왕의 모습이 압도적인 장엄함 속에서

나타납니다(다니엘서 전체에서 유일하게!). 수많은 천사들을 대동한 그

---

21. 『에녹1서』의 다음 병행을 참고하라. "내가 보니 그 안에 높은 보좌가 있는데
　　 그 모양은 서리와 같았고, 주위에는 빛을 내는 태양과 같은 것이 있었으며,
　　 그룹들의 음성과 같은 것이 있었다. 보좌 아래에서는 불꽃이 강물처럼 흘러
　　 나오는데, 그것을 바라볼 수 없었다. 큰 영광이 그 위에 좌정하였고 그 옷은
　　 해보다 빛나고 모든 눈보다 희었다. 천사들 중 누구도 들어갈 수 없었으며,
　　 높고 영광스러운 분의 얼굴을 볼 수 없었고, 육신에 속한 그 누구도 그를 볼
　　 수 없었다. 맹렬한 불이 그의 사방에 있고, 큰 불이 그의 앞에 서 있었다. 그
　　 주위에 있는 자 중에 그에게 가까이 할 수 있는 자가 하나도 없고, 그 앞에 만
　　 만이 있었으나 그에게는 조언이 필요치 아니하였다. 그의 곁에 있는 거룩한
　　 자들 중 거룩한 자들이 밤에도 멀어지지 아니하고 그를 떠나지 아니하였
　　 다"(『에녹1서』 14:18-23). Bauer, *Das Buch Daniel*, 152-155 참고.

분은(참고, 왕상 22:19; 사 6장; 『에녹1서』 14:18-23) 순백의 이미지의 신비감과 함께 불이 강처럼 흘러나오는 (에스겔 1장과 10장의 묘사에서처럼) 불의 전차 같은 보좌에 앉으신 초월적인 이미지로 묘사됩니다. 그리고 그 장면은 기록된 책들에 따른 심판의 장면입니다. 이 보좌에 앉으신 이의 등장을 중심으로 짐승들의 묘사와 심판 장면은 반전되어 나타납니다.[22]

태곳적부터 항상 계신 이의 앉으심('예티브')은 곧 심판('딘')이 실행됨('예티브')입니다(7:9-10; 참고, 7:26). 이것은 이 책의 제목이자 직역된 다니엘의 이름의 의미인 "하나님이 나의 심판자이시다"를[23] 연상시킵니다.

> A. 7:1 다니엘이 머리로 받은 환상을 기록하고 말함.
>
> B. 7:2b-3 바다로부터 네 짐승들의 출현
>
> C. 7:4-6 첫 세 짐승의 묘사
>
> D. 7:7-8 넷째 짐승과 작은 뿔
>
> X. 7:9-10 **옛적부터 항상 계신 분**('아티크 요민')**의 심판**('딘')
>
> D′. 7:11 작은 뿔과 넷째 짐승의 심판
>
> C′. 7:12 첫 세 짐승의 심판

---

22. 아래 7:1-15의 구조는 Goldingay, *Daniel*, 348을 조금 수정한 것이다.
23. '다니엘'(Dan-i-el) 이름에서 '이'(i)는 "나의"를 의미하는 1인칭 소유격 어미일 수도, 번역에 반영되지 않는 연결사 또는 격어미일 수도 있다.

　　　B′. 7:13-14 하늘 구름과 함께한 사람의 아들과 같은 이의 출현

　　A′. 7:15 다니엘이 머리로 받은 환상으로 인해 불안해함.

큰 것들을 말하는 그 작은 뿔의 목소리를 주목하여 보던 다니엘은 그 넷째 짐승이 죽임을 당하고 그 몸이 파괴되어 타오르는 불에 주어지는('예하브') 광경을 봅니다. 이 하나님의 보좌와 함께 나타나는 심판 장면에는 이전 이야기에서 세 친구(3장)와 다니엘(6장)이 죽음에 던져지는 장면을 연상케 하는 의도적인 장치들이 있습니다. (1) 보좌들의 "펼쳐짐"에는 앞의 이야기들에서 다니엘과 세 친구를 죽음에 "던지"는 데 사용됐던 '레마' 동사가 사용됐습니다(참고, 3:6, 11, 15, 20, 21, 24; 6:7, 12, 16, 24). 즉, 풀무불과 사자 굴에 던져지는 것('레마')이 하나님께 충성된 이들을 죽음에 넘기는 수단이었던 것과 마찬가지로 보좌들의 "펼쳐짐"('레마')은 이 신성모독적인 짐승을 죽음에 넘기는 하나님의 수단입니다. (2) 넷째 짐승이 죽임을 당하고 그 몸이 파괴되어 타오르는 불에 주어지는('예하브') 이 광경은 3:28에서와 같이 동일한 "몸"('게셈')과 "주다"('예하브') 단어가 함께 사용되어 세 친구가 느부갓네살의 명령을 거역한 결과 풀무불에 던져졌던 형벌을 반향합니다. 그때, 이들은 불에 그들의 몸('게셈')을 주기까지('예하브') 하나님께 충성하였습니다. 이 짐승의 하나님께 대한 반항과 그 결과는 3장의 느부갓네살에 대한 세 친구의 불복종을 연상시키는 방식으로 묘사됩니다.

　　그러나 동시에 하나님의 심판은 공의롭습니다. 처음 세 짐승

과 넷째 짐승의 차이는 심판에도 반영되어 각 짐승의 행위에 따라 차별적으로 이루어집니다. 현재 환상 속에서 죽음에 던져진 것은 신적 주권의 통제를 받지 않은 채 신성모독을 저지른 네 번째 짐 승이며, 그 남은 짐승들은 그들의 주권을 제거당했지만, 생명의 연 장('아르카'; 참고, 4:27)은 주어진 채로('예하브') 정한 시기까지 이르게 되었습니다(7:11-12).[24]

그리고 이윽고 **또 다른 놀라운 광경**이 펼쳐집니다. 이제까지 "내가 밤 환상(들) 속에 보았다"라는 다니엘의 말은 2번 사용되어 하늘의 네 바람이 불어오는 광경과(7:2) 무시무시한 넷째 짐승을 소개했습니다(7:7). 그리고 마지막으로 이 어구는 13절에서 어떤 신 비한 존재를 소개하는 데 사용됩니다.[25]

> 내가 밤 환상들 속에 보았다. 보라! 하늘의 구름들과 함께 **사람의**
> **아들('바르 에나쉬')과 같은 이**가 왔고 태곳적부터 항상 계신 자에게
> [26] 도달했으며, 그의 앞으로 그것들(구름들)이 접근했다. 그에게 주

---

24. 2장과 마찬가지로 심판의 날에 단 하나의 근본적인 변화가 일어난다는 것은 가장 중요한 차이가 각 왕국의 시대 사이가 아니라 현세적-역사적인 시대와 종말론적 시대 사이에 있다는 것을 시사한다. M. Segal, "Other Chrono-logical Conceptions," in: *Four kingdom motifs before and beyond the book of Daniel* (Leiden: Brill, 2021), 17-18. 7:12의 처음 세 동물의 운명은 7:17의 집 합적인 해석, 2:34-35, 44-45에 있는 모든 세계 제국의 동시 멸망의 예에 기 초할 수 있다.

25. 참고, Lucas, 『다니엘』, 253.

26. 고대 그리스어 역본은 히브리어 '아드'("~까지")를, 정상적인 번역어인 그리 스어 '헤오스'에서 철자가 하나 빠진 '호스'("~처럼")로 번역하여 "사람의 아

권('솔탄')과 영광('예카르')과 왕국('말쿠')이 주어졌고,('예하브') 모든 백성들과 나라들과 언어들을 말하는 자들이 그를 섬기리라('펠라흐'; 참고, 3:12, 14, 17, 18, 28; 6:16, 20). 그의 주권은 제거되지 않는(참고, 2:21; 7:12, 26) 영원한 주권이요, 그의 왕국은 멸망치 아니할 것이라! (7:13-14; 참고, 4:3; 6:26)[27]

2장의 환상에서 사람의 손으로 쪼아내지(잘라내지) 않은 돌은 신상의 넷째 왕국과 함께 이전의 모든 왕국들을 부수고 온 땅을 채웠습니다. 여기서도 모든 짐승들은 심판에 의해 주권이 제거당하고, 영원한 왕국을 상속받을 누군가가 나타납니다! 앞의 짐승들의 기원이 혼돈의 **바다**였던 것과는 반대로, 그는 **하늘**의 구름들과 함께 등장합니다. 앞의 왕국들이 사자, 곰, 표범과 같은 **짐승**과 같은 모습이었던 것과는 반대로 그는 **사람**과 같은 모습을 가지고 있

들과 같은 이"와 "태곳적부터 항상 계신 자"가 동일시된다. 즉, 사람의 아들과 같은 이는 태곳적부터 항상 계신 자처럼 온다. 이런 두 인물의 융합은 계 1:13-14에서 보듯이 중요한 신학적 의미를 갖게 되었다.

27. 9-10절과 13-14절에서는 시적인 평행성과 리듬, 반복, 운율과 동의어 반복 등이 두드러지게 사용된다. 9-10절을 시작하는 공식 문구 "내가 보는 중에"('하제 하베이트 아드 디')가 4절에서도 사용된다. 이에 비하여 13-14절은 7절에서도 사용된 공식 문구('하제 하베이트 베헤즈베이 레일야 바아루')로 시작된다. 이 두 부분 중간에 들어 있는 11a절의 긴 공식 문구(11a) "그때에 내가 … 주목하여 보는 사이에('하제 하베이트 베다인') … 내가 보는 중에('하제 하베이트 아드 디')"는 이 짐승들에게 내려지는 심판의 선언이 있기 이전에 잠시 긴장감을 조성한다(개역개정 11a절은 "내가 보는 중에"를 번역하지 않았다). Lucas, 『다니엘』, 229.

습니다. 노인의 모습으로 등장하신 하나님처럼 그는 하나님의 형
상인 인간의 모습으로 특징지어집니다. **짐승들과 인간! 마치 창세
기 1장이 신화적인 이미지로 반복되는 모습입니다. 태초의 모습과
같이 반복될 종말!** 태초에 첫 사람은 모든 피조물을 다스리는 권세
를 받았습니다.[28] 그리고 이 종말의 "사람의 아들과 같은 이"는 짐
승들과 달리 느부갓네살이 찬양한 바와 같은(4:3, 34; 참고, 6:26) 영
원한 왕국을 상속받습니다. 자기의 뜻대로 사람의 왕국을 누구에
게든지 주시며 또 지극히 천한 자를 그 위에 세우시는 하나님은
이제 이 왕국을 이 "사람의 아들과 같은 이"에게 영원히 수여하십
니다. 그동안 지상의 왕국들은 백성들과 나라들과 언어들을 말하
는 자들을 다스렸지만(3:4; 4:1; 5:19; 6:25) 궁극적으로 백성들과 나라
들과 언어들은 이 "사람의 아들과 같은 이"를 섬기게('펠라흐') 됩니
다.[29]

　한 가지 주목할 만한 것은 7:13에서 사람의 아들에게 주어지는
"영광"('예카르')이 다니엘서에서 개인으로서의 인간 통치자와 연관
될 때는 느부갓네살에게만 주어진 반면에,[30] 2장에서 하나님이 느
부갓네살에게 주신 왕국('말쿠')과 권세('헤센')와 능력('테코프')과 영
광('예카르') 중 **이 사람의 아들과 같은 이에게 주어지지 않는 눈에**

---

28. 참고, Seow, *Daniel*, 109; Lucas, 『다니엘』, 254, 257-258.

29. 참고, Goldingay, *Daniel*, 354-355.

30. K. Koch, "Das Reich der Heiligen," in: *Die Reiche der Welt und der
kommende Menschensohn* (Neukirchen-Vluyn: Neukirchener Verlag, 1995),
165.

띠는 요소가 있다는 것입니다. 바로 폭력적인 힘의 뉘앙스가 느껴
지는 "능력"('테코프')입니다(K. 코흐[K. Koch]에 의하면, 권세를 의미하는 '헤
센'과 주권을 의미하는 '숄탄'은 거의 유사한 단어입니다).[31] 폭력적인 힘이 배
제된 영원한 왕국! 도대체 이 왕국은 어떤 왕국이며, 이 왕국을 상
속받는 이 사람의 아들과 같은 이는 누구일까요?

환상의 해석과 수수께끼들

이제 7:16-28은 이 꿈 속 환상에 대한 해석을 제공합니다. 이 해석
부분 역시 전반부의 환상 내용 서술(7:1-15)과 마찬가지로 교차 대
구 구조를 이루고 있습니다. 이 해석 부분의 교차 대구 구조는 지
극히 높으신 이와 그의 거룩한 자들을 대적하는 넷째 짐승의 활동
(C-C': 2장의 환상에서도 네 번째 왕국에 가장 많은 관심이 할애된 것과 마찬가지
로), 그리고 지극히 높으신 이의 거룩한 이들의 영원한 왕국의 상
속이(B-B') 이 해석 부분에서 주목해야 할 중심주제라는 것을 효과
적으로 드러내 보여줍니다(앞의 2:37-39과 대조적으로, 환상 보도에서 앞에
등장한 세 왕국의 세부 사항들에 대해서는 해석이 주어지지 않습니다). 흥미로
운 것은 환상 부분(7:1-15)의 교차 대구 구조와 마찬가지로(본서 167-
168쪽 참고), 구조의 중심부(X)에는 **"옛적부터 항상 계신 분"**('아티크

---

31. Koch, "Das Reich der Heiligen," 167-69.

요민')의 심판('딘')이 언급된다는 사실입니다.[32]

A. 7:16 해석의 요청

  B. 7:17-18 네 짐승과 영원한 나라(지극히 높으신 이의 거룩한 자들,
  왕국, 영원)

    C. 7:19-21 넷째 짐승과 작은 뿔(거룩한 자들에 대한 공격)

      X. 7:22 옛적부터 항상 계신 분('아티크 요민')의 심판과
      거룩한 자들의 왕국의 상속

    C′. 7:23-25 넷째 짐승과 작은 뿔(거룩한 자들에 대한 공격)

  B′. 7:26-27 심판과 영원한 나라(지극히 높으신 이의 거룩한 자들의
  백성, 왕국, 영원)

A′. 7:28 해석의 종결

다니엘은 앞서 무시무시한 네 번째 짐승을 포함한 바다로부터 온
짐승들이 심판받고, 옛적부터 항상 계신 분으로부터 사람의 아들
과 같은 이에게 영원한 왕권이 수여되는 환상을 서술했습니다. 그
러나 **이 모든 광경 앞에 다니엘의 영은 슬퍼했고, 그가 본 환상은
그를 불안하게 했습니다**(7:15). 대체 왜 그랬을까요? 이것은 영광스

---

32. Goldingay의 다음 말에 주목하라. "이 대목에서는 해석보다 상징이 더 많고,
  동시에 상징보다 해석이 더 많다. 각각은 계시로 그 자체로 서 있다." 여기에
  사용된 상당한 분량의 반복들과 설명들은 성도들이 작은 뿔에게 당하는 고
  난과 하나님의 심판을 통해 그들이 받는 영원한 왕권이야말로 본 장의 주요
  한 관심사들임을 잘 보여준다. Goldingay, *Daniel*, 351.

러운 환상이 아닌가요? 그리고 이미 2장에서 다니엘 자신이 해석한 것과 본질적으로 동일한 내용이 아닌가요? 다니엘은 환상 속에 서 있는 자들 중 한 명에게 다가가 이 모든 일의 진실을 구했고, 그는 그 일들에 대한 해석을 알게 합니다(7:16). 앞의 이야기들에서 꿈과 환상의 해석자는 다니엘 자신이었지만, **이제부터는 천상의 존재들이 해석자가** 됩니다. 이제 다니엘은 1-6장에서 꿈과 환상의 해석을 받았던 왕들과 같은 입장에 처하게 되고, 이 천상의 존재들이 하늘의 다니엘로서 기능합니다. 이로 말미암아 **환상의 내용과 해석은 더 큰 권위와 진실성**을 얻게 됩니다(참고, 2:11). 천상의 해석자는 그 큰 짐승들이 땅에서 일어날 네 왕들이며, 지극히 높으신 이의 거룩한 자들이 왕국을 얻게 되고('카벨'; 참고, 5:31) 그것을 영원히('알람' 명사의 3번 반복) 소유하리라는 것으로 그 환상의 의미를 요약합니다(7:17-18).

  그러나 다니엘은 (이미 그 자신도 2장의 느부갓네살의 꿈을 통해 알고 있었던 바와 같이) **이 일반적인 해석에 만족할 수 없었습니다.** 그는 무시무시한 모습과 작은 뿔을 가진 그 짐승에 대한 진실을 알고 싶었습니다. 여기에는 이전의 환상의 묘사에서는 알려지지 않았던 몇 가지 세부 정보들이 추가됩니다. 그 발톱은 놋이었다는 정보와 (비교, 7:7) 이후에 그 머리에서 나온 나중의 뿔이 그것의 동료들에 비해 커 보였다는 말(7:19-20), 무엇보다 이 뿔이 거룩한 자들과 전쟁을 일으켜 그들을 이겼다(여기에 쓰인 '예킬' 동사의 기본적 의미는 "가능하다, 할 수 있다"로서, 긍정적 의미로는 앞에서 하나님과 다니엘에게 사용됐습니

다. 2:47; 3:17, 29; 4:18, 37; 5:16; 6:20)는 진술이 추가되어 그의 고통의
이유가 알려집니다(7:21). **태곳적부터 항상 계신 이가 와서 지극히
높으신 이의 거룩한 자들을 위하여 심판을 베풀기까지, 그리고 때
가 이르렀을 때 거룩한 자들이 왕국을 소유하게 됩니다**(7:22).

이 넷째 짐승의 중요성은 이 장 전체 환상이 환상의 해석자에
의한 **넷째 짐승의 총체적인 요약**으로 마무리된다는 사실에서도
재차 강조됩니다. (1) 그것은 모든 다른 왕국들과는 달리 온 땅을
먹고, 밟고 부서뜨릴 땅에 있을 넷째 왕국이며(7:23) 그 왕국에서
열 뿔로 상징된 **열 왕들**(!)이 일어날 것입니다(7:24a; 7:17에서 네 짐승
이 '네 왕들'이라고 말했음에도 불구하고!).[33] (2) 그들 이후 또 하나의 왕이
일어날 것이며 그는 먼저 있던 자들과 다르고('세나', "변하다") 세 왕
을 낮출 것입니다(7:24b; 참고, 4:37; 5:19, 22).[34] (3) 그가 지극히 높으신

---

33. 많은 주석가들이 이 열 뿔을 (8-11장에 의해 이 넷째 짐승이 그리스와 동일시
    됨에 따라) 그리스 제국에 등장한 왕들과 동일시하려 시도했다. 물론 숫자는
    정확히 일치하지 않으며 열 뿔을 식별하는 데 주석가들 사이에 약간의 차이
    가 있다(예를 들어, 이 열 뿔은 셀레우코스 1세 니카토르, 안티오코스 1세 소
    테르, 안티오코스 2세 떼오스, 셀레우코스 2세 칼린쿠스, 셀레우코스 3세 소
    테르, 셀레우코스 4세 필로파토르 등과 동일시된다). 숫자 10은 대략적인 숫
    자 또는 모든 왕을 대표하는 총 숫자로 인식하는 것이 가장 좋을 것이다.
    Newsom에 의하면, 숫자 10은 4나 7처럼 연속적인 기간을 나타내기 위해 묵
    시적 도식에서 자주 사용된다(『에녹1서』 91:11-17; 93:1-10; 멜기세덱 문서
    [11Q13] 2:7; 『시빌라의 신탁』 2.15). Newsom, *Daniel*, 225.
34. 주석가들은 이 작은 뿔을 흔히 안티오코스 4세 에피파네스로, 이 작은 뿔에
    의해 낮추어지는 세 왕을 흔히 안티오코스 에피파네스가 왕위에 오르기 전
    제거된 왕들로 식별한다(참고, 11:21). 예를 들어, 셀레우코스 4세, 인질로 로
    마에 보내진 그의 아들 데메트리오스, 그리고 안티오코스 4세와 공동 통치

이(앞선 다니엘의 이야기들을 반향하는 하나님의 명칭; 참고, 3:26; 4:2, 17, 24-25, 32, 34; 5:18, 21)를 대적하는 말을 하며(그가 그로부터 주권을 받았음에도 불구하고!) 지극히 높으신 자의 거룩한 자들을 지치게 하고[35] 시기와 법('다트')을 바꾸려 할 것입니다('셰나', 7:25a: 이 단어 역시 3:28에서 세 친구가 느부갓네살의 명령을 거역할 때의 행동에 대해 사용된 것과 동일한 동사입니다. 또한 6:8, 15과 '셰나' 동사가 사용되지는 않았지만, 바벨론의 지혜자들을 모두 멸하라는 왕의 "법"['다트', 2:9, 13, 15]을 다니엘이 바꾼 2장 참고). 하나님이 "때와 시기를 바꾸시는 분"으로서 주권의 이전을 결정하는 분이라는 다니엘의 찬송을 기억하면(2:21), 이것은 이 짐승이 바로 하나님 자신만의 권한인 역사적 과정과 시간을 통제하는 일을 주장하고, 하나님의 백성으로 하여금 오직 그 하나님만 참되게 예배할 것을 규정하는 하나님의 법—6장에서 다니엘이 그 하나님의 법에 순종하고자 사자굴에 던져지는 위기를 감수해야 했던—을 바꾸려 할 것이라는 의미로 볼 수 있습니다.[36] (4) 4장의 이야기에서 느부갓네살이 일곱 때라는 어떤 특정 기간의 굴욕을 당해야 했던 것처럼(4:16, 23, 25) 거룩한 자들은 그의 손에 넘겨져[37] **"한 때 두 때 반**

자였다가 안티오코스 4세에게 살해된 어린 안티오코스 등.

35. Plöger는 이 행동이 7:25aα과 평행하며(뿔이 지극히 높으신 분을 "말로 대적"함) "지극히 높으신 분의 거룩한 자들"을 하늘의 존재로 보는 것이 적절하다는 전제하에, 25bβ절의 '예발레'("괴롭히다")를 '예살레'("욕하다")로 읽을 것을 제안한다. Plöger, *Das Buch Daniel*, 117.

36. 특히 여기 사용된 아람어 '세바르'(개역성경은 "~하고자 할 것이다"로 번역)는 "의도하다" 또는 "희망하다"를 의미한다. Newsom, *Daniel*, 240-241.

37. 사용된 동사의 수동태형은 거룩한 자들이 짐승의 손에 넘겨지는 일마저도

때"라는 수수께끼의 시간의 굴욕을 겪게 될 것입니다(7:25). 심지어 이 왕은 자신에게 (하나님으로부터) 할당된 이 한 때 두 때 반 때의 시간마저 바꾸려 하고 영원한 승리를 손에 쥐려 할 것입니다(이 "한 때 두 때 반 때"는 곧 "3과 1/2의 때"로 **완전수 7의 절반**을 가리키며 **악이 지배하는 짧은 시간**이라는 상징적 의미를 전달할 수 있습니다). 즉, 7:18, 27의 성도들의 영원한 왕권과 대조되는 한정된 시간입니다.[38] (5) 그러나 심판이 내려지면("앉으면", '예티브') 그는 주권을 제거당하고 끝까지 철저하게 멸망할 것입니다(7:26). 이제 전체 해석이 마무리됩니다.[39]

> 왕국과 주권과 온 하늘 아래의 왕국들의 위대함이 '지극히 높으신 이의 거룩한 자들의 **백성**'에게 주어지리니, 그의 왕국은 영원한 왕국이며, 모든 주권들이 그를 섬기며 순종할 것이다. (7:27)

다니엘은 크게 불안해하며(참고, 2:25; 3:24; 4:5, 19; 5:6, 9, 10; 6:19; 7:15) 얼굴빛이 변하였으나(참고, 5:6, 9, 10) 이 말(일)을 마음에 두었습니다.

7장을 마무리 짓기 전에 아직 대답되지 않은 중요한 질문을 숙고해 보겠습니다. **환상에 나타난 영원한 왕국을 상속받는 "사람의**

하나님의 계획과 주권 안에서 벌어지고 있는 것임을 나타낼 수 있다.

38. 참고, Seow, *Daniel*, 112.
39. 환상의 내용은 굵은 글씨체로, 거기 대응되는 해석은 밑줄로 표시하면 다음과 같다: 1-8-17 // 7abα-19-23 // 7bβ, 20aα-24a // 8a, 20aβ-24b // 8b, 20b-25aα // 21-25aβb // 9-12-26 // 13-14, 22-18, 27.

아들과 같은 이"는 누구일까요? 그는 감히 접근할 수 없는 두렵고
도 신비한 불의 이미지로 묘사된 태곳적부터 항상 계신 이, 지극
히 높으신 하나님 앞에 감히 나아갈 수 있습니다. 또한 **7:9의 보좌**
환상에서 **보좌가 복수형**으로 묘사되는 걸 보면, 이 보좌들은 하나
님 외에 바로 이 "사람의 아들과 같은 이"를 위해 준비된 것으로
보입니다. 보좌가 짐승에 대한 심판의 수단임을 볼 때(7:9-10) 이
"사람의 아들과 같은 이"가 하나님의 심판 집행에 참여한다는 사
실이 암시되어 있는 것 같습니다.

　　더욱이 놀라운 사실은 **그가 하늘의 구름들과 함께 온다**는 사
실입니다. **구약성경에서 구름과 함께 오시는 분은 야훼 하나님 자**
신입니다(출 16:10; 19:9; 24:16; 34:5; 레 16:2; 민 11:25; 12:5; 16:42; 신 31:15;
시 104:3; 사 19:1 등). 실제로 지금까지의 이야기에서 합법적인 **섬김**
('펠라흐')의 대상은 오직 하늘의 하나님이었습니다. 우리가 앞 이야
기들에서 보았듯이 우리의 주인공들은 금신상 이야기와 사자 굴
이야기에서 바로 이 유일하신 하나님만을 "섬기는"('펠라흐') 그들
의 충성 때문에 죽음의 환난에 던져졌습니다(3:12, 14, 17-18, 28; 6:16,
20). 그러나 **하나님은 자신만의 특권을 마지막 때에 이 "사람의 아들과**
같은 이"에게 허락하십니다(7:14). 그렇다면 **이 "사람의 아들과 같은**
이"와 "태곳적부터 항상 계신 이"의 관계는 무엇일까요? 이 "사람
의 아들과 같은 이"도 하나님 자신처럼 신성을 가진 이라는 말일
까요? 그렇다면 이것은 유대교의 유일신 신앙고백에 대한 훼손이
아닌가요? 그는 시편 110:1이 말하듯이("야훼께서 내 주에게 말씀하시기

를 내가 네 원수들로 네 발판이 되게 하기까지 너는 내 오른쪽에 앉아 있으라 하셨
도다", 개역개정) 시인이 '주님'이라고 부르는 이일까요? (그는 전통적으
로 기대된 다윗 왕가의 메시아일까요? 그러나 다니엘서에서는 다윗 왕가의 메시
아에 대한 소망이 나타나지 않습니다.)[40]

　　더구나 이상하게도 환상 속에 보았던 **"사람의 아들과 같은
이"**(7:13-14)**는 해석에서 더 이상 언급되지 않고**(넷째 짐승과 뿔, "옛적부
터 항상 계신 이"는 여전히 언급되는데 반해), 대신 **"지극히 높으신 이의
거룩한 자들"**(7:18, 21-22)**로 불리는 이들이 왕국을 상속받는 주체로
등장**합니다. 궁극적으로는 이 "사람의 아들과 같은 이"의 역할이
(이 "지극히 높으신 이의 거룩한 자들"을 거쳐) **"지극히 높으신 이의 거룩
한 자들의 백성"**(7:27)에게로 전이됐습니다. 14절의 섬기다('펠라흐')
동사는 27절에서 이들에게 사용됩니다. 그렇다면 이 "사람의 아들
과 같은 이"는 (땅의 왕국들이 짐승들의 이미지로 묘사된 것처럼) 이 지극히
높으신 이의 거룩한 자들의 백성의 군집 이미지일까요? 그렇다면
그 최후의 왕국이 도래할 때에는 2:46에서 느부갓네살이 다니엘
에게 절함으로써 하늘의 하나님께 영광을 돌린 것과 같이 하나님
의 백성들이 신적 경배를 받는 일이 전 우주적으로 일어날 것이라
는 암시일까요?("절하다"['세기드']와 "경배하다"['펠라흐']가 병행하여 나오는
3:12, 28 참고)?

　　그렇다면 이 **'거룩한 자들'**의 정체는 무엇일까요? (물론 원문에서

---

40. "사람의 아들과 같은 이"에 대한 다양한 해석에 대해서는 Montgomery,
　　Daniel, 317-324을 참고하라.

의 7:27, "지극히 높으신 이의 거룩한 자들**의 백성**"은 하나님의 백성인 '사람들'을 의미합니다.) 4장에서 이미 천상의 존재들이 거룩한 자들(4:13, 17, 23)로 소개되었으며, 이러한 천사적이고 초자연적인 존재들은 이야기(3:25; 4:10-11; 5:5-6; 6:23)에 개입했을 뿐 아니라 환상 부분(8:10-11, 13, 15 이하; 10:5 이하, 13, 16 이하, 20-21; 12:1, 5 이하)에서도 중요한 존재로 나타납니다.[41] 이 천상의 존재들이 왕국을 상속받는다는 의미일까요? 그렇다면 "사람의 아들과 같은 이"는 어쩌면 천사들의 우두머리일까요(곧 10:13, 21; 12:1의 "미카엘", 현대의 많은 주석가들이 채택하는 견해 중 하나입니다)? 천상의 존재들이 지상의 왕국과의 전쟁에서 밀릴 수 있다는 게 가능하다는 말인가요(참고, 8:10-11)?[42]

그러나 본문 자체가 암시적인 이미지들로 표현된 의도된 모호성을 지니고 있다는 것을 염두에 둔다면, **여기서는 지상의 것들과 상응하고 서로 영향을 주고받는 하늘의 것들이 존재한다는 성경의 세계관**을 생각하는 것으로 충분할 것 같습니다. 즉, 다니엘서는 눈에 보이는 인간 왕국과는 다른 보이지 않는 사회의 존재를 말하며 이 천상의 존재들은 이곳의 왕국과 저곳의 왕국을 연결합니다. 이 네 번째 짐승은 지상적 차원에서만 아니라 천상적 차원에서도 갈등을 일으키고 상당한 성공을 거두는 것으로 보입니다.

어쨌든 분명히 말할 수 있는 것은 이 **최후의 왕국의 수여**에 있어서 **단지 땅의 차원만이 아니라 하늘의 차원이 개입될 것이라는**

---

41. 참고, Goldingay, *Daniel*, 376.
42. "거룩한 자들"에 관련된 논의는 Collins, *Daniel*, 313-317을 참고하라.

사실입니다. 지극히 높으신 분께서 이끄실 종말론적 변화는 세계 질서에 근본적인 변화를 가져올 것이며, 영원히 멸망하지 않는 왕국을 세워 지상 역시 하늘의 풍성한 권세의 영원한 통치를 받게 할 것입니다.

추가 메모 1

우리는 이 시점에서 다니엘이 이 영광스러운 환상에도 불구하고 **넷째 짐승에게 큰 관심을 기울이며 크게 괴로워한 이유**를 다음과 같이 설명할 수 있습니다. 첫째, 그는 느부갓네살 왕에게 2장의 첫 번째 네 왕국의 환상을 해석했을 때, (느부갓네살 자신과 마찬가지로) 느부갓네살 이후에 도래할 바벨론의 세 왕의 시대가 지나고 비로소 하나님의 왕국이 세워질 것이라고 생각한 것 같습니다(그리고 그는 이 7장의 환상이 주어졌을 당시 두 번째 왕국인 벨사살의 통치 시작 지점에 있었습니다). 다시 말해 (다니엘서 2장에 기록된, 그러나 아직은 모호한) **다니엘의 해석은 올바르지만, 그의 이해는 충분한 것이 아니었습니다.** 7장에서 환상이 새로이 주어지고, 넷째 짐승의 환상에 이르러 이 왕국이 단순히 한 왕의 통치가 아니라는 것이 그에게 분명해진 것 같습니다. 적어도 그의 **열 뿔**로 상징되는 **수많은 왕의 통치**가 있을 것이고 **그 후 일어날** (작은 뿔로 상징된) **또 한 왕에 의해 벌어질 백성들의 큰 환난**이 있을 것입니다. 그리고 이 환난은 이전의 내러티브에서 다니엘과 그의 친구들이 사자 굴과 풀무불에 던져지

는 죽음의 위협에 직면해, 하늘의 사자들의 도움에 힘입어 아무
해도 입지 않았던 것과 달리 실제로 일정 기간 동안 효력을 발휘
할 것입니다(7:21, 25). 심지어 백성들을 구원하기 위해 움직였던 천
상의 영역 자체마저도 공격을 받을 것입니다. 이것은 이전의 환상
들에서는 알려지지 않은 것입니다.

　　그리고 이 사실은 이 지점까지 다니엘서를 읽어왔던 **독자들에**
게도 해석의 수정을 요구합니다. **2장의 네 왕국의 환상과 2-6장의**
이야기에서 나타났던 네 왕의 관계, 이들은 뭔가 유사했지만, 심
각한 불일치가 있습니다. 최소한 이 지점에서 네 번째 왕국은, 하
나님의 기름 부음 받은 자(사 45:1)로까지 불리운, 페르시아 왕 고레
스의 왕국이 아닙니다! 고레스의 왕국은 하나님의 백성들을 핍박
한 것이 아니라 오히려 해방시켰고(대하 36:22-23; 스 1:1-4), 실제로 하
나님의 왕국은 역사 속에서 고레스의 왕국을 무너뜨리고 등장하
지 않았습니다. 즉, 고레스 1년에 포로에서 해방된 유대인들이 재
건한 유다 역시 다니엘서에서 예언된, 도래할 영원한 하나님의 왕
국과 단순히 동일시하기는 어렵습니다. 기존에 독자들이 가졌을
수 있었던 해석은 수정됩니다. 앞으로 살펴보겠지만, **이 네 왕국은**
다시 정의되어야 합니다. 이제 앞으로 펼쳐질 환상과 천상의 존재
들의 해석을 통해, 처음 주어졌던 네 왕국의 의미가 보다 구체적
으로 그 베일을 벗게 될 것입니다.

추가 메모 2

"거룩한 자들"은 네 번째 짐승으로부터 마지막에 나타나는 작은
뿔로 상징되는 왕의 손에 넘겨져 **"한 때 두 때 반 때"라는 수수께**
끼의 시간의 굴욕을 겪게 될 것으로 예견되었습니다(7:25). 이 전체
수를 합치면 "3과 1/2의 때"가 되며, 이는 느부갓네살이 4장에서
하나님의 형벌로 감내해야 했던 "일곱 때"(4:16, 23, 25, 32)의 절반의
기간으로 환산됩니다. 그러나 왜 7장의 저자는 간단한 숫자가 아
닌, 이렇게 **모호하고도 수수께끼 같은 용어**를 특정한 환난의 시간
을 표시하는 데에 사용한 것일까요? 아마도 이 "한 때 두 때 반
때"('잇단 베잇다닌 우펠라그 잇단')라는 이상한 용어는 2:37-43의 네 왕
국의 해석에 대한 숙고에서 가져온 것 같습니다. 2장 해설의 "추
가 메모"에서 살펴보았듯이, 포로기를 총체적으로 의미하는 것으
로 보이는 네 왕국의 시대는 황금시대로 묘사된 느부갓네살의 왕
국과(2:37, 38. 한 때['잇단']), 그 이후에 따라오는 짧게 묘사된 두 왕국
(2:39. 두 때['잇다닌']), 그리고 가장 많은 관심이 집중된 왕국으로서
쇠같이 강하고 파괴적이나 본질적으로 나뉘어진('펠라그', 2:41) 마지
막 네 번째 왕국의 때(2:40-43. 나뉨의 때, 또는 **반 때['펠라그 잇단']**)로 이
루어집니다. 즉 이 네 왕국의 때 전체를 "한 때 두 때 반 때"('잇단 잇
다닌 펠라그 잇단')라 할 수 있으며, M. 세갈(M. Segal)에 의하면 또한
'잇단 잇다닌'은 아람어의 최상급 표현으로 때들의 때, 곧 **"궁극적**
인 때"로, **'펠라그 잇단'**은 "때의 전환점", 곧 옛 시대와 새 시대를
나누는 **"결정적인 전환점"**의 의미로도 읽을 수 있습니다. 즉, 이 말

자체가 앞의 네 왕국과 최후의 하나님의 왕국을 나누는 시대의 전환점을 묘사하기도 합니다.[43] 이 '잇단 잇다닌 펠라그 잇단'에 "그리고"를 의미하는 접속사('베' 또는 '우')를 붙여 만든 수수께끼의 용어가 바로 저 "한 때 두 때 반 때"('잇단 **베**잇다닌 **우**펠라그 잇단')입니다.

다니엘서 7장의 저자는 이러한 용어를 통해(7의 절반의 숫자로서) 거룩한 자들의 고난의 때가 길지 않을 것이라는 암시와 함께, 그 시간이 네 왕국 전체의 기간과도 같은 특별한 포로기의 시간이 될 것과 또한 그 시간이 지나면 궁극적인 시대의 전환이 찾아올 것이라는 암시를 주고자 한 것이 아닐까요?

이런 관점에서 환상의 마지막 구절인 "내가 이 말을 내 마음에 간직했다"(7:28bβ)는 다니엘의 말은 야곱이 요셉의 꿈을 듣고 보인 반응인 창세기 37:11을 연상시킵니다.

모세 오경의 드라마에서 이 요셉의 꿈의 성취는 이스라엘을 노예 상태에서 해방하고 그들로 하여금 신정국가의 기틀을 이루게 한 사건인 출애굽을 준비하는 사건이 되었습니다. 이러한 반향은 요셉을 다니엘의 모형으로 보게 하여 그가 본 이 꿈의 환상 역시 궁극적인 포로 상태에서의 해방과 영원한 왕국의 출범을 가져올 새 출애굽의 진정한 실현으로 보도록 독자들에게 여러 가지 암시들을 남깁니다.

추가 메모 3

이제까지 우리는 다니엘서의 아람어로 구성된 부분을 살펴보았습니다. 이 아람어로 구성된 2-7장은 다음과 같은 **교차 대구 구조**를 형성합니다.[44]

> A. 2장: 네 왕국과 하나님의 왕국의 도래(신상과 사람의 손으로 쪼아내지 않은 돌)
>
>   B. 3장: 신실한 하나님의 백성의 구원 이야기(세 친구와 풀무불)
>
>   C. 4장: 교만한 왕에 대한 심판(느부갓네살)
>
>   C'. 5장: 교만한 왕에 대한 심판(벨사살)
>
>   B'. 6장: 신실한 하나님의 백성의 구원 이야기(다니엘과 사자 굴)
>
> A'. 7장: 네 왕국과 하나님의 왕국의 도래(네 짐승들과 사람의 아들과 같은 이)

이로써 우리는 현재의 텍스트가 주의 깊게 구성된 결과물일 뿐 아니라 7장이 이 책의 큰 한 단락의 사이클을 마무리하는 부분임을 알 수 있습니다. 또한 우리는 이 주제들을 중심으로 형성된 구조를 통해 이 책의 **첫 번째 독자들이 처한 상황을 유추**할 수 있습니다. 그들은 신적 권위를 주장하는 왕의 손에 고난을 받으며 자신들의 신앙을 붙잡은 채로, 구원을 고대하고 있었고(B-B') 그 교만한 왕에 대한 하나님의 심판(C-C') 나아가 네 번째 왕국을 넘어

---

44. Goldingay, *Daniel*, 353.

선 궁극적인 하나님의 왕국의 도래를 고대하고 있었다고 볼 수 있습니다(A-A′).[45]

■ **7장에서 반드시 기억할 요소**

1. 2장에서 **점점 더 하락하는 가치**의 금속으로 소개된 네 왕국은 7장에서 네 짐승으로 소개됩니다. 그리고 이 네 짐승은 2장과 마찬가지로 점점 그 고귀함이 줄어들고 **끔찍한 폭력을 행사하는 최악의 네 번째 짐승에서 절정에 도달합니다.**

2. 짐승들은 권세를 빼앗기고, 왕국은 궁극적으로 하나님에 의해 "사람의 아들과 같은 이"에게 주어집니다. 이것은 **태초를 연상케 하는 종말의 환상**입니다. 신약성경을 구약성경과 함께 동일한 성경으로 소유한 우리는 이 "사람의 아들과 같은 이"의 환상이 어떻게 궁극적인 성취에 이르렀는지 알고 있습니다. 그러나 현재로서 (아직 그 성취를 알지 못했던 옛 독자들과 청

---

45. 이 네 왕국의 도식을 보여주는 2, 7장에 대해 학자들은 페르시아 왕국의 멸망과 알렉산드로스 대왕 이후 분열된 마케도니아 왕국의 현실이 유대교에 신학적인 변화를 촉발시킨 것으로 본다. 이것은 페르시아 시대의 신정주의적 개념에서 하나님이 명하신 정치 질서의 상실을 의미했기 때문인데, 이를 통해 세계 역사의 목표는 하나님이 직접 다스리시는, 도래할 종말의 다섯 번째 왕국이 된다. 이는 기존의 단 1-6장에서 2장의 환상의 내용을 네 부분으로 이어지는 세계 제국으로 확대하고 7장에서 그에 상응하는 환상으로 책을 마무리하는 것으로 나타났다. 참고, K. Schmid, 『고대 근동과 구약 문헌사』, 이용중 역 (서울: CLC, 2018), 384-385. 또는 Kratz, "Die Visionen," 224.

중들의 관점으로 본문을 이해하기 위해) 우리는 본문이 말하는 만큼만 말하도록 합시다.

3. **이야기 안에서 1-6장의 네 왕과 일치하는 것처럼 독자들에게 암시를 건넨 네 왕국의 정체는**(2장) **7장에 이르러 심각한 균열을 맞이하게 됩니다.** 즉, 페르시아 왕 고레스는 하나님의 백성들을 핍박한 것이 아닌 오히려 해방시킨 메시아로 알려졌으며, 그의 왕국은 하나님의 왕국에 의해 파괴되지도 않았습니다. 즉 재건된 유다 역시 환상에서 기대된 영원한 하나님의 왕국이 아닙니다. **이 네 왕국의 정체는 앞으로 본문이 진행되면서 다시 정의될 것입니다.**

다니엘서 8장:
정한 때 끝에 대한 환상

8장부터 다니엘서의 기록된 언어는 **다시 히브리어로** 되돌아옵니다.[1] 이제 8장부터 전개되는 환상과 해석에서, 7장에 제시됐지만 아직 감추어진 것들이 하나씩 베일을 벗게 됩니다.[2] 즉, 이후로 더해지는 환상들과 그 해석들은 역으로 네 왕국에 대한 7장과 그 병행 환상인 2장 속 환상의 의미 해석에 대해서도 구체적인 차원을 더해 줍니다.

8장의 환상이 주어진 연대는 "벨사살 왕의 통치(왕국) 제3년"

---

1. 일반적으로 주석가들은 8장의 히브리어가 특이하고 비문법적인 부분이 많다는 점 때문에 아람어로 글을 쓰는 것이 익숙한 저자가 토라의 언어인 히브리어로 글을 썼거나 본래 아람어로 쓰인 원본이 히브리어로 번역되었다고 본다.
2. 8장은 보통 7장에서 예견된 안티오코스 시대의 위기의 사건을 이해하고 대응하는 최초로 작성된 텍스트로 평가된다. Newsom, *Daniel*, 256.

으로 설정됩니다. "나에게, 나 다니엘에게 환상이 보였다. 나에게 처음에 보여진 것 이후에"(8:1), 즉 7장의 "벨사살 왕 1년"에 주어진 환상 이후에 나타난 환상입니다. **연대기적으로 동일한 왕의 시대에 주어진 환상인 만큼, 이 두 환상은 많은 점에서 유사성을 가지고 있습니다. 8장은 7장의 환상에서 아직 명확하게 명명되지 않은 감춰진 것들에 이름을 붙여줍니다.** 8장의 구조는 다음과 같이 선형 교차 구조로 나타납니다.

A. 다니엘에게 환상('하존')이 보여짐('라아')(8:1)

　B. 올라이 강변의 환상 보고와 다니엘의 탈혼 현상(?)(8:2)

　　C. 숫양의 환상(8:3-4)

　　　D. 숫염소와 네 뿔의 환상(8:5-8)

　　　　E. 작은 뿔의 환상(8:9-12)

　　　　　F. 성소의 황폐함('샤멤')과 회복(8:13-14): 2300
　　　　　저녁과 아침

A'. 다니엘이 환상('하존')을 보고('라아') 이해를 구함(8:15)

　B'. 올라이 사이에서 환상('마르에') 해석자, 가브리엘과의 만남, 다니엘의 몸의 현상(8:16-19)

　　* 환상이 가리키는 시기 명시(8:17, 19)

　　C'. 숫양의 해석(8:20)

　　　D'. 숫염소와 네 뿔의 해석(8:21-22)

　　　　E'. 작은 뿔의 해석(8:23-26)

* 환상이 가리키는 시기 명시(8:26)

F′. 다니엘의 황폐함('샤멤')과 회복(27): "날들"

짐승과 뿔들의 환상

시작 부분인 1-2절의 히브리어 본문에는 **"보다"**('라아') **동사가 다섯 번, "환상"**('하존')이라는 단어가 **세 번** 나타납니다.[3] 이를 통해 본문은 다니엘의 강렬한 시각적 경험에 독자들을 끌어들입니다. 다니엘은 이 환상을 볼 때 에스겔과 유사한 일종의 탈혼 현상을 경험한 것 같습니다(겔 8:3; 11:1; 40:2). 그는 그것을 보았을 때 엘람 지방에 있는 수산성에 있었고, 또 환상 중에 울라이 강에 있었다고 합니다(8:2; 참고, 그발 강가에서 환상을 본 에스겔[겔 1:1]). 이 환상이 주어진 벨사살 왕의 시대, 즉 바벨론 통치의 마지막 몇 년 동안 엘람은 페르시아 왕 고레스의 손에 확고하게 속해 있었던 페르시아 제국의 심장부였으며, 수산은 훗날 페르시아 왕들(예컨대 다리오)의 거처 중의 하나로 요새화된 도시였습니다.[4] 이 장소에 다니엘이 있

3.　Seow, *Daniel*, 119. 또한 "듣다"('샤마') 동사는 8:13, 16에 나타난다.

4.　또한 수산은 에스더서(참고, 느 1:1)에 자주 언급된다. 참고, Plöger, *Das Buch Daniel*, 123. 또한 Collins, *Daniel*, 328. Seow에 의하면 안티오코스 에피파네스의 셀레우코스 왕조 치하에서 수산은 그리스의 폴리스로 재건되어 Eulaeus의 셀레우키아로 이름이 바뀌었고 안티오코스가 적극적으로 장려한 문화인—심지어 유대인들에게도 강요된—헬레니즘의 유명한 중심지가 되었다. Seow, *Daniel*, 119.

다는 사실 자체가 이제 바벨론 왕국은 도래할 훗날의 사건을 말하는 앞으로의 환상에 있어 더 이상 특별한 중요성을 갖지 못함을 암시하는 것 같습니다.[5]

그는 눈을 들어 강에 서 있는 두 뿔을 가진 한 **숫양**을 봅니다(이 숫양의 등장은 "보라"라는 감탄사에 의해 도입됩니다). 그에게 있는 **두 뿔**은 다 컸었는데 특이하게도 그 두 뿔의 크기가 달랐습니다. 나중에 난 뿔이 다른(두 번째) 뿔보다 더 컸다고 합니다(8:3).

그 숫양은 서쪽, 북쪽, 남쪽을 향해 들이받았고(참고, 사 41:2) 어떤 살아 있는 것도 그에 맞서 설 수 없었으며 그의 손에서 구원할 자도 없었습니다(참고, 신 32:39; 호 5:14). 그것은 스스로 원하는 대로 행하며 **커졌습니다**(8:4). 앞서 느부갓네살의 찬양에서, 하늘의 하나님이 자신의 뜻대로 행하실 수 있는 분으로 칭송되었음을 생각하면(4:35), 이 숫양은 지상에서 마치 그러한 신적 권세를 발휘하는 자로 스스로를 주장하는 것 같습니다.[6]

다니엘이 그것을 이해하고자('빈') 할 때 또 다른 존재가 나타납니다. 이번엔 **숫염소입니다**(이 숫염소의 등장 역시 "보라"라는 감탄사에 의해 도입됩니다). 그것은 서쪽에서부터 온 지면을 다니되 땅에 닿지 않는 무서운 속도로 달렸습니다. 그리고 그 숫염소는 **눈 사이에 현저한**('하주트') 뿔을 가지고 있었습니다(8:5). 숫염소는 두 뿔의 주인인, 강 앞에 서 있던 양에게 왔고 분노한 힘으로 그를 향해 달렸

---

5. 참고, Lucas, 『다니엘』, 295; Hartman & Di Lella, *Daniel*, 232.
6. Bauer, *Das Buch Daniel*, 168.

습니다(8:6). 그것은 숫양에게 가까이 나아가 그를 향해 격분하여 그 숫양을 치고 두 뿔을 부수었습니다('샤바르'). 숫염소는 그 숫양을 땅에 던지며('샬라크') 마치 7장의 네 번째 짐승이 그러했듯이(7:7) 숫양을 짓밟았습니다.[7] 무적의 존재로서 아무도 그를 향해 마주 설 수 없었던 숫양 자신이 이제는 그 숫염소에 대하여 마주 설 힘이 없었고, 이전에 그 누구도 희생양을 그 숫양의 손에서 구원할 수 없었던 것과 같이(8:4) 이제는 그 누구도 그 숫양을 숫염소의 손에서 구원할 수 없었습니다(8:7).

더구나 그 숫염소는 **매우 커졌고 강해졌습니다**(8:8a). 이 숫염소의 성장은 그가 쓰러뜨린 숫양을 능가합니다(비교, 8:4).[8] 그리고 **이변**이 나타납니다. 그가 강했을 때에 본래 그의 특징이었던 두 눈 사이의 현저한 뿔이 부서졌고('샤바르'; 참고, 8:7) 그 대신 **또 다른 현저한**('하주트') **뿔 넷**이 하늘 사방을 향해 솟아올랐습니다(8:8b; 참고, 8:5). 이제까지 **땅의 수평적인 차원**에서 이루어졌던 일들이 **수직적인 차원으로 확장**되기 시작합니다.[9]

---

7. Newsom은 이 두 동물의 충돌이 비록 종은 다르지만 번식기 이전에 수컷 사이에서 발생하는 지배력 문제를 모델로 삼았다고 평가한다. 즉 이 충돌은 지배 자체의 본질에 내재된 충돌을 표현한다. Newsom, *Daniel*, 261-262.

8. Lucas, 『다니엘』, 297.

9. 본문에 반복되는 표현은 다음과 같다. "그 앞에 능히 설 자가 없었다."(4, 7절); "그 권세에서 구원할 자가 없었다"(4, 7절); "큰 일을 행하다" 또는 "커지다"(4, 8, 9, 10, 11, 25절); "강해지다"(8, 24절); "땅에 던지고 짓밟았다"(7, 10, 12, 13절); "성공하다"(12, 25절)의 변이형. 이 모든 것은 이방 왕들의 권세를 특징짓는 반면, "부서진" 또는 "부러진"(7, 8, 25절)의 반복은 그들의 갑작스러운 멸망을 묘사한다. 사건들이 언급하는 때는 "마지막 때"(17, 19절)와

그리고 **그들 중 한 뿔에서 또 작은 뿔 하나**가 나왔습니다. 숫염소가 본래 가지고 있던 큰 뿔(8:8, 21)과는 달리 그것은 작은 뿔로 나타났지만, 이윽고 남쪽과 동쪽 그리고 **아름다운 곳**(즉, 팔레스타인; 개역개정, "영화로운 땅"; 참고, 겔 20:6, 15)을 향해 심히(탁월하게) **커졌고** (8:9)[10] 하늘 군대에 이르기까지 **커져** 그 군대와 별들의 일부를 땅에 떨어뜨리며—8:7에서 숫염소가 그러했듯이!—그것들을 짓밟았습니다(8:10). 그러나 그의 커짐은 반복적인 "커지다"('가달') 동사가 연달아 사용되는 것에서 보여지듯 아직 끝나지 않았습니다. 그것은 군대의 주재, '사르 하짜바'에 이르기까지 **커지며**(아마도 "만군의 야훼"['야훼 쯔바오트']를 암시하는 표현으로 보이며,[11] 군주['사르']라는 말은 10:13, 20-21; 12:1에서 천상의 존재들을 의미하는 말이기도 합니다), 그로부터 매일의 제사를 폐하고 거룩한 처소(성소)는 마치 숫염소에 의해 희생된 숫양처럼 던져집니다('샬라크', 8:7; 개역개정, "엎드러뜨리고")(8:11). 또한 **범죄('페샤') 가운데 그 군대는**(개역개정은 "백성"으로 번역) 율법에 규정된 가장 기본적인 제사인 저녁과 아침에 드려져야 할 매일의 번제(참고, 출 29:38-42; 민 28:2-8)와 함께 주어진 바 되었습니다(참고,

---

"진노/그들의 통치가 끝나는 때"(19, 23절)로 식별된다. 이러한 반복되는 표현은 어느 순간에 일어나고 있는 일이 독특하거나 예상치 못한 사건이 아니라 정치사에서 반복되는 패턴의 일부이자 미리 정해진 결말이 있는 사건임을 나타낸다. Newsom, *Daniel*, 259.

10. 그가 남쪽과 동쪽으로 진격한 것은 부분적으로 이집트를 향하고 부분적으로는 메소포타미아와 그 너머(9b)를 향했던 안티오코스 4세 에피파네스의 원정을 정확하게 반영한다. Plöger, *Das Buch Daniel*, 126.

11. Seow, *Daniel*, 123.

1:1-2).

그러나 그 뿔이 던지는 것은 단지 성소에 그치지 않습니다. 그
것은 심지어 진리(하나님의 법인 토라, 또는 고대에 성전이 우주적 질서의 통
제소였다는 것을 염두에 둘 때, 우주적 질서 그 자체, 특히 그것은 다니엘서의 주제
였던 역사의 과정과 인간의 주권에 대한 하나님과의 적절한 관계를 포함하는 것
같습니다[12])마저 땅에 던지며('샬라크') 행동하여, 형통합니다(8:12). 그
리고 다니엘은 한 거룩한 이가 다른 어떤 거룩한 이에게 하는 말
을 듣습니다. "언제까지인가? 그 환상 … 그 매일 드리는 제사와
황폐케 하는 그 범죄 … 주어지는 것 … 성소와 군대가 짓밟힘
…"(8:13; 참고, 슥 1:12; 사 6:1).[13]

그리고 그 대답은 다니엘에게 주어집니다. "2300 저녁과 아침
이다. 그리고 성소가 의롭게 되리라"(8:14). 문제는 이 답변에 나타
난 숫자 역시 수수께끼라는 것입니다. J. E. 골딩게이(J. E. Goldingay)
는 "저녁과 아침"이라는 용어가 창세기 1:5, 8, 13, 19, 23, 31의 "하
루"를 연상케 한다는 사실에 착안하여 이를 문자 그대로 **2300일**
로 계산해야 한다고 주장합니다. (1년을 360일로 삼아) 이를 환산하면
6년과 140일의 시간이 됩니다. 즉, 7년에 다소 못 미치는 기간입

---

12. 참고, Newsom, *Daniel*, 266.
13. 본문의 히브리어는 매우 이상하기 때문에 대부분의 주석가들은 본문이 변질
    되었다고 생각하고 이를 개선하기 위한 다양한 제안을 내어놓는다. Seow는
    이 환상에 나타난 일들이 너무나 충격적인 것이어서 신적 회의의 구성원조
    차도 말을 더듬을 수밖에 없었다고 제안한다. 본문의 이상함에도 불구하고
    이 말의 의도 파악이 어렵지는 않다. Seow, *Daniel*, 125.

니다.[14]

대안적으로 많은 주석가들은 매일의 번제가 하루의 아침과 저녁에 각각 드려진 것을 고려해 2300을 실제 드려지는 번제의 횟수로 보고, 둘로 나누어 **1150일**의 숫자를 구합니다. 이 숫자는 3년보다는 길고 3년 반보다는 짧은 시간입니다. 이 경우 이 기간은 7:25의 한 때 두 때 반 때를 숫자로 환산한 3과 1/2의 때, 곧 3년 반과 모종의 관계가 있는 것처럼 보입니다. 그렇다면 그가 환상을 본 시점이 벨사살 왕 1년에서 3년으로 옮겨진 만큼 환상 속의 환난의 기간의 숫자도 줄어든 것일까요?[15] 결정은 쉬워 보이지 않지만, 어떤 대안을 취하더라도 **이 환상이 하늘과 땅을 잇는 중심점인 하나님의 집, 예루살렘 성전의 제의 기능이 훼손되는 것을 의미**한다는 사실은 변함이 없습니다.

중요한 것은 **고대에 신전**은 우주의 다양한 영역들을 수렴하고

---

14. "2300 저녁과 아침"을 2300일로 본다면, 이어지는 9장은 대략 7년에 가까운 이 기간을 마지막 한 이레로 보고(9:27a), 7장에 나왔던 "한 때 두 때 반 때"(= 세 때 반)를 3년 반으로 환산하여 "한 이레의 절반"(9:27b)으로 삼아 이 두 기간의 관계에 대한 숙고를 담은 것일 수 있다. 그렇다면, 2300 저녁과 아침의 시작점은 메넬라오스의 선동으로 살해당한(2마카 4:23-50), 적법한 대제사장 오니아스 3세가 죽은 해인 주전 171년으로 볼 수 있다. Goldingay는 이방인이 지배하는 동안 유대인들을 감독하는 70명의 목자들 가운데, 23명이 초기 헬레니즘 기간 동안 이러한 책임을 갖는다는 『에녹1서』 90:5에서 2300이라는 숫자와의 연관성을 본다. 그리고 이 숫자가 포로기로부터 안티오코스 4세까지의 70이레의 기간(단 9:24-27) 중 처음 69이레의 3분의 1에 해당한다는 사실을 주목한다. Goldingay, *Daniel*, 425-426.
15. 참고, Collins, *Daniel*, 336.

응집하는 장소로서, **우주 질서의 통제소**이자 **하늘과 땅의 중심축**
(*axis mundi*)으로 간주되었다는 사실입니다. 사람들은 신이 궁지에
빠진 혼돈의 세력을 제지하는 중요한 일에 신 스스로가 에너지를
집중시킬 수 있도록 돌보아야 했습니다. 즉, 그들에게 있어서 신전
을 유지하고 그 안에 있는 신을 돌보는 것은 우주가 위험에 처하
여 붕괴될 소지를 미연에 막는 것이었습니다. **희생 제사**는 이 시
스템에서 중요한 역할을 했으며, 그것은 **신의 은혜와 임재를 보장
하고 우주의 원활한 운행을 떠받드는 수단**이었습니다.[16] 계속해서
커진 이 작은 뿔은 하늘로 나아가는 대문이자 연결 지점인 성전
시스템을 유린함으로, 우주적 질서를 교란시키는 데에 성공했습
니다. 당시의 사람들에게 있어서 이러한 그림은 말 그대로 **종말의
도래**를 의미합니다.

다니엘이 이 환상을 보고 그 이해('비나')를 구할 때에 그의 맞
은편에 사람 모습 같은 것('케마르에 가베르')이 **나타났고**(8:15, 이 "사람
의 모습 같은 것"의 등장도 "보라"라는 감탄사에 의해 도입됩니다), 다니엘은
울라이 강 사이에서 사람('아담')의 목소리를 듣습니다.

> 그리고 그가 외쳐 말하였다. 가브리엘! 이 자에게 그 환상(모습)을
> 이해케 하라! (8:16)

---

16. 자세한 것은 John H. Walton, *Ancient Near Eastern Thought and the Old Testament*, 123-134; John H. Walton, 『교회를 위한 구약성서 신학』, 왕희광 역 (서울: 새물결플러스, 2021), 243-265을 참고하라.

메대와 페르시아, 그리스 그리고 …

그 사람의 목소리('콜 아담')는 "그 사람의 모양 같은 것"('케마르에 가베르')을 "가브리엘"("하나님의 사람")이라고 부르며, 이 환상("모습", '마르에')을 다니엘에게 알게 하라고 명합니다(참고, 슥 2:4).

그는 다니엘이 서 있는 곳 가까이 왔고, 그의 나아옴으로 인해 다니엘은 두려워하였으며 이전에 느부갓네살이 그에게 그러했듯이(2:46) 그 앞에 얼굴을 땅에 대고 마치 경배하는 듯한 자세로 엎드려집니다. 그 천사는 다니엘에게 말합니다.

> 이해하라. 사람의 아들아, **그 환상은 마지막 때**('에트 케쯔')**에 대한 것**이다. (8:17)

그가 다니엘에게 말하는 중에 다니엘은 그 상태 그대로 죽은 듯이 잠이 들었습니다. 그리고 천사는 그를 만져서 그가 선 곳에 다시 일으켜 세우고(8:18; 참고, 왕상 19:5, 7; 겔 1:28-2:2) 말합니다.

> 보라, 너에게 알게 하는 것('모디아카')은 **분노의 마지막, 지정된 끝**('모에드 케쯔'; 참고, 12:7)**에 일어나게 될 일**이다. (8:19; 참고, 슥 1:12)

이제부터 가브리엘은 다니엘이 본 환상의 해석을 말하기 시작합니다. 먼저 히브리성경에서 "분노"를 의미하는 '짜암'은 대부분

하나님의 진노를 의미하며, 이방인이 이스라엘을 학대하는 것을 허용하는 것으로 나타납니다.[17] 그 끝은 자의로 행하며 비상한 신성모독을 저지를 작은 뿔의 행위로 절정에 이를 것입니다. 그러나 늘 그랬듯이 하나님의 진노는 영원하지 아니하며, 늘 제한된 기간 동안만 이루어집니다.

> **그 숫양**, 네가 본 두 뿔의 주인은 **메대와 페르시아의 왕들**이요, **그 털 (있는) 염소**는 **야완(그리스) 왕**이요, 그의 눈들 사이의 큰 뿔은 **그 첫째 왕**이요. 그것이 부서졌고, 그것 대신 넷이 설 것이니, 네 왕국이 민족으로부터 설 것이되 그의 힘으로써가 아니니라(개역성경은 "그의 권세만 못하리라"로 번역). (8:20-22)

가브리엘의 해석은 **이전의 이야기 부분에서 마지막으로 소개된 왕국**인 메대와 페르시아를 언급할 뿐 아니라(5:28, 31; 6:8, 12, 15) 이 메대와 페르시아를 쳐부술 **다니엘이 알지 못했던 왕국** 그리스를 소개합니다(참고, 창 10:2, 4; 사 66:19; 겔 27:13, 19; 슥 9:13; 대상 1:5, 7). 그리고 그 왕국의 해석은 부서진 큰 뿔로 상징되는 첫 번째 왕, 그리고 거기서 돋아나는 네 왕국을 넘어('넷'은 2:37-40; 7:3-7처럼 이방 제국 통치의 총체성을 표현하는 방식으로 볼 수 있습니다) 그 왕국들 중 하나로부터 나타난, 하늘을 향해 공격을 감행하는 작은 뿔의 정체를 설명

---

17. 참고, Newsom, *Daniel*, 269. 보통 주석가들은 이 구절에서 슥 1:12의 반향을 발견한다.

하는 것으로 나아갑니다.

여기서 우리가 염두에 두어야 할 것은, 지금 이야기 내에서 환상을 받는 주인공인 다니엘과는 달리, **다니엘서의 1차 독자들은 이 언급되는 인물들이 누군지 어느 정도 유추할 수 있었을 것**이라는 사실입니다. 그리고 이 환상에서 설명되는 대상뿐 아니라 **이 암시된 독자의 정체 역시 9-11장을 거치며 점점 분명해져 갑니다.** 오늘날 역사 자료를 통해 고대의 세계사를 돌아보는 우리 역시 이 왕들이 누군지 알 수 있습니다. 먼저 메대와 페르시아의 왕들을 상징하는 숫양의 환상에서 그가 가진 두 뿔의 크기가 달랐고 나중에 난 뿔이 다른 뿔보다 더 컸다는 것은(8:3) 앞선 이야기에서의 메대의 다리오와 페르시아의 고레스를 연상시킬 뿐만 아니라, 메대가 페르시아보다 먼저 존재했고 페르시아가 메대를 이긴 후, 두 왕국이 통합되었다는 역사적 사실을 상기시킵니다. 또한 실제로 페르시아는 환상에서 나타난 바와 같이 원정을 통해 서쪽(소아시아, 바벨론), 북쪽(메대, 파르티아, 박트리아), 남쪽(이집트)을 정복했습니다.[18]

---

18.   Lebram, *Das Buch Daniel*, 97.

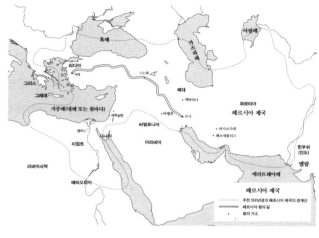

<페르시아 제국의 확장>

그러나 이 찬란했던 당대 최강의 제국도 영원하지는 않았습니다. 저 멀리 서쪽 마케도니아 왕국에서 알렉산드로스 대왕이라는 불세출의 영웅이 자라나고 있었고, 그는 환상 속에서 보았던 그리스 제국을 상징하는 숫염소의 큰 뿔, 첫 번째 왕으로 나타나 당시 다리오 3세가 다스리고 있던 숫양, 페르시아 제국을 쳐서 무너뜨렸습니다(그라니코스 전투, 이소스 전투, 가우가멜라 전투).[19] 소아시아에서

---

19. 많은 학자들이 헬레니즘 시대에 발전한 점성술 이론에 따라 페르시아와 메대 왕국은 황도대 양자리 아래에 있었고 셀레우코스 왕국은 염소자리에 배정되었으며 두 적국의 식별은 초자연적 상징을 통해 나타난다고 주장하였다. 그러나 다니엘서 저자가 정말로 이런 점성학 이론을 활용했는지 의문을 제기하는 학자들도 존재한다(예, Hartman & Di Lella; Collins; Newsom, Lucas 등). 이 양과 염소의 이미지는 겔 34:17; 슥 10:3과 같은 성경의 이미지에서 영향을 받았을 수 있다.

인도까지 뻗어있던 이 광대한 제국은 결국 멸망을 피할 수 없었습니다. 그러나 믿을 수 없이 정력적인 세계 원정의 끝에 이 알렉산드로스 대왕 역시 30대 초의 이른 나이에 요절하고 말았습니다(주전 323년). **그가 강성할 그때에 그는 부서졌습니다(8:8). 이 역설적인 몰락은 수동태로 표현되어 이 일이 바로 하나님의 손에 의한 것임이 암시됩니다.** 그는 후계자 계승을 제대로 확정 짓지 못한 채 세상을 떠났기에 그의 사후 그의 왕국은 스스로 그의 후계자임을 자처한 '디아도코이'라고 불리는 그의 휘하의 장군들(카산드로스, 뤼시마코스, 프톨레마이오스, 셀레우코스)에 의해 분열되고 이들 사이에 전쟁이 펼쳐집니다. 물론 그들은 알렉산드로스의 왕국만큼 강력한 권세를 떨치지는 못했습니다(참고, 1마카 1:1-9).[20]

그러나 가브리엘의 해석이 다니엘을 비롯한 청중들에게 이런 역사적 암시를 던지는 것은 1차 독자 당대에 가장 중요한 인물이었던 이 작은 뿔의 정체를 식별하고, 그 왕으로 인해 초래된 **하나님의 백성들이 당면한 위기가 궁극적으로 하나님의 종말의 계획 아래에 있음을 밝혀 그들로 그 위기를 견딜 수 있도록 격려하기 위함입니다.** 즉 이 환상과 해석은 궁극적으로 **이 디아도코이의 왕국들 가운데 등장할 한 왕에게 집중되어 있습니다.** 바로 그의 신원을 밝히기 위해 이제까지의 환상의 장면과 해석이 펼쳐졌습니다(8:3-14에 이르는 열두 절의 환상 가운데 여섯 절, 8:20-25에 이르는 여섯 절의 해석 가

---

20. D. Brent Sandy, "알렉산더 대제와 헬레니즘," in: 『고대 근동 문화와 구약의 배경』, 김은호·우택주 역 (서울: CLC, 2018), 534-547을 참고하라.

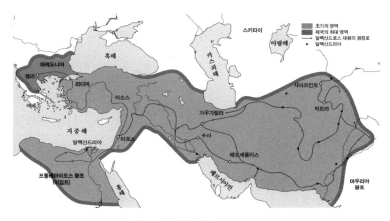

<알렉산드로스 대왕의 원정(주전 334-323년)>

운데 세 절, 즉 각각 절반의 분량이 이 왕에게 집중되어 있는 것을 주목해 봅시다).[21]

> 그들의 왕국들의 끝(참고, 8:19), 범죄(자)들이 가득할 때에('타맘') 강한('아즈') 얼굴의 왕이 일어날 것이니 수수께끼들을 이해하는 자이다(8:23; 참고, 1마카 1:12-15). 그의 힘은 강할 것이나('아쫌') 그 자신의 힘에 의한 것이 아니고(참고, 8:22), 그는 놀랍게 파괴를 할 것이며('샤하트') 형통할 것이며 행동할 것이며, 파괴할 것이다('샤하트'), 강한 자들('아쭘밈')과 거룩한 백성을. (8:24)[22]

---

21. 7장의 방식으로 8장도 약간의 평행법이 있는 운율적인 작시법(rhythmic prosody)으로 바뀜으로써 이 환상의 정점으로서의 23-25절의 중요성을 나타낸다. Goldingay, *Daniel*, 414-415.

22. 환상의 내용은 굵은 글씨체로, 거기 대응되는 해석은 밑줄로 표시하면 다음

환상이 주목하는 인물의 묘사가 주어졌습니다. 이 왕국들 가운데 나타날 한 왕이 종말론적 이미지로 소개됩니다. 그는 범죄가 가득 해질 절정의 순간(참고, 창 15:16; 2마카 6:14-15), 왕국들의 마지막 때, 곧 하나님의 진노가 마무리되어 가는 최후 시점에 등장하는 자로 서 얼굴이 강한('아즈') 오만한 자일 뿐 아니라[23] 마치 다니엘처럼 "이해"로 특징지어지는 지혜로운 자로 묘사됩니다. J. J. 콜린스에 의하면 이러한 특성은 고대 근동의 군주제(적어도 왕실의 선전)에서 전형적인 왕의 미덕이기도 했습니다(참고, 솔로몬과 에스겔에 묘사된 두 로의 왕[겔 28:3-7]).[24] 그의 강한 힘이 "그의 힘으로" 말미암은 것이 아 니라는 사실은(참고, 8:22bβ), 하늘의 하나님께서 허락하신 특별한 섭리가 예기치 않게 그에게 주권을 얻도록 하셨다는 의미로 보입 니다. 그러나 그는 마치 하나님 자신의 기적적인 행위를 패러디하 듯 놀라운('니플라오트', "놀라운 일들"; 출 3:20; 삿 6:13; 시 78:11, 32; 느 9:17) 파괴 행위를 할 것입니다. 또한 그는 자신이 하는 일에 형통하여 강한 자들(정치적 정적?; 참고, 7:8, 20, 24. 아니면 천상적인 존재들?)뿐 아니 라 거룩한 백성(참고, "거룩한 자", 8:13), 즉 하나님의 백성인 유다를 파괴할 것입니다. 그는 지상의 권력과 하늘의 권력 모두를 공격하

과 같다: 3-4-20 // 5-7-21 // 8-22 // 9a-23abα // 9b-10-23bβ-24 // 11-12-25abα // 13-14-25bβ, 27(?).

23. Lucas는 여기에 쓰인 "강한"('아즈')과 "숫염소"('에즈', 5, 8절) 사이의 언어 유희를 주목한다. Lucas, 『다니엘』, 305.

24. Collins, *Daniel*, 339.

고 그 둘에 주목할 만한 승리를 거둡니다.[25]

> 그의 책략으로 말미암아 그는 그의 손('야드')으로 속임수를 형통
> 하게 하고 그의 마음에서 커지리라. 평화의 때에 그는 많은 이들
> 을 멸하고 군주들의 군주('사르 사림': 최상급 표현; 개역개정: "만왕의 왕")
> 위에 설 것이나 그는 손('야드')에 의하지 않고 부서지리라('샤바르').
> (8:25)

그는 속임수, 교만, 잔인함 등의 성격으로 묘사되는 자입니다. **그
는 무방비 상태에 있는 많은 사람들을 기습적으로 멸할 뿐 아니라**
(참고, 1마카 1:29-30) **심지어 자신에게 주권을 주신 하늘의 주를 대적
합니다**(참고, 사 14:12-15). 그것은 앞의 환상에서 묘사된, 하늘의 군대
와 별들에 대한 공격, 매일의 제사를 없애고 성소를 던져버리는
것으로 나타났습니다(8:9-12). 범죄로 인해 하늘 군대가 넘겨졌다는
사실은, 그가 하늘과 땅을 잇는 중심점인 예루살렘 성전을 모독해
그 기능 자체를 정지시켰다는 사실과 그로 인해 그가 감히 신적으
로 통제된 우주적 질서를 유린하는 데 성공했다는 사실, 7장의 환
상처럼 지상의 것들과 상응하고 서로 영향을 주고받는 하늘의 것
들이 존재한다는 성경의 세계관을 통해 이해할 수 있습니다.

이 작은 뿔로 상징된 인물은 끊임없이 커지며(8:9-11 참고. 8:4, 8)
심지어 자기 마음 안에서도 커집니다. 그러나 아무리 커지고 감히

---

25. Newsom, *Daniel*, 271.

상상할 수 없는 일에서까지 형통하더라도(8:12, 24), 그 역시 (알렉산
드로스 대왕을 상징했던) 숫염소의 큰 뿔이 커졌을 때('가달', 8:8) 부서진
것과 마찬가지의 **아이러니한 신적 심판의 운명을 맡게 될 것입니
다**(8:25; 동일한 '샤바르' 동사의 수동태의 사용, 8:8, 22). 더구나 그의 최후
를 나타내는 이 마지막 문장은 히브리어로 단지 3개의 단어로 묘
사되어 **그의 힘과 성공과 대조되는 그의 허무한 끝을 강조합니다.**
"그가 사람의 손으로 말미암지 않고 부서지리라('베에페스 야드 잇샤
베르')"(8:25).[26]

비록 하나님께 드려지는 매일의 제사가 제거되고(11절, '룸' 동사
의 수동형[케레]), 그의 성소가 던져지는(11절, '샬라크'의 수동형) 전례 없
는 신성모독이 성공하는 듯 보이더라도(또한 12절, '나탄' 동사의 수동
형) 여기에 사용된 동사들이 **수동형**으로 사용됐다는 사실은 (7장에
서 처음 세 짐승의 행동에 대해 사용된 수동형 동사들처럼) 그것이 **실제로 하
나님에 의해 승인되고 통제됐다**는 사실을 암시합니다.[27] 이방의 왕
이 하나님의 영역까지 침범하고, 그분이 친히 제정하신 법령과 제
도마저 마구 훼손하는 끔찍한 상황에서 본문이 가르쳐주는 것은
비록 모든 상황이 그렇지 않아 보일지라도 **이 모든 역사의 흐름은
신비롭게도 하나님의 손에 달려 있다는 것입니다**(참고, 1:1-2). 그리
고 하나님은 그 모든 행동들이 언제까지고 지속되도록 허용하지
는 않으실 것입니다. 이제 해석이 마무리됩니다.

---

26. 참고, Newsom, *Daniel*, 272.

27. Newsom, *Daniel*, 264.

말해진 저녁과 아침에 대한 환상은 진리이며 너는 그 환상을 봉
인하라. (그것은) 많은 날들 (이후)에 대한 것이기 때문이다. (8:26; 참
고, 겔 12:27)

즉, 이제 앞서 **2장과 7장에서의 네 왕국의 환상의 의미가, 기존에 다니
엘이 생각했었을 가까운 시일**(즉 예레미야가 예언한 바벨론의 70년 지리적 포로
기간과 연결된)**에 대한 내용이 아니라는 암시**가 나타났습니다. 이 환상
은 다니엘의 생애 이후 **오랜 시일이 지난 후의 백성들에게 의미가
있는 내용**이 될 것입니다.[28] 다니엘은 그때를 위해 지금 주어진 환
상을 비밀로 간직해야 합니다. 그것은 반드시 일어날 일입니다.

　이 8장의 환상은 다니엘이 7장에서 환상과 해석을 받았을 때
보다 그에게 더 강렬한 영향을 미쳤습니다. 이 많은 날('야밈 라빔')
에 대한 환상은 다니엘 자신을 여러 날('야밈') 아프게 만들었으며,
그 이후 그는 일어나 왕('멜레크')의 일('믈라카')을 행하게 됩니다.[29]

---

28. 또한 주석가들은 이 구절이 주전 2세기의 청중을 위해서, 왜 그들이 예레미
　　야와 에스겔의 동시대인인 다니엘의 그 계시(환상)에 대해 이전에 듣지 못했
　　었는지 설명하는 기능을 한다고 주장한다.
29. 이 "왕의 일"은 5장에 기록된 벨사살 왕의 꿈의 해석을 뜻할 수 있다.
　　Hartman & Di Lella는 저자가 역사적 가치가 없는 벨사살 통치 "제3년"을
　　선택한 이유에 대해 저자가 벨사살에게 3년의 통치 기간을 주어 이 종말의
　　날짜를 그의 통치 마지막 해로 잡는 전통을 따랐을 것이라고 주장한다. 예컨
　　대 이 장의 환상은 벨사살 1년에 주어진 7장의 환상과는 달리 바벨론에 대해
　　아무것도 예측하지 않은 채 메대와 페르시아 왕국을 대표하는 숫양의 존재
　　로 시작한다. Hartman & Di Lella, *Daniel*, 232-233.

이 황폐케(8:13, '샤멤') 함의 환상("모습", '마르에')은 다니엘 자신도 황
폐케('샤멤'; 개역성경에는 "놀라다"로 번역) 만들었습니다. "황폐"를 의미
하는 단어인 이 '샤멤'은 8-12장의 중요 단어로 등장하며(8:13; 9:18,
26, 27; 11:31; 12:11) 이제 8장의 환상부터의 중요한 관심사인 예루살
렘 성전의 황폐함('샤멤')을 도입합니다.[30] 마치 다니엘 자신이 환상
속의 여러 날 황폐케 된 성전과 동일시된 것 같습니다. 물론 황폐
한 성전 역시 여러 날 후, 회복된 다니엘처럼 일어나게 될 것입니
다('쿰'; 참고, 사 44:26; 앞의 구조 분석에서 F와 F'의 대응 참고).

그러나 그는 (가브리엘이 그로 하여금 이해케 하기 위해 왔음에도 불구하
고. 8:17) 아직 그 환상의 의미를 이해하지 못했습니다(8:27). 어찌보
면 당연합니다. 이것은 그에게 있어 (아마도 그가 고대하고 있을) 현재
진행되는 바벨론 포로기의 종결이 자기 백성의 환난의 끝이 아니
라는 의미이며, (그가 가진 전제에 의해) **그가 아마도 바벨론의 네 왕으
로 생각했을 2장의 네 왕국의 환상과**(7장에서 그 의미에 대한 다소의 균
열이 벌어지기 시작했다 하더라도), **지금 그에게 주어진 미래의 환난에
대한 환상이 도대체 무슨 관계를 가지는지 이해할 수 없었을 것이
기 때문**입니다. 바벨론 포로기를 살았던 사람이 약 4세기 후의 그
리스 시대의 사건을 이해하는 것은 사실상 불가능합니다. 그러나
가브리엘의 요구대로(8:17) 지금 이해하지 못한 다니엘은 이해하고
자 노력할 것이며, 그에 따라 이후에 하늘로부터 추가적인 환상과
해석이 주어지게 될 것입니다(9:2, 22-23).

---

30. Goldingay, *Daniel*, 424.

이제 우리는 잠시 멈춰, 2장과 7장에서 보았던 네 **왕국이 다니엘
서의 1차 독자들에게 각각 어떤 왕국을 의미했을지를 비로소 식별**할 수
있습니다. 여기서 특기할 것은, **숫염소 및 그의 작은 뿔이 7장의
넷째 짐승 및 그의 작은 뿔과 상당히 유사한 모습**으로 묘사되고
있다는 사실입니다. 넷째 짐승이 적들을 발로 짓밟았듯이(7:7, 19,
23) 이 숫염소도 자신의 대적인 양과 하늘의 군대를 짓밟았을 뿐
아니라(8:7, 10) 넷째 짐승의 환상 묘사가 그것이 거룩한 자들과 싸
워 이기고(7:21, 25) 지극히 높으신 이를 대적했던(7:25) 작은 뿔의 행
위에서 절정에 이르렀던 것처럼, 8장의 환상도 숫염소로부터 나타
난 작은 뿔이 하늘 군대에 미칠 만큼 커져서 군대의 주재를 대적
하며 군대와 별들을 떨어뜨리고 짓밟는 데서 절정에 이릅니다(8:9-
12). 이 7장과 8장의 작은 뿔은 모두 거대한 제국의 "두 번째 단계"
에 등장합니다. 7장에서의 작은 뿔이 (하나님의) 법을 바꾸려 했던
것처럼(7:25) 이 숫염소로부터 나타난 작은 뿔도 진리를 땅에 던지
고, 제사와 성소를 유린했습니다. 거룩한 자들과(7:25) 하늘의 군대
들이(8:10, 13) 이 작은 뿔에게 일정 기간 넘겨진다는 것도, 이 둘이
본질적으로 같은 존재를 묘사하는 것 같습니다. 그리고 둘 모두
하나님의 심판으로 멸망합니다.

이러한 유사성을 바탕으로 7, 8장 각각의 환상의 최종 대적인
작은 뿔이 동일 인물이라고 본다면, 우리는 역으로 7장의 넷째 짐
승(그리고 2장의 네 번째 금속)을 그리스로 식별할 수 있습니다. 또한
이 그리스 디아도코이의 왕국에서 일어날 **작은 뿔**로 상징되는 하

나님의 대적이 "사람의 손으로 말미암지 않고 부서질 것"이라는
예언은(8:25) 2장의 환상에서 네 번째 왕국이 "사람의 손으로 쪼아
내지(잘라내지) 않은 돌"에 의해 파괴되는 것(2:34, 45)과 상응합니
다.[31] 그렇다면 우리는 더 나아가 1차 독자들이 7장의, 그 형상이 베
일에 쌓여있던 **넷째 짐승**을 코끼리로 식별했었을 것이라고 유추
할 수 있습니다. 실제로 그리스 디아도코이 왕국들은 코끼리를 일
종의 전차처럼 운용했고, 그것은 아직 다니엘의 시대에는 잘 알려
지지 않았습니다.[32] 특히 뿔은(7:7) 전임자인 알렉산드로스 대왕과
마찬가지로 그 왕국들의 하나인 셀레우코스 왕조의 상징인데,[33]
당시의 그림과 예술품에 대한 연구(도상학)는 당시 셀레우코스 왕
조의 주화에 새겨진 뿔 달린 코끼리의 그림을 제공합니다. 즉, 그
넷째 짐승의 특징이었던 쇠로 된 큰 이는(7:7) 코끼리의 거대한 상
아로 유추되었을 것입니다.

---

31. 참고, Hartman & Di Lella, *Daniel*, 236; Seow, *Daniel*, 131-132.
32. Urs Staub는 겔 27:15에서 "상아"로 번역된 '카르노트 셴'의 의미를 추가 증
    거로 제시했다. 즉, 코끼리의 두 개의 거대한 엄니는 커다란 철 이빨처럼 보
    일 수 있다. 7장에서 이 동물의 정체를 베일 속에 숨기는 것은 이 마지막 동
    물의 신비로움을 극대화시킨다. "과거 세계 열강이 자신들이 정복한 나라들
    을 포식자처럼 찢어버렸다면, 전쟁터에서 마치 살아 있는 성벽처럼 모든 것
    을 짓밟는 코끼리 떼는 거대한 헬레니즘 국가 체제에 대한 좋은 암호였다."
    U. Staub, "Das Tier mit den Hörnern," in: *Hellenismus und Judentum*,
    (Freiburg, Schweiz: Universitätsverlag; Göttingen, Deutschland: Vanden-
    hoeck und Ruprecht, 2000), 78, 82-83.
33. 셀레우코스 1세와 안티오코스 1세 모두 동전에 뿔이 그려져 있다. Staub,
    "Das Tier mit den Hörnern"의 그림들(56-57, 60-61, 65, 81)을 참고하라.

<그리스 셀레우코스 왕조의 주화: 전투 코끼리와 안티오코스 4세 에피파네스>

이제 결과적으로 **첫째 왕국**을 **느부갓네살의 바벨론,** **넷째 왕국**을 **그**
리스(특히 작은 뿔로 상징되는 디아도코이의 한 왕)**로 고정**한 상태에서, 나
머지 **둘째 왕국과 셋째 왕국**은 우리가 이야기와 본 장의 해석에서
본 대로 **각각 메대와 페르시아**로 식별이 가능합니다. 즉, 2장과 7
장에 나타났던 각각의 왕국들은 **바벨론-메대-페르시아-그리스//그**
리고 도래할 하나님의 왕국으로 해석의 수정을 겪습니다.

　　그러나 **이제 다니엘이 고대하고 있었을,** (그리고 예레미야가 예언한
70년의) **바벨론 포로기의 종결 예언과 이 환상 사이의 관계가 알려**
져야 합니다. 한편, 그가 이 환상을 본 연대(벨사살 왕의 통치 제3년) 및
그가 일어나 이 왕의 일을 행했다는 마지막 절의 언급(8:27) 역시
이 환상과 관련해 중요한 암시를 남깁니다. 우리는 이야기 부분에
서 다니엘이 사람의 손의 손가락들이 왕궁 벽에 기록한 글을 해석
하기 위해 벨사살 왕으로부터 부름을 받았던 것을 기억합니다. 그
해석에 따라 성전 기물을 함부로 사용함으로 하나님께 도전했던
그 교만한 왕이 신적 심판을 맞았다는 사실은(5장), **비상한 신성모**
독을 자행하는 이 수수께끼의 왕 또한 동일한 최후를 맞게 될 것

이라는 확신과 위로를 독자들에게 전합니다.[34] "그가 사람의 손으로 말미암지 않고 부서지리라"(8:25). 그리고 그 왕의 이름은 다음과 같습니다. **"안티오코스 4세 에피파네스!"**[35]

추가 메모 1

위에서는 주로 현저한 유사성에 주목했지만, 7장과 8장에 나타난, 마지막 작은 뿔의 주인들 사이에 존재하는 미묘한 불일치도 무시할 수는 없습니다. 7장에서 나타난 마지막 네 번째 짐승은 앞의 모든 짐승들과 달랐던 데 반해, 8장의 짐승인 숫염소는 숫양과 유사하며 동일하게 뿔로 대표됩니다. 또한 천상적 존재들의 넘겨짐의 기간이 7장의 경우 "한 때 두 때 반 때"인데, 8장의 경우 2300이라는 숫자로 묘사됐습니다. 그리고 8장의 관심이 주로 "예루살렘 성전"에 집중되어 있는 데에 비해(참고, 1마카 1:45, 54, 59; 4:60) 7장은 이에 대한 어떤 암시도 없습니다. 가장 중요한 것은 숫양의 두 뿔이 메대와 페르시아를 두 왕국이 아닌 한 연합 왕국으로 묘사하는 것 같다는 것입니다.[36] 즉, 8장은 7장의 네 왕국을 해석하지만, 모든

---

34. 참고, 배정훈, 『그의 나라는 영원한 나라이라』, 209; Goldingay, *Daniel*, 416-417.
35. 실제로 그의 일부 주화에서는 8:10이 암시하듯, 그의 머리가 거의 별에 닿거나 왕관 끝에 별이 있는 것으로 묘사됐다. 또한 하늘의 별들에 닿을 수 있음을 주장한 이 왕의 교만한 주장을 소개하는 2마카 9:10을 보라. Newsom, *Daniel*, 264.
36. 또한 Goldingay에 의하면 7장은 신화로 깊고 암시적이며 상상력이 풍부한

것이 깔끔하게 맞아 떨어지는 방식으로 그러하지는 않습니다. 이러한 사실은 1세기의 유대인들(신약의 저자들을 포함하여)이 7장의 네 왕국을 재해석하는 데에 모종의 자극을 준 것 같습니다.

이번 장의 환상에서 숫양, 숫염소뿐 아니라 "사람의 모습 같은 것", 즉 천사 해석자 가브리엘의 등장 역시 "보라"라는 감탄사로 도입됩니다(8:3, 5, 15). 여기서 이 두 짐승과 "사람의 모습"의 대비는 또한 앞선 7장에서 살펴보았던 네 짐승으로 표현된 네 왕국과, 도래할 하나님의 왕국의 표현인 "사람의 아들과 같은 이"를 연상케 합니다.

실제로 다니엘서의 이전의 내용에서도 **짐승과 인간**은 지속적으로 **대비**되어 왔습니다. 이미 다니엘과 세 친구를 시기하여 죽이려 한 이들의 고소가 "조각을 먹다"라는 단어로(3:8; 6:24; 개역개정은 "참소하다"로 번역) 그들을 포악한 맹수처럼 묘사했고, 가장 대표적으로 느부갓네살은 하나님께 반항함으로 인하여 짐승의 마음을 받아 그 스스로가 짐승과 같은 수준으로 떨어져 버렸습니다(4:15-16, 23-25, 32-33). 그에게 인간다움이 회복된 것은 그가 비로소 하늘을 바라보며 하나님의 주권을 인정했을 때였습니다(참고, 7:4).

즉, 다니엘서는 하나님의 뜻에 합치한 지상의 왕국을 "인간"다

반면, 8장은 알레고리로서 뚜렷하고 설명적이며 구체적이다. Goldingay, *Daniel*, 410.

움의 속성으로 묘사하고 있으며, 7장의 "사람의 아들과 같은 이"
와 8장의 "사람의 모습과 같은" "가브리엘"(하나님의 사람)의 예에서
보듯이, 이것은 창세기 1장의 참된 인간성의 반영으로 하늘의 왕
국의 속성이기도 합니다.

　한편 다니엘서는 이름을 가진 천사들(가브리엘, 미카엘)이 등장하
는 유일한 히브리성경의 책인데(참고, "미카엘", 10:13-21; 12:1) 이들의
이름이 다니엘의 이름과 유사한 형식을 가졌다는 것, 이 천상의
존재들이 다니엘과 유사하게 "사람"('아담')과 같은 특징으로 언급
된다는 것(8:16, 17; 10:16, 18) 역시 의미심장합니다. C. L. 서우는 이
가브리엘의 이름을 "나의 사람은 하나님이다"라고 풀이하며, 이
이름과 땅에 있는 다니엘의 호칭인 "사람의 아들"이 악의 세력이
가하는 끔찍한 위협에 대한 하나님의 대답을 암시한다고 주장합
니다. 즉, 하나님의 해결책은 (7:13에서 보듯이) 하나님의 임재가 인간
형태로 중재됨을 통하여 나타날 것입니다.[37]

■ 8장에서 반드시 기억할 요소

1. 이제 8장에 이르러 2장과 7장의 환상 속에 나타난 네 왕국의 정체가 무
엇인지 밝혀집니다. 그것은 바벨론-메대-페르시아-그리스(그리고 디아도코이의
왕조들에서 나올 한 왕)입니다. 그렇다면 1세기 당시 많은 유대인들이 네 번째
왕국을 로마로 이해한 것과 이 해석은 어떻게 조화될 수 있을까요?

37.　Seow, *Daniel*, 127.

2. 오랜 날들 후에 일어날 일과 관련된 것으로 주어진 이 환상에 대해, 풀려야 할 한 가지 중요한 사안이 있습니다. **암시된 독자들이 처음에 네 왕국 환상을 해석했을 방식인** (예레미야 예언의) **포로 70년의 종결과 관련해 이 환상이 그것과 대체 어떤 관계에 있느냐는** 것입니다. 이것에 대한 대답은 앞으로 진행될 **9장**에서 주어지게 될 것입니다.

3. 다니엘은 아직 이 환상의 의미를 명확히 알지 못한 채 벨사살 앞에 나타난 수수께끼의 글자의 해석을 위해 왕 앞으로 나아갔습니다(5장). 그 에피소드에서 **성전 기물을 함부로 사용함으로 하나님께 도전했던 교만한 왕이 신적 심판을 맞았다는** 사실은, 환상에서 주목된 바 된 **이 수수께끼의 왕 또한 동일한 최후를 맞게 될 것이라는 확신을 독자들에게 전합니다.**

다니엘서 9장:
네 백성과 네 거룩한 성을 위하여
일흔 이레를 기한으로 정하였나니

9장의 구조는 다음과 같습니다. 가브리엘이 다니엘에게 보내심을
받는 것을 중심 축을 삼아 A와 A′가 대응을 이루고 B와 B′가 대응
을 이룹니다. 특히 주목할 만한 것은 B와 B′ 사이에 주목할 만한
어휘들의 공명이 두드러지게 나타난다는 사실입니다(아래 각주 10번
참고).

> A. 예루살렘의 회복까지, 예레미야를 통해 주신 "70년"의 말씀(1-2절)
>
> B. 예루살렘의 회복을 위한 다니엘의 반응: 간구와 기도(3-19절)
>
> ('나타크', '셰부아', 11절; '사칼', 13절; '슈브', 13절; '아본', 13, 16절; '샤
> 멤', 17-18절)
>
> X. 가브리엘이 깨달음('사칼')을 주기 위해 보내심을 받음
> (20-23절)

A′. 예루살렘의 회복까지, 가브리엘을 통해 주신 "70이레"의 말
씀(24a절)

B′. 하나님으로부터 온, 70이레 동안 예루살렘에 일어날 일들
에 대한 설명(24b-27절)

('나타크', '샤부아', 27절; '사칼', 25절; '슈브', 25절; '아본', 24절; '샤멤',
26-27절)

예레미야의 책을 통하여 …

메대의 씨(자손) 중 아하수에로의 아들 다리오가 갈대아 왕국 위
에 왕이 된 1년, 그가 왕으로 다스리는 1년에 나 다니엘이 책들
('스파림') 안에서 그 연수('미스파르 핫샤님')를 이해했다. **곧 그 선지**
자 예레미야에게 하신 야훼의 말씀, 예루살렘의 황무함이 채워
지기 위한 70년. (9:1-2)[1]

---

1.   실제로 역사적인 유다의 포로 시작부터(주전 587년) 해방이 일어난 고레스
1년(주전 539년)까지는 70년에 한참 못 미치는 약 50년의 시간이다. 고대
근동 자료들과의 비교는 이 "70년"이 신의 분노의 기간을 상징하는 관용적
인 어구임을 밝혀내었는데, 예를 들어 앗시리아 왕 에살핫돈의 블랙 오벨리
스크(고대 이집트에서 태양 숭배의 상징으로 세웠던 기념비)에는 마르둑이
바벨론을 기뻐하지 아니하여 70년의 분노의 시간을 책에 기록했다고 한다.
또한 사 23:15 참고. 70년은 또한 시 90:10에 의하면 한 인간의 수명에 해당
한다. 참고, Collins, *Daniel*, 349. 그러나 다니엘의 경우 포로기의 시작점을
여호야김 4년째인 주전 605년으로 삼음으로써 해방의 시기까지의 시간을
실제로 70년에 맞추려 하는 움직임을 보여준다.

이번 환상의 연대기는 이야기의 순서에서와 같이(1-6장) 벨사살 이
후의 **다리오 1년**으로 고정됩니다. 다리오는 메대의 자손이지만 갈
대아(바벨론) 왕이 되었다고 언급되며, 왕이 된다는 의미를 가진 '말
라크' 동사가 수동형으로 쓰여(9:1) 그가 하나님에 의해 세워졌음
이 암시됩니다.[2] 우리는 6장에서 다니엘의 이야기가, 모든 나라가
느부갓네살과, 그의 아들, 그의 손자를 그 땅의 기한이 이르기까
지 섬기리라 한 예레미야의 예언(렘 27:7)을 의도적으로 벗어나 자
신만의 이야기를 전개하기 시작하는 것을 보았습니다. 즉, "**갈대**
아 왕이 된 메대의 자손"이라는 다리오 왕에 대한 미묘한 언급은
왜 다니엘이 하필 이때, 책들(성경)을 통해 예레미야의 70년 포로
기의 예언의 말씀을 찾았는지 그 이유를 제시합니다(참고, 슥 1:12).

사실 여기 소개되는 다리오라는 인물의 소개는 상당히 이상합
니다. 앞서 6장에서 설명했듯이 이러한 이름을 가진 메대 왕은 역
사 속에 알려지지 않았습니다. 아하수에로와 다리오라는 이름은
성경에도 잘 알려진 페르시아 왕들의 이름이기는 하지만(아하수에
로—스 4:6; 에스더서; 다리오—스 4:5; 느 12:22; 학 1:1, 15; 2:10; 슥 1:1, 7) 다니
엘서에 소개되는 인물은 고레스 이후의 페르시아 왕이 아닌, 그
이전의 메대 사람이며 페르시아 왕조에서는 다리오가 아하수에로
의 아들이 아니라, 반대로 아하수에로가 다리오의 아들입니다(메

---

2.   Seow, *Daniel*, 138.

대의 마지막 왕의 이름은 아스티아게스로 알려져 있습니다).[3] 이러한 다소 기
묘한 정보는 어쩌면 다니엘서의 저자가 어떤 목적을 위해 의도적
으로 이런 이름을 설정했음을 암시하는 것 같습니다.[4]

역대기에 의하면 예레미야의 예언은 예루살렘 성전을 재건하
기 위한 바벨론으로부터의 포로 귀환 때에 성취되었습니다(대하
36:20-23; 스 1:1-4; 참고, 사 44:28). 그때는 다니엘 1:21에 표기된 바와
같이 고레스 왕 제1년이며, 바벨론은 페르시아의 고레스에 의해
점령당했습니다(참고, 스 1:1-4; 사 45:1-7). 그러나 다니엘서에서 정복
자는 고레스가 아니라 이전에 알려진 적이 없었던 다리오라는 이
름을 가진 메대 족속 출신 왕입니다(단 5:31). 이 왕의 존재로 인해
다니엘서에서는 해결되어야 할 긴장과 수수께끼가 발생합니다.
현재 바벨론은 이전의 선지자들의 예언과 같이 메대인에 의해 멸
망했지만(사 13:17 이하; 렘 51:11, 28), **동시에 정복자가 갈대아**(바벨론)
왕국의 왕이 되었기 때문에, 멸망한 것 같지 않은 상태이기도 합
니다.[5] 아직 다니엘 자신은 알지 못하지만, (역대기를 통해) 독자들은

---

3.   Collins, *Daniel*, 348; 스 4:5-7과 칠십인역 단 14:1 역시 참고하라.

4.   D. Bauer는 이 연대기 소개에서 두 개의 페르시아 이름을 명명함으로 네 왕
     국 도식에서 처음 세 개의 왕국을 연결한다는 데에 주목한다. 즉 여기에는
     바벨(= 갈대아), 메대와 두 개의 페르시아 이름이 명명된다. 아마도 이것은
     구성의 의도일 수 있는데 단 1-7장에서 중요한 역할을 하는 네 왕국의 도표
     를 그와는 완전히 다른 9장의 역사의 도표와 연결하는 것이다. Bauer, *Das*
     Buch Daniel, 181-182. 또한 Lebram은 단 9장이 세계의 미래에 대한 넓은 관
     점을 당시 이스라엘의 역사로 간주되었던 것과 연결하는 임무를 가지고 있
     다고 언급한다. Lebram, *Das Buch Daniel*, 102을 참고하라.

5.   박정수에 의하면 페르시아의 고레스의 관용적 태도와 종교적 포용 정책은

그다음 왕인 고레스에 이르러야 예레미야 예언의 성취가 이루어지는 포로 귀환이 일어남을 알고 있습니다. 즉, **예레미야의 포로기 70년의 예언의 성취가 바벨론 왕들의 통치의 종결 및 이스라엘 포로의 해방과 결부되어 있는 만큼,** 다니엘은 예언과 현재의 시기가 각각 어디에 해당하는지를 알기를 원했던 것으로 보입니다.[6] **성취의 시간은 조만간 도래할 것이나 여전히 포로 해방의 약속된 시간이 오려면 좀 더 시간이 흘러야 합니다.** 자신의 민족을 마음에 두고, 그와 관련된 환상들을 받은 다니엘로서는 지금이 하나님의 약속을 재확인하는 데에 알맞은 시기입니다.

주목해 볼 만한 사실은 이제까지 다니엘의 다른 장들에서는 **미래에 대한 계시가 꿈과 환상을 통해 나타났는 데 비해, 이번 장에서는 이스라엘의 권위 있는 "글", 곧 "성경"의 해석을 통해 나타난다**는 점입니다.[7] 그것은 "책들"로 표현되며, 이를 통해 기록된 예언의 성취의 시점이 알려집니다. 먼저 다니엘이 말하는, **예루살렘의 황무함이 채워지기 위한** 70년이라는 예레미야 예언은 예레

이후 거대한 제국을 통치하는 효과적인 통치 기술로 자리 잡았다. 그래서 후대의 왕들도 자신을 페르시아의 왕이 아닌, 피정복지의 왕으로서 그 칭호를 유지했다. 예를 들면, "고레스 왕께서 바벨론의 왕이 된 첫 해"(스 5:13)나 "바벨론 왕 아닥사스다"(느 13:6)처럼 페르시아의 대왕들은 여전히 바벨론 왕이라고도 불렸다. 박정수, 『고대 유대교의 터·무늬』 (서울: 새물결플러스, 2018), 61-62. 이것은 단 9장의 메대 왕 다리오의 초상이 실제로는 (다니엘서 이야기에서는 후대의 왕들로 등장하는) 페르시아 왕들의 모델을 따라 그려져 있음을 암시한다.

6.   참고, 배정훈, 『다니엘』, 189.
7.   참고, Seow, *Daniel*, 135-136; Newsom, *Daniel*, 286-287.

미야 25:11을 포함해(참고, 렘 27:7) 29:10 이하(그리고 회복의 예언을 담고 있는 렘 30-33장 참고)를 말하는 것으로 볼 수 있습니다.

> 야훼께서 이와 같이 말씀하시니라 **바벨론에서 칠십 년이 차면 내가 너희를 돌보고 나의 선한 말을 너희에게 성취하여 너희를 이곳으로 돌아오게 하리라⋯ 너희가 내게 부르짖으며 내게 와서 기도하면 내가 너희들의 기도를 들을 것이요 너희가 온 마음으로 나를 구하면 나를 찾을 것이요 나를 만나리라 ⋯ 나는 너희들을 만날 것이며 너희를 포로된 중에서 다시 돌아오게 하되 내가 쫓아 보내었던 나라들과 모든 곳에서 모아 사로잡혀 떠났던 그곳으로 돌아오게 하리라** 이것은 야훼의 말씀이니라. (렘 29:10-14 개역개정; 참고, 신 4:29-31)[8]

하나님의 말씀은 하늘의 왕의 엄숙한 칙령입니다. 그 말씀은 헛되이 지나가지 않고 그가 명하신 바를 반드시 이룹니다(사 55:11). 더구나 그 말씀은 약속과 함께 이 약속을 가진 자들의 기도를 격려했습니다. 이제 다니엘은 그 말씀대로, 금식과 회개의 기도 가운데(금식과 베옷을 입는 것, 재를 덮어쓰는 것은 애도와 참회의 표현입니다)[9] 그 얼굴을 주 하나님께 향하고 그를 찾음으로 응답을 시작합니다(9:3;

---

8. 참고, Seow, *Daniel*, 137; Newsom, *Daniel*, 293.
9. Hartman & Di Lella, *Daniel*, 248.

왕상 8:46-51).[10]

다니엘은 야훼께 기도하고 자백하며, 먼저 그를 "주님, 크고 두려운 하나님, 그를 사랑하는 자들과 그의 계명들을 지키는('샤마르') 자들에게 언약을 지키시며('샤마르') 인자하신 분"으로 부릅니다 (9:4). 출애굽기 34:6-7을 연상케 하는 하나님의 묘사입니다. 그는 크고 두려운 분이시지만, 자신을 사랑하는 이들에게 은총을 베푸시며, 그의 계명을 지키는('샤마르') 자들을 위해 자신의 언약을 지키십니다('샤마르').

야훼 하나님은 그 옛날 모세를 통해 이스라엘과 언약을 맺어 그들의 하나님이 되셨고, 그의 백성이 된 그들에게 언약법인 율법

---

10. 다니엘의 기도와 유사한 기도로는 스 9:6-15; 느 1장; 9:5-38 등을 보라. 참고로 주석가들은 문체의 차이를 근거로 기도문과 9장의 나머지 부분이 다른 손에서 유래한 것으로 본다. 예를 들어, 기도문은 우아한 히브리어 문체로 구성된 반면, 나머지 부분은 더욱 어색하게 구성되어 있다. Seow는 단 9장의 저자가 기존에 존재하였던 전례적 기도를 사용해 이 장을 구성했을 가능성을 본다. 실제로 기도의 기원이 무엇이든 간에 기도와 나머지 부분 사이에는 몇 가지 주목할 만한 연결이 존재한다. 예를 들어, (1) 예루살렘은 책의 다른 곳에서는 언급되지 않지만 기도(7, 12, 16절)와 서론(2절)에 모두 나타난다. (2) "간구"라는 단어 역시 이 장에서만 기도(17-18절)와 내러티브 틀(3, 20, 23절) 모두에서 나타나며 (3) 17-18절의 황폐에 대한 언급은 26-27절에서 반복된다. (4) 13절과 16절의 죄악을 인정하는 것 역시 24절의 죄악을 제거하겠다는 약속과 일치하고, (5) 11절에서는 이스라엘에게 "쏟아진"('티타크') "맹세된"('셰부아') 저주가, 27절에서는 마지막 "주간"('샤부아')에 진노가 황폐하게 하는 자에게 "쏟아질"('티타크') 것을 예고한다. (6) 13절의 '사칼'("통찰력을 지니다", "지혜롭게 이해하다")과 '슈브'("돌이키다") 어근은 25절에서 다시 함께 등장한다. Seow, *Daniel*, 136; Lucas, 『다니엘』, 326.

을 주셨습니다."[11] (다니엘서에서 하나님의 이름이 "야훼"로 불리는 장은 바로 이 9장이 유일한데, 다니엘이 기도에서 그 이름을 사용하는 것은 "야훼"와 홀로 그 이름을 알았던 이스라엘의 특별한 관계에 호소하는 것이라고 볼 수 있습니다.)[12] 그리고 그분은 모세를 통해 이스라엘이 끊임없이 반역하고 다른 신을 섬기며, 야훼 하나님과 맺은 언약을 깨뜨릴 때에 그들에게 임하게 될 저주를 여러 차례 경고하셨습니다(레 26:14-39; 신 4:25-28; 28:15-68; 29:14-28). 그러나 이미 나타난 바 되었듯, 이스라엘은 그들의 역사 속에서 끊임없이 범법과 죄악과 반역을 행하여 야훼 하나님의 계명과 법령으로부터 등을 돌렸고(9:5) 이를 경고하기 위해 그분이 여러 차례 보내신 야훼의 종들, 그분의 이름으로 말했던 선지자들의 말을 듣지 않았을 뿐 아니라(9:6; 참고, 렘 7:25-26; 25:4; 29:19; 44:4-5; 스 9:11) 그들의 손으로 주신 그의 가르침들(토라)도 무시했습니다(9:10, 13; 참고, 왕하 17:13-14). 그들은 다니엘과는 달리 죄악으로부터 돌이키고('슈브') 야훼의 진리를 깨닫지('사칼'; 참고, 9:22, 25)[13] 않았으며 그분의 은혜를 구하지 않았습니다(9:13, 히브리어 표현은 "얼굴을 약하게 하지 않았다"[14]). 왕들, 군주들(장관들), 아버지들(조상들),

---

11. 이 기도에 나오는 신명기적 언약 전통의 반영에 대해서는 Goldingay, *Daniel*, 453-454을 보라.
12. 참고, Lucas, 『다니엘』, 329.
13. Newsom은 이 깨달음에 관련된 '사칼' 동사의 언급이 이례적임을 지적한다. 이 어근은 다니엘서의 중요한 모티프다(1:4, 17; 9:13, 22, 25; 11:33, 35; 12:3, 10). Newsom, *Daniel*, 296.
14. 동일한 표현이 그 백성 이스라엘을 위한 모세의 중보 기도에 쓰인 것을 주목하라(출 32:11).

그리고 그 땅의 온 백성들 모두(9:6, 8; 참고, 렘 44:21)가 지속적으로 그들의 귀를 닫고 선포된 말씀들, 그의 목소리(9:10-11, 14)에 응답하지 않았습니다!

그 결과는 예루살렘의 황폐함과(9:12) 다니엘과 그 동시대인들이 겪고 있는 포로의 현실입니다. 다니엘은 그들이 현재 겪는 수치가 마땅하며, 하나님이 간직하여 두셨다가('샤카드'; 참고, 렘 1:12)[15] 그들에게 쏟으신 심판이 의로우셨음을 시인합니다(9:7, 14-15). **그분은 모세의 토라에 기록된 맹세대로 행하셨습니다**(9:11, 13). 의로움은 주님께로, 그들에게는 수치가 그들의 얼굴로 돌아갔습니다(9:7). 언약이 파기된 것은 전적으로 그들의 책임입니다. 그들의 불신실함의 결과, "유다 사람과 예루살렘의 거주자들과 모든 이스라엘 가까운 곳에 있는 자들이나 먼 곳에 있는 자들"이 온 땅, 그들이 쫓겨난 그곳에서 수치를 겪고 있습니다(9:7-8).[16] 하나님의 보응은 그들의 행위에 상응합니다. 다니엘은 이 모든 하나님의 심판이 참되다는 것을 시인하며 자기 백성의 죄를 자복합니다.

그러나 **그 포로의 현실을 넘어 야훼 하나님은 소망의 약속을 제시하셨습니다**(레 26:40-45; 신 4:29-31; 29:1-30:10). 그들의 죄는 그들이 하나님께 요구할 권리를 박탈했지만, 참으로 주 하나님께서는 긍휼

---

15. 참고, Lucas, 『다니엘』, 333.
16. 9:7은 "주"께로 돌아간 "의"에 비해 "수치"를 당한 "우리"의 현실을 장황하게 설명한다. 7절 하반절의 '히다흐탐 삼 베마알람'의 운율 또한 주목하라. 이를 통해 이 구절은 유다, 예루살렘 그리고 이스라엘 사람들의 수치스러운 유배의 현실과 하나님을 향한 그들의 불신실함을 효과적으로 연결한다.

과 용서하심이 있습니다(9:9). **그들이 언약을 파기하여 그들의 하나님을 버린다 하여도 야훼께서는 자신의 백성을 버리지 않을 것입니다. 다니엘은 바로 그 자비의 약속을 붙잡습니다**(9:9, 18).

> 그런즉 그들이 그들의 원수들의 땅에 있을 때에 내가 그들을 내
> 버리지 아니하며 미워하지 아니하며 아주 멸하지 아니하고 **그들**
> **과 맺은 내 언약을 폐하지 아니하리니 나는 야훼, 그들의 하나님**
> **이 됨이니라 내가 그들의 하나님이 되기 위하여 민족들이 보는**
> **앞에서 이집트 땅으로부터 그들을 인도하여 낸 그들의 조상과의**
> **언약을 그들을 위하여 기억하리라** 나는 야훼이니라. (레 26:44-45
> 개역개정; 참고, 레 26:40-42)

야훼께서 심판의 약속에 대해서 자신의 말씀을 지키셨듯이, **그분**
은 또한 자신이 친히 약속하신 심판 이후의 자비의 약속을 지키실 것입
니다. 더구나 그분은 자비롭고 은혜롭고 노하기를 더디하고 인자
와 진실이 많은 하나님(출 34:6-7)으로 자신을 나타내시기를 기뻐하
시지 않았습니까?

이제 다니엘은 야훼께서 스스로를 위해 만드신 이름(명성)의 기
초, 그의 의로움과(출 9:27) 그의 강한 손이 나타났던 사건인 출애굽
을 그분께 상기시켜 드리며(다니엘의 기도에서 간구가 이 15절 서두에 이르
러 '베아타'[그리고 이제]로 도입되는 것을 주목하십시오), 약속대로 기도와
간구를 들으사, 하나님 자신의 의로움을 따라 그 분노와 격분을

하나님 자신의 도성 예루살렘, 당신의 거룩한 산으로부터 돌이키게 해 줄 것('슈브'; 참고, 9:13, 본래 백성이 죄악에서 "돌이키는 것"과 하나님의 분노가 "돌이키는 것"은 밀접한 관련이 있습니다)을, 주의 얼굴빛을 주의 황폐한('샤멤') 성소에 비추어 주실 것을 간구합니다(9:16-17; 참고, 민 6:25; 레 26:31-33). 바로 이 거룩한 산과 성소가 야훼께서 이스라엘을 출애굽시켜 인도하여 들이신 목적지이기 때문입니다(출 15:13, 17). 주님 자신과 그 이름을 위하여(9:17, 19; 참고, 사 48:11; 렘 14:7)!

　즉, 다니엘은 과거에 모세가 그러했듯이(출 32:11-13; 민 14:13-19) 그분의 약속을 상기시켜 드리며, 야훼께서 출애굽을 통하여 얻으신 이름을 헛된 것으로 돌리지 마시라고 호소하고 있습니다. 참으로 고대에 명예가 지닌 가치는 중대한 것이었으며 지금 다니엘은 **하나님 자신의 이름을 위하여** 그분 자신의 말씀대로 예루살렘과 그 백성을 회복케 해달라고 간구합니다.[17] 그들의 죄의 결과로 말미암아 예루살렘과 주의 백성은 그들을 둘러싼 모든 자들에게 수치거리가 되고 있습니다. 그들이 주의 이름으로 일컬어지기에 (9:18-19) 이것은 곧 그들의 하나님이신 야훼의 이름에 대한 모욕으로 이어질 것입니다(사 52:5). 다니엘은 하나님의 많은 자비와 그분 자신의 이름에의 관심에 의지하여 하나님께 "귀를 기울여 들으시며, 눈을 떠서 (그들의 황폐함['쇼멤']과 그분의 이름으로 일컬어지는 성을) 보

---

17. 9장에 반복되는 "당신의 백성"(15-16, 19절), "당신의 성 예루살렘", "당신의 거룩한 산", "당신의 종(선지자들)", "당신의 황폐한 성소", "당신의 도성" 등을 주목하라. Newsom, *Daniel*, 296.

시며, 용서하시고 지체 없이 행하실 것"을 간청합니다(9:18-19). 곧 **새 출애굽을 위한 기도입니다!**

우리는 이제 다니엘이 **이 다리오 왕의 통치 때에, 사자 굴에 던져지면서까지 예루살렘을 향해 멈추지 않았던 감사와 기도의 내용**을 알 수 있습니다(6:10).[18] 그에게 자신의 생명보다 소중했던 것은 하나님의 이름이 거룩히 여김을 받는 것이며, 그의 말씀이 성취됨으로 하나님의 도성과 그의 백성이 회복되는 것이었습니다. 그렇게 다니엘이 기도하며('테필라') 자신과 자기 민족 이스라엘의 죄를 고백하고 하나님의 거룩한 산을 위한 은혜를 간구할 때, 이전 환상 가운데 나타났던(8:16) 그 사람, 가브리엘이 저녁 예물 드리는 때에(참고, 6:10) 그에게 신속히 날아 나아옵니다(9:20-21).[19]

그는 다니엘에게 이제('아타') 자신이 그에게 이해('비나')를 주어 현명케 하기 위해('사칼') 나아왔음('야짜')을 알립니다(9:22). "이제"('아타')라는 말에서 볼 수 있듯, 이 천상의 계시자의 등장은 이 장 이야기의 전개에 중대한 전환점을 표시합니다(참고, 9:17). 가브리엘은 다니엘이 간구를 시작했을 때('테힐라')에 말씀('다바르')이 나왔고('야짜') 자신이 그것을 알리기 위한 보내심을 입은 사자로 왔다고 말합니다(참고, 사 65:24). 다니엘이 큰 은총을 입은 자이기 때문에! 그리고 그는 다니엘에게 그 말씀('다바르')을 이해하고(개역성

---

18. 참고, Seow, *Daniel*, 140.
19. 이 저녁 제물 드리는 때에 대한 언급은 황폐하게 하는 것의 가증한 것과 중단된 희생 제사의 문제가 저자에게 얼마나 중요한 역할을 하는지 다시 한번 보여준다. Bauer, *Das Buch Daniel*, 187-188.

경은 "이 일을 생각하고"로 번역) 그 환상('마르에', "모습")을 깨달을 것을 격려합니다(9:22-23). 가브리엘이 자신이 온 목적을 설명하는 이 22, 23절에는 "이해하다"를 의미하는 '빈' 동사가 세 번, 관련 명사인 "이해"를 의미하는 '비나'가 한 번 쓰여 **이제부터 전해지는 계시의 이해가 대단히 중대한 사안이 될 것**임을 강조합니다. 주목할 것은 다른 에피소드의 환상들과는 달리 이 9장은 이어지는 계시의 말씀이 제시된 후 다니엘의 반응이 나타나지 않는다는 사실인데, 이것은 독자로 하여금 다니엘의 자리("큰 은총을 입은 자"로서)에서 가브리엘의 음성을 직접 듣게 하는 효과를 가집니다.[20] 즉, **이제부터 전해질 계시는 독자들이 직접 그 의미를 숙고하고 이해해야 하는 중대한 말씀**입니다. 또한 그들은 8장에서 암시된 안티오코스 4세 에피파네스 치하의 또 다른 포로기 아래서 다니엘의 기도로 하나님께 기도할 수 있는 또 다른 다니엘들입니다.[21]

20. Newsom, *Daniel*, 309.

21. Seow는 기도에서, 하나님께 직접 향하는, 9:4-8의 2인칭 언급으로부터 9:9-10의 3인칭 언급으로 전환된 것이 독자에게도 교훈을 주기 위함이라고 지적한다. 즉 본문은 마치 기도 중 화자가 독자에게 해설을 제공하기 위해 옆으로 비켜 가면서 독자를 고백 기도로 끌어들이는 것과 같다. Seow, *Daniel*, 144.

70이레, 종말을 향한 연장된 포로기의 계시

다니엘이 연구한 야훼의 말씀(9:2)은 이 말씀에 대한 새로운 계시를 가져옵니다.[22] 그 말씀의 기반이 된, 이전 말씀은 예레미야서에, 이제 다니엘에게 새롭게 전해지는 하나님의 말씀은 훗날 그 내용이 공개되는(8:26) 이 다니엘서에 기록되어 있습니다. 그 새로운 말씀은 다음과 같이 시작됩니다.

> 70이레('샤부임 쉬브임')가 결정되었다. 너의 백성과 너의 거룩한 도성을 위하여. (9:24a)

70이레! 이것은 **70의 7배로** 곧 490을 의미합니다. 본래 70을 의미하는 히브리어는 '쉬브임'인데 거기 7을 의미하는 '샤부아'가 덧붙은 형태입니다. 본문에서 이 7(이레)을 의미하는 '샤부임'은 '샤부아'에 남성 복수형 접미사가 붙은 특이한 형태로서, 70을 의미하는 '쉬브임'과 모음만 다른 단어입니다. 본래 히브리성경이 자음으로만 기록되었다는 사실을 생각하면(오늘날 통용되는 히브리성경의

---

22. 배정훈은 다니엘서가 9장을 통해 종말을 가리킨 새로운 계시는 다름 아닌 토라에 대한 해석임을 천명함으로 새로운 계시를 토라에 종속시키고 토라의 권위를 옹호하고 있다고 주장한다. 신 29:29은 새로운 계시를 알려고 하는 시도를 오묘한 것을 알고자 하는 인간의 교만으로 이해했지만, 다니엘서는 새로운 계시의 가능성을 인정한다. 다니엘처럼 토라에 순종하는(1-6장) 지혜로운 자들에게 새로운 계시의 가능성이 열려 있다는 것이다(7-8장). 배정훈, 『다니엘』, 25.

모음 체계는 중세 마소라 유대인 학자들에 의해 창안됐습니다) 이 '샤부임 쉬
브임'이라는 70이레의 표기는 동일한 자음으로 이루어진 글자('ㅅ
ㅂㅇㅁ', 아마 예레미야의 "70"년)를 나란히 붙여놓은 형태입니다.[23] 이
이중으로 반복된 'ㅅㅂㅇㅁ'은 두 번의 반복되는 포로기의 의미를
담은 것처럼 보이기도 하며,[24] 이 동일한 자음 단어를 각각 다른 방
식 곧 "70"과 "1주"로 읽어 새로운 의미를 부여한 형태인 것 같습
니다.[25] 즉, 예레미야의 본래의 70년은 70년의 일곱 주간(70 곱하기 7)

---

23. 참고, Newsom, *Daniel*, 299.
24. 다니엘서에는 유다 왕정 말기의 바벨론에 의한 '지리적' 유수와 셀레우코스
    의 안티오코스 4세 치하에서 정점에 이르는 "영광스러운 땅"(단 11:41)에서
    의 유수, 곧 두 부류의 '유수'가 나타난다. 이들이 병렬되어 있다는 사실은 다
    니엘서 전체를 이해하는 데 핵심적이다. 짧은 시간의 유수는 다니엘의 공적
    활동에 대한 역사적 문맥을 제공하고, 장시간의 유수는 환상들에 접근하는
    관점을 제공한다. 유수에 대한 이러한 두 개념이 바로 9장에서 통합된다.
    Davies, 『다니엘 연구 입문』, 32.
25. Collins가 설명하는 다니엘의 예레미야 재해석에 기여한 여러 가지 고려 사
    항은 다음과 같다. (1) 레 25-26장의 안식년 신학의 영향은 널리 알려져 있다.
    레 25:1-55에 따르면, 희년, 즉 7이레(49년)는 땅이 조상 상속자들로부터 멀
    어지거나 사람이 계약을 맺은 노예 생활을 할 수 있는 최대 기간이었다. (2)
    이미 대하 36:18-21에서 예레미야의 예언은 레위기에 비추어 해석되었다.
    "그 땅이 안식을 누릴 때까지, 예레미야의 입으로 하신 야훼의 말씀을 응하
    게 하려 하심이라. 그 땅이 황폐한 날 동안 안식일을 지켜 칠십 년을 채우니
    라"(대하 36:21; 참고, 레 26:34-35). (3) 단 9장은 황폐 기간을 70이레, 또는
    10번의 희년으로 연장한다. 기간의 연장도 레위기의 배경과 대조적으로 설
    명됐다. 황폐가 땅의 안식을 가져왔다는 역대기 저자의 개념으로 볼 때, 그
    언급은 70번의 안식의 해들, 즉 70이레를 의미한다고 추론될 수 있다. (4) 또
    한 레 26:18은 백성들의 죄를 일곱 배로 벌할 것을 경고했으며, 이는 예레미
    야의 예언의 범위를 정당화하는 것으로 받아들여질 수 있다. Collins, *Daniel*,
    352; Hartman & Di Lella, *Daniel*, 250. 단 9장의 저자는 후기 쿰란 종파와

이라는 기이한 숫자로 연장됐습니다.

이것은 마치 **레위기 26:18, 21, 24, 28**에서 반복적으로 경고된 바, 이스라엘이 그들의 죄로 야훼의 징계를 받을 때 그들이 순종하지 아니하면 야훼께서 그들을 **7배나 더 크게 징계**하시겠다는 말씀을 연상케 합니다. 마치 3장에서 자신이 명한 대로 금신상에게 절하지 않는 다니엘의 세 친구에 대해 분노한 느부갓네살이 풀무불을 7배나 더 뜨겁게 하라고 명령한 것처럼 말입니다(3:19).

그러나 또 다른 편에서 보면 이것은 **종말론적 회복과 완성**을 향한 하나님의 실패 없는 역사 운행의 결정을 의미하는 것 같습니다. 즉 역사는 하나님이 정하신 신적 질서에 따라 구조화됩니다. 무엇보다 70년의 7배인 490이라는 숫자 자체는 **희년**을 연상시킵니다.

희년이란 일곱 안식년, 즉 7년을 7번 곱한 49년(50년)이 되는 해로서 대속죄일의 정화가 일어날 뿐 아니라(레 25:9) 이스라엘에서 모든 노예로 팔린 자들이 해방되는 날이요, 그들의 모든 잃어버린 땅이 그들의 소유로 되돌아가는 회복의 날입니다(레 25장). 그것은 모든 창조 질서의 회복을 연상시키는 날입니다. 49년에 완전수 10을 곱한 490년의 때, 10번의 희년이 포함된 궁극적 희년, **종말론적 완성까지의 기다림의 시기!** 천상의 계시자는 이 기간이 무엇을 위해 지정되었는지를 설명합니다.

랍비 저술가들이 일반적으로 사용하는 페셰르 방법 중 하나를 통해 성경 구절을 다른 성경 구절과 결합하여 새로운 해석을 시도하고 있다.

> 범죄('페샤', 8:12-13)를 끝내기 위해서, 범법함('하타트', 9:20)을 인봉하기
> 위해서(8:23), 죄악('아본', 9:13, 16)을 **제거하기**('카파르') 위해서(참고,
> 레 16:21), 영원한 의가 오게 하기 위해서(참고, 8:14), 환상과 예언자를 인
> **봉하기** 위해서, 지성소("가장 거룩한 것", '코데쉬 카다쉼'[26])에 기름을 붓
> 기 위해서. (9:24bc)

부정적인 것의 제거	긍정적인 성취
범죄('페샤')의 끝남	영원한 의를 오게 함
범법함('하타트')의 인봉	환상과 예언자의 인봉
죄악('아본')의 제거('카파르')	지성소(가장 거룩한 것)에의 기름 부음

<70이레를 통해 이루어질 일들(단 9:24)>

그 70의 일곱 때(70이레)가 차게 되면 **3가지 부정적인 것이 제거**되고
회복을 위한 **3가지 긍정적인 성취**가 일어날 것입니다(즉, **3 + 3의 구조**
로 되어 있습니다). 마치 희년이 선포되는 날, 대속죄일에 이스라엘의
모든 죄와 부정이 제거되듯이(레 25:9), 이스라엘과 유다를 멸망과
포로됨, 계속되는 하나님의 진노로 이끈 모든 총괄적인 범법, 죄악
이 종결될 뿐 아니라 적대적인 이방인들을 통해 발생한 범죄, 그

---

26. 개역개정에 "지극히 거룩한 이"로 번역된 '코데쉬 카다쉼'은 사람에게는 결
    코 사용되지 않는다. 이 용어는 항상 신성한 물건이나 장소에 사용된다. 즉
    이 구절은 메시아의 기름 부음으로 이해될 수 없다. Hartman & Di Lella,
    Daniel, 244; Montgomery, *Daniel*, 375-376.

리고 성전을 부정케 한 모든 문제가 해결될 것입니다.[27]

흥미롭게도 여기 사용된 **"범죄"('페샤'), "범법"('하타트'), "죄악"('아본')은 하나님의 용서하시는 의지를 선포하는 출애굽기 34:7뿐 아니라, 대속죄일에 이스라엘의 모든 죄를 지고 광야로 보내어지는 희생 염소가 지고 가는 죄악의 목록과도 일치합니다**(레 16:21). 또한 이 3 + 3의 구조는 각각 첫 번째와 네 번째, 두 번째와 다섯 번째, 세 번째와 여섯 번째 목록이 상응하는 방식으로 이루어져 있습니다(마치 창세기 1장의 날들의 창조 목록이 대응되는 방식과 유사합니다). **즉, (1) 범죄가 끝나고 영원한 의가 오게 되며 (2) 범법함이 인봉되고('하탐'), 환상과 예언 역시 인봉됩니다('하탐'). (3) 죄악이 제거되며('카파르') 지성소에 기름 부음이 이루어집니다.**

"의"를 의미하는 히브리어 '쩨데크'는 하나님의 의로운 성품을 반영하는(참고, 8:14; 9:7, 14, 16, 18) 포괄적인 "올바른 질서"의 도래를 예견합니다. 즉 범죄가 그치고 창조를 그 완성에 이르게 하는, 참되고 의로운 하나님의 왕국의 질서가 확립될 것입니다.[28]

환상과 예언자는 전체로서 종말론적 예언에 대한 언급으로 볼 수 있을 것이며 그것이 "인봉된다"는 것은—"범법함이 '인봉된다'"와 동일한 '하탐'이 쓰입니다—그 참됨이 인증된다(참고, 왕상 21:8; 렘 32:10, 11, 44)는 의미를 갖는 것으로 보입니다. 즉 선포된 말

27. 참고, Goldingay, *Daniel*, 485-486.
28. 참고, E. Haag, Daniel, *Die neue echter Bible: Kommentar zum Alten Testament mit der Einheitsübersetzung* (Würzburg: Echter Verlag, 1993), 70.

쑴들이 성취되어 다니엘(그리고 앞선 예레미야를 비롯한 모든 선지자들)을 통해 전해졌던 예언들과 환상들의 참됨이 입증될 것입니다. 곧, **하나님의 모든 약속이 성취됩니다.**[29]

지성소에 기름이 부어진다는 것은 성막의 낙성식 때에 성소의 기구들에 기름을 부어 그것들을 거룩하게 했던 것을 연상시킵니다(출 30:26; 40:9-16). 실제로 이와 쌍을 이루는 죄악이 제거된다('카파르')는 말은 레위기의 제사를 통한 성소의 정화 규정, 피를 통해 죄악과 부정을 씻어내는 것을 연상시킵니다. 즉, 구약의 제의에 의하면 죄와 부정은 **피로 씻어 "정결"**케 되고, 정결한 것에 **기름을 부어 "거룩"**케 됩니다. 즉, 지성소에 기름 부음이 행해지는 것은 **성전의 종말론적 회복이요, 구원의 날의 성전 낙성식입니다.** 그렇다면 이 목표 지점에 이르기 위해 **정해진 70이레가 차기까지 어떤 일이 일어날까요?**

> 너는 알고 이해해야 한다. 예루살렘을 **돌이키고**('슈브') **지으라는**('바나') 말씀이 나올 때부터[30] 기름 부음 받은 자('메시아'), 통치자('나기드')까지—**7이레**('샤부임 쉬브아') 그리고 **62이레**—광장과 해자(성 주위에 판 못)가 **돌이켜**('슈브') **지어질**('바나') 것이다. 그리고 곤고한 때들 중. **62이레 후—기름 부음 받은 자**('메시아')가 끊어지고

29.　참고, Newsom, *Daniel*, 302-303.
30.　렘 29:10의 '드바리 … 레하쉬브'(돌이키도록 하는 나의 말)와 유사하게 여기에는 '다바르 레하쉬브'가 사용됐다. 참고, Lucas, 『다니엘』, 338.

('카라트') 그에게 아무것도 남지 아니할 것이며, 오는 통치자('나기
드')의 백성이 그 도성과 그 성소를 파괴할 것이며 그의 끝은 홍수
속에, 그리고 **끝까지** 전쟁이 (있으리니) 황폐케 됨('샤멤')이 **작정되
었다.** 그가 많은 이들과의 언약을 강하게 하고—**1이레, 그 이레의
절반**—그가 희생 제사와 예물을 그치게 할 것이며, 가증한 것의
날개 위에 황폐('샤멤')하게 하는 자가 (와서), **끝날 때까지** 황폐('샤
멤')하게 하는 자 위에 쏟아질 것이 **작정되었다.** (9:25-27)

이 9:24-27의 전체 말씀에서 특별히 눈에 띄게 반복되는 단어
하나는 **"기름 부음"**입니다. 그것은 동사로 24절에 한 번, 명사로
25, 26절에 각각 한 번씩 사용됩니다. 그렇다면 우리는 라코크
(Lacocque)의 제안대로, 기름 부음과 관련해 70이레가 종결될 때까
지 일어날 사건인 24-27절을 세 부분으로 나눌 수 있습니다.[31]

   (1) 25절: …**기름 부음 받은 자**까지 7이레
   (2) 26절: 62이레 후의 **기름 부음 받은 자**의 끊어짐
   (3) 24절(실제로 이 단락의 결론): 지성소의 **기름 부음을**[32] 통한 종말론

---

31. 이것은 Lacocque, *The Book of Daniel*, 194을 기초로 하여 다소 수정했다.
32. 아마도 이것은 2마카 2:4-8에 알려진 예레미야의 전승이 암시하는 것과 같
     이, 바벨론 포로기로부터의 해방 이후 다니엘서의 1차 독자인 안티오코스 에
     피파네스 치하의 백성들의 시대에 이르기까지 제2성전에 언약궤가 돌아오
     지 않음으로 지성소가 제 기능을 하고 있지 않다는 현실 인식을 반영하는 것
     으로 보인다.

적 성전의 출현.

그렇다면 이 말씀이 뜻하는 바는 무엇일까요? 사실 본문의 히브리어 의미 역시 매우 모호하고 고대의 번역본에도 차이가 존재합니다(개역성경은 그리스어 테오도티온의 번역을 따릅니다).[33] 그러나 어느 정도 의미의 파악은 가능합니다. 먼저 이 **70이레**는 **7이레 + 62이레 + 1이레**로 나뉘어집니다. 25절에는 연달아 7이레와 62이레가 나오는데 전체 69이레로 합산됩니다. 이 숫자 계산에서 유의할 사안은 이 숫자를 지나치게 문자적인 연수로 취하면 안 된다는 사실입니다. 이 70이레는 (예레미야가 예언한 70년의 포로 기간과 마찬가지로) 상징성이 더 중요한 어림수로 여겨야 합니다. 실제 앞서 7 + 62이레의 시점, 즉 69이레가 종결되는 시점을 문자적으로 483년으로 계산할 경우 (출발점을 어디로 잡더라도) 그 종결 지점은 결코 (우리에게 알려진) 어떤 의미 있는 사건이 일어난 연대에 맞추어지지 않습니다.

먼저 **첫 7이레**에 해당되는 기간은 **"예루살렘을 돌이키고 지으라는 말씀('다바르')이 나올 때부터 메시아, 통치자까지"**입니다. 예루살렘을 돌이키고 지으라는 말씀이 나올 때는 언제일까요? **"말씀('다바르')이 나오다"**와 유사한 구문은 23절에도 쓰이는데(개역성경은 "명령이 내렸으므로"로 번역, 또한 9:2의 "야훼의 말씀" 참고) 이는 하늘

33. 배정훈, 『다니엘』, 197을 참고하라.

의 하나님의 말씀으로 이해하는 것이 자연스럽습니다.[34] 이사야
44:28에 예루살렘 재건에 대한 유사한 야훼의 말씀이 나타나기는
하지만, 다니엘서의 저자가 이 시기를 언제로 보았는지는 매우 모
호합니다. 다른 어떤 힌트가 있을까요?

우리는 이 **계시 해석의 실마리**로서 (1) 이 9장이 예레미야의
70년의 포로기 예언에 대한 다니엘의 숙고로부터 시작한다는 사
실, 그리고 (2) 다니엘서 전체 이야기의 시작이 "유다 왕 여호야김
통치(왕국)의 삼 년이 되는 해"(1:1)로서, (이집트의 연호 계산과 달리 다니
엘서가 사용하는 것으로 추정되는 바벨론 연호가 왕의 즉위식의 연도를 계산하지
않는다는 점을 염두에 두면) 이 날짜가 포로기 70년에 대한 첫 번째 예
언이 등장하는(렘 25:11-12) 예레미야 25장의 연대기, "유다의 왕 요
시야의 아들 **여호야김 넷째 해**"(렘 25:1)와 일치한다는 사실을 알 수
있습니다(주전 605년).[35] (3) 마지막으로 예레미야 예언의 실제 성취
보고에 있어서 **역대기의 중요한 기능**을 간과할 수 없습니다. 예루
살렘에 야훼의 집(성전)을 건축하기 위한 고레스의 칙령 자체(예레
미야에는 이와 자구적으로 유사한 말씀이 없음에도 불구하고)를 역대기는 예
레미야의 예언의 성취로 여겼고(대하 36:20-23) 다니엘서 시작 부분
의 포로기의 시작은, 느부갓네살이 예루살렘을 공격해 유다 왕 여
호야김과 하나님의 집 그릇 얼마를 바벨론으로 가져간 사건으로
(단 1:2) 시작됨으로 이 사건을 유일하게 보고하는 역대하 36:5-7의

---

34. 참고, Collins, *Daniel*, 354-355.
35. 참고, Collins, *Daniel*, 354-355. 배정훈, 『다니엘』, 47.

기사를 밀접하게 따릅니다.

실제로 예레미야가 선포한 포로의 기간은 처음부터 분명한 시간이 설정되어 있습니다. 포로의 시간은 영원하지 않으며, 이 제한된 형벌의 기간은 동시에 그 기간이 끝났을 때 일어날 회복을 예견합니다(참고, 렘 30-33장). 비록 예레미야 25장에는 명시적인 예루살렘 재건에 대한 이야기가 없지만, 이러한 포로기 기간의 한정은 다니엘서 저자에게 있어서 이미 예루살렘 재건을 전제하고 있는 것으로 받아들여졌다고 볼 수 있습니다. 더구나 이 70이레(70 × 7)는 다니엘 1:1-2로부터 시작된 포로기 70년의 연장 선상에 놓여 있습니다. 즉, 우리는 **예루살렘을 돌이키고**('슈브') **지으라는**('바나') **말씀이 나오는 시점**을 예레미야 25장의 예언이 선포되고 다니엘이 포로기의 시작으로 설정한 주전 605년으로 고정할 수 있을 것입니다.

"기름 부음 받은 자('메시아'), 통치자('나기드')까지"라는 구절의 경우, 이 장에 암시된 예루살렘 성전과 그 제의에 대한 관심에 비추어(9:20-21, 24, 26-27) 이 인물을 성전 제의의 핵심 인물인 '기름 부음 받'아 임명된 대제사장으로 볼 수 있을 것입니다. 아마도 이 기름 부음 받은 자, 통치자는 포로기 이후 첫 번째 대제사장으로서 여호수아를 의미할 것이며, 실제로 스가랴 4:14에서는 그를 기름 부음 받은 자 중의 하나로 언급합니다(참고, 슥 3:1-10).[36]

즉, 이 첫 번째 일곱 이레의 종결 지점은, 포로기의 시작으로부

---

36. Bauer, *Das Buch Daniel*, 189.

터(주전 605년) 대제사장을 통해 성전 예배가 비로소 제 기능을 발휘하게 되고, 이로써 유다가 성전 공동체로서 회복되는 시점을 의미하는 것 같습니다. 또한 이 **7이레**는 역시 7의 7배의 기간인데, 즉 **49의 때로 역시 희년을 연상**시키며, 이것은 성전의 그릇들과 함께 유배된(1:2) 유다가 성전을 중심으로 회복되는 기간에 잘 어울리는 개념이라고 할 수 있겠습니다.

다음 62이레에 해당하는 기간은 **앞의 7이레에 더해, 단순히 마지막 1이레의 사건에 이르기까지 69이레의 기간을 만들기 위한 매우 긴 불특정 기간**으로 정의해야 합니다. 이 69이레의 기간은 **이 책의 1차 독자들에게는 이미 지나간 과거로 볼 수 있습니다.** 실제로 70이레의 기간을 나누는 25-27절 가운데 이 69이레의 기간은 압도적으로 긴 기간임에도 불구하고 25절 단 한 절에 간략하게 서술되고 있는 데 반해, 마지막 1이레의 기간에 대한 설명에는 26-27절 두 절이 할애되고 있습니다. 우리는 이를 통해 저자의 관심이 어디에 놓여 있는지를 알 수 있습니다. 즉, 이 70이레 가운데 **특별히 관심을 가져야 할 마지막 1이레가 이르기까지 69이레 동안**에는 예루살렘을 '돌이켜' '지으라'는 말씀이 도성의 광장과 해자가 '돌이켜' '지어짐'으로써 그 성취에 도달합니다(이것은 느헤미야서의 예루살렘 성벽 재건의 이야기 또한 연상케 합니다). 그러나 그 시간들은 곤고한 때들로 특징지어질 것입니다(9:25). 실제로 포로에서 해방되고 재건된 유다는 예루살렘 성전을 중심으로 한 자치 공동체로서 페르시아 통치기에 나름의 평안을 경험했지만, 여전히 수많은 갈등과

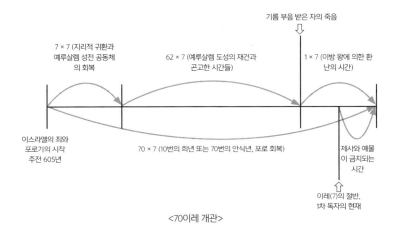

<70이레 개관>

어려움이 존재하고 있었고 특히 그리스의 부상과 알렉산드로스 대왕 사후 디아도코이 왕국들의 전쟁의 소용돌이에 휘말리며(특히 지리적으로 북왕국인 셀레우코스와 남왕국인 프톨레마이오스 사이에 위치하여) 힘든 시간을 경험해야 했습니다.

　최후의 1이레의 시작을 알리는 사건은, 기름 부음 받은 자('메시아')가 끊어지는 사건입니다. 맥락상 이 기름 부음 받은 자는 첫 7이레의 종결 시점에 등장한 기름 부음 받은 자와 같이 대제사장으로 보아야 할 것입니다. 그렇다면 이 69이레 후에 일어날 중대한 사건, 끊어져[37] 그에게 아무것도 남지 않게 되는 비참한 최후를 맞

37.　이 "끊어진다"('카라트')라는 말은 사람을 멸하는 데 사용된(사형, 창 9:11; 17:14; 출 12:15, 19; 레 7:20; 17:4, 9 등등) 강력한 단어이다. Montgomery, *Daniel*, 381. Newsom은 이 구절로부터 렘 33:17-18의 암시를 읽어낸다. 비록 이후의 대제사장들도 레위 지파 사람들이었지만, 야손의 죽음 이후 어떤 오니아드 일가도 예루살렘에서 대제사장으로 통치하지 못했다. 그만큼 오니아

게 될 이 기름 부음 받은 자('메시아')는 누구일까요?

교회의 전통적인 해석은 이 인물이 당연히 예수 그리스도라고 생각했습니다. 그러나 이러한 결론이 앞에서 말했듯이(본서 2장 "추가 메모 1" 참고) 우리가 이 본문에 가져오는 선지식과 전제(우리가 당연하다고 생각하는)에 따라서 결정된 의미가 아닌지 의심해 볼 필요가 있습니다. 다시 말해, 이 책을 처음 해석한 1차 독자들은 이 "기름 부음 받은 자"를 그렇게 해석하지 않았을 것입니다. **8장에서 주어진 환상은 7장의 새로 정의되어야 할 네 왕국의 정체를 구체화하는 것이었고, 이 9장의 말씀은 8장에서 다니엘이 아직 이해하지 못한(8:27), 그리스 시대에 발생할 일에 대한 환상의 의미를 보다 명확하게 설명하기 위해 주어진 것으로 보는 것이 합리적이기 때문입니다.** J. J. 콜린스에 의하면 다니엘 9장은 8장뿐 아니라 10-12장과도 밀접하게 연관되어 있습니다. 그것은 8장과는 성전 제의의 붕괴(한 이방 왕의 "성소"에 대한 공격; 참고, 8:13의 '페샤 쇼멤'[황폐케 하는 범죄])와 종말의 시기에 대한 초점을 공유하고, 10-12장과는 천사의 현현과 천사의 담론의 형태뿐 아니라 홍수 같은 파멸의 모티프(9:26; 11:10, 22, 26, 40) 및 종말론적 대적으로서의 왕의 임박한 최후에 대한 전망 역시도 공유합니다. 즉, 1차 독자들에게 있어서 다니엘 9장의 의미는 그리스 시대의 환난을 이야기하는 이 다른 장

스의 살해는 충격적인 사건이었고, 예레미야의 약속과 역사적 사건 사이의 긴장은 시대의 극심한 불안과 종말론적 해결에 대한 희망을 표현했다고 평가한다. Newsom, *Daniel*, 306-307.

들과 시간적으로 가까워야 한다는 것입니다.[38]

　다행히도 우리에게는 이 환상이 그들에게 의미했던 바를 이해할 수 있는 추가 자료들이 있습니다. 오늘날 외경으로 알려져 있는 **마카베오상하입니다. 그 책들은 그리스 디아도코이의 왕들 중 유다의 예루살렘 성전을 비상하게 더럽힌 왕, 안티오코스 4세 에피파네스 치하에 있었던 역사를 이야기**해 줍니다.

　이 왕은 자신의 신성을 매우 진지하게 받아들인 사람으로 자신의 주화에 스스로 "신"이라는 뜻의 '테오스'(Theos)라는 명칭을 처음으로 사용한 셀레우코스의 통치자였고, 그의 이름에 "(신의) 현현"이라는 뜻의 '에피파네스'를 추가했습니다.[39] 즉 그 이름 자체가 유대인들에게 신성모독적으로 들렸을 이름입니다(많은 사람들은 그를 그리스어로 "미친 사람"을 뜻하는 '에피메네스'[Epimanes]로 불렀습니다).[40] 주전 175년 그가 셀레우코스 왕국의 왕위에 올랐을 때 대제사장 오니아스 3세의 동생 야손은 왕에게 뇌물을 주어 자신을 대신 대제사장으로 임명케 했고, 그는 예루살렘에 헬레니즘을 도입했습니다. 당시 많은 이들이 헬레니즘에 심취해 율법이 명한 관습들로부터 떠났고, 주전 172년에 정적(政敵)인 메넬라오스는 더 많

---

38. Collins, *Daniel*, 359.

39. 헬레니즘 시대의 그리스의 이상적 통치자상은 동방에서 "숭배 대상으로서의 왕"이라는 관념과 결합되고 있었고 고대 동양적 통치자상으로부터 하나의 "신적 구원자"('소테르')라는 상징을 획득하게 된다. 왕은 신성의 역동적이고 개인적인 계시를 자신의 신민들에게 줌으로써 그들의 죄로부터 해방시키는 구원자이다. 박정수, 『고대 유대교의 터·무늬』, 174-179을 보라.

40. 참고, Montgomery, *Daniel*, 461.

은 돈을 제안해 자신이 대제사장이 되고자 했습니다. 그는 뇌물을
마련하기 위해 예루살렘 성전에서 황금 그릇을 훔쳤는데(2마카
4:23-32) 오니아스는 이 도둑질을 폭로했기 때문에 죽임을 당했습
니다(2마카 4:33-34). 이 무서운 살인 사건과 대제사장이 성전을 약
탈했다는 사실이 알려짐으로써 예루살렘에 폭동이 발생했고(2마카
4:39-42) 주전 169년 이집트에 대한 원정 이후, 안티오코스는 예루
살렘에서 일어난 일련의 사건들을 반란으로 취급해 자신의 군대
를 보내 예루살렘을 공격하게 했습니다.[41] 이 책의 1차 독자들은 다
니엘서에서 바로 자신들 당대에 일어났던 이 사건을 보았음이 틀
림없습니다(또한 단 8:25의 "평화로운 때에 많은 무리를 멸한다"는 말은 1마카
1:30 참고).

7장과 8장에서 환상의 묘사 중 많은 부분이 각각 넷째 짐승과
숫염소의 작은 뿔에 집중되어 있었듯, **이 9장의 환상은 마지막 1이
레(1의 일곱 때)의 사건에 집중되어 있습니다.** 그리고 그 시간은 큰 환
난의 때로 특정지어집니다. 즉, 마지막 1이레는 대제사장 오니아
스 3세가 폐위되고 죽임 당하는 사건으로 시작됩니다(주전 171년).
그리고 다른 통치자, 지도자('나기드')인 안티오코스 4세의 백성, 즉
안티오코스 에피파네스에 의해 예루살렘에 정착한 시리아 군인들
이 와서 그 도시와 성소를 파괴할 것이 예상됩니다.[42] 26절의 마지

---

41. 참고, Newsom, *Daniel*, 306. 안티오코스 4세에 의한 유대 대제사장, 오니아
    스 3세의 면직 사건은 2마카 4:5 이하; Josephus, *War*. 1.33; *Ant*. 12.237에서
    다양한 방식으로 보고되었다. Lebram, *Das Buch Daniel*, 109을 참고하라.
42. 실제로 예루살렘과 성전의 멸망은 안티오코스 4세 치하가 아닌 주후 70년에

막 구절인 "그의 마지막은 홍수('셰테프') 속에"는 그 의미가 다소
모호하지만(참고, 단 11:10, 22, 26, 40; 시 32:6; 사 10:22-23; 나 1:8)[43] 결국 그
의 최후와 불가분 연결되어 있습니다. 마지막 한 이레가 종결되는
끝까지 전쟁이 있을 것이며(마카베오 전쟁?) 황폐함('쇼멤'; 참고, 9:18)이
작정되었습니다.

그는 마치 야훼께서 그의 백성들과 언약을 맺으셨던 것을 패
러디하듯,[44] 1이레 동안 많은 이들, 곧 헬레니즘화된 유대인들과의
언약(동맹)을 강하게 하고(1마카 1:11; 아마도 이것은 안티오코스 4세와 헬라
화된 유대인 지지자들 사이의 합의를 언급하는 것 같습니다) 그 이레의 절반
에 제사와 예물을 그치게 할 것입니다. 이 한 이레(7년)의 반인 3년
6개월은 주전 167-164년, 안티오코스 4세 에피파네스 치하에서
성전이 모독을 당했던 3년에 해당하는 것으로 볼 수 있습니다(1마

일어났다. 안티오코스 4세는 오히려 부패한 제의로 그 도시를 황폐하게 만
들었다. Collins, *Daniel*, 357. 9:26b의 지도자('나기드')를 안티오코스 에피파
네스가 아니라, 불법적으로 대제사장직을 샀던 당대의 인물인 야손 또는 메
넬라오스로 보는 대안적인 해석은 Goldingay(489)와 Seow(149-151)를 참고
하라. 이 제안의 난점은 비록 다니엘이 이방 왕들에게 '나기드'가 아닌 왕을
의미하는 '멜렉'이라는 명칭을 사용하는 경향이 있지만(참고, 겔 28:2), 다니
엘서 묵시 부분의 주요 대적은 거의 예외 없이 안티오코스 에피파네스를 지
칭한다는 점이다. 본문은 대적의 백성('암', 9:26)과 다니엘의 백성(9:24)을
대조하는 것처럼, 하나님의 백성의 지도자('나기드')와 그 백성의 지도자('나
기드')-왕을 병행적으로 대조하고 있다.

43. 또는 학자들은 본문이 전승 과정 중 훼손되었을 가능성을 상정하고 본문을
   약간 수정하여 "그리고 끝이 올 것이다"로 읽는 대안을 제시한다. Newsom,
   Daniel, 296.

44. Lacocque, *The Book of Daniel*, 198, Newsom, *Daniel*, 307.

카 1:54 이하; 4:52 이하).

그는 예루살렘 성전 예배에 고의적으로 간섭했고 그곳에 올림 푸스의 제우스와 동일시되는(2마카 6:2) 시리아의 신, 바알 샤마임 을 위한 예배를 제정함으로 예루살렘 성전을 더럽혔습니다. 황폐 하게 하는 자('쇼멤', 즉 안티오코스 4세)가 옵니다. 이 '쇼멤'은 그가 바알 '**샤마임**'을 위한 예배를 제정한 것에 대한 언어유희입니다.[45] "가증한 것의 날개 위에('알 크나프')"의 의미도 모호하나 '날개'라는 단어의 사용은 제단 모퉁이에 대한 암시이자, 이 바알 샤마임을 가리키는 또 다른 암시 방식('날개의 주', '날개 달린 자')일 수 있습니다.[46] "황폐케 하는 자가 바알 샤마임, 그 가증한 것('쉬쿠찜')을 통해 예루살렘 성전을 더럽힐 것입니다(1마카 1:54에 의하면 이것은 아마도 안티오코스 4세 에피파네스에 의해 예루살렘 성전 제단에 놓인 구조물—아마도 이교 제물을 위한 이교 제단—과 관련이 있을 것입니다). 그러나 결국 결정된 종말은 그 황폐케 하는 자 위에 쏟아져 멸망에 이르게 될 것입니다"(참고, 사 10:23).

---

45. 참고, Montgomery, *Daniel*, 388-389.
46. Lacocque, *The Book of Daniel*, 199; Goldingay, *Daniel*, 490. "황폐케 하는 가증한 것"('쉬쿠찜 메쇼멤')에서 '셰케쯔'는 '페샤'를 대체하는데, 어쩌면 그것의 수적 가치가 490이기 때문일 수 있고, 렘 4, 7, 44장; 겔 5, 6, 7장과 같은 문구들에서 '셰케쯔'와 '쇼멤'이 관련되기 때문일 수 있다. 마소라 텍스트를 받아들인다면, 그것이 복수인 것은 어쩌면 그것이 준복수명사인 '엘로힘'("하나님")을 대체하기 때문일지도 모른다. 다른 주석가들은 본문의 손상 가능성을 고려하여 "그 자리에서"('알 카노')로 수정해 읽기를 제안한다. Montgomery, *Daniel*, 386.

추가 메모 1

이 시점에서 우리는 다니엘이 살았던 **70년의 포로 기간**과 다니엘서의 1차 독자들이 처한 **70이레라는 기간의 관계**를 살펴볼 수 있습니다. 8:26과 마찬가지로 이 말씀은 다니엘의 생전에 일어날 일이 아닌 먼 훗날, **아마도 마지막 1이레(7년)의 시간을 살고 있는 이들에 대한 계시**입니다. 곧 **다니엘**이 지리적 포로의 유배에 처해 있었던 것처럼 이 책의 **1차 독자들도** 이스라엘 본토에서 또 하나의 유배 상황에 처해 있다고 볼 수 있습니다. 즉 **다니엘은 다리오 1년, 현재 포로기의 70년 완성이 머지않은 시점에서, 70이레 가운데 특히 마지막 1이레의 절반(세 때 반)의 시간을 통과해야 하는 독자들을 위한 계시를 받고 있습니다. 즉, 지리적 유배의 시기를 지혜롭고 용감하게 살았던 다니엘은 곧 또 다른 훗날, 이스라엘 본토에서의 유배 시기를 통과하는 독자들을 위한 모범**이라고 볼 수 있습니다. 그와 그의 친구들이 짐승과 같은 왕국들에 의해 죽음에 던져졌더라도 그들의 하나님을 신뢰하여 구원을 얻었던 것처럼, 그들도─그리 아니하실지라도─현재 그들의 하나님을 신뢰해야 합니다. 정해진 때가 아직 남아 있습니다. **교만한 왕인 느부갓네살 역시 일곱 때의 형벌의 기간이 지났을 때에 그의 영광을 되찾았듯이, 마지막 일곱 때(그중에서도 특히 세 때 반)를 남긴 하나님의 백성들에게도, 이 기간이 찼을 때 하나님은 위대한 회복을 허락하실 것**입니다.

추가 메모 2

한 가지 특이한 사실은 실제로 이 70이레의 예언이 성취되었을 때, 즉 유다 마카베오가 안티오코스 4세 에피파네스로부터 성전을 탈환해 재봉헌하고(유대 절기로 **하누카[수전절]**이라 불리는 날입니다; 참고, 1마카 4:36-61; 2마카 10:1-8; 요 10:22) 이 유대인의 원수가 사망했음에도 불구하고, 다니엘서로부터 자신들의 현재를 발견했던 훗날의 유대인들 또한 종말론적 완성이 이루어졌다고 생각하지는 않은 것 같습니다. 실제로 다니엘 9:24에 묘사된 종말론적 완성의 계시는 첫 번째 하누카를 통해 이루어졌다고 보기에는 너무나 큽니다. 즉, 안티오코스 4세 에피파네스로 말미암은 **"위기의 종결"**과 **최종적으로 도래할 "하나님의 종말론적 구원과 영원한 왕국의 도래"가 이 말씀들과 환상들에서는 마치 동일한 시점처럼 묘사됐지만, 실제로 이 둘의 시점이 같지 않음을 우리는 이후의 역사를 통해 알고 있습니다.** 이 균열을 우리는 어떻게 이해해야 할까요?

■ **9장에서 반드시 기억할 요소**

1. 9장에서 **다니엘**은 바벨론이 멸망했으나 멸망한 것 같지 않은 미묘한 상황 가운데서(이 수수께끼는 다리오 왕의 존재에 의해 도입됩니다.) **예레미야(와 신명기) 등의 성경을 통해** 하나님의 약속을 확인하고, 그 성취를 위해 기도하며 종말에 대한 새로운 계시를 받게 됩니다. 그가 예레미야의 재해석된 계시를 받는 것은 중요합니다(70년 → 70이레의 변화). 왜냐하면 **다니엘이 예**

레미야와 다른 성경을 연구하며 새 계시를 받은 것처럼, 독자들도 다니엘서를 다른 성경과 함께 연구하면서 최종 종말에 대한 비밀의 계시를 발견해야 하기 때문입니다.

2. 특히 **다니엘**은 70년 지리적 포로기가 끝나가는 지점에서 다니엘서의 1차 독자들이 처해 있었을 70이레의 마지막 1이레에 집중된 계시를 받습니다. 이 점에서 **다니엘**은 독자들의 모범이 되는 영웅입니다. 그와 그의 친구들이 하나님을 신뢰하고 지혜롭게 환난의 시간을 통과한 것처럼, 지금 큰 환난의 시기를 통과하는 1차 독자들도 하나님을 신뢰하고 지혜롭게 행해야 합니다.

다니엘서 10-12장:
진리의 글에 기록된 것

드디어 다니엘서의 마지막 계시 내용입니다. 먼저 우리가 서 있는 자리를 확인하기 위해 다음의 **7-12장의 구조 분석**을 살펴보겠습니다.[1]

> A. 7장: 고난의 때인 **한 때 두 때 반 때**(7:25)와 천상의 개입, 종말의 신원
>
> 〈**사람의 아들과 같은 이의 영원한 왕국의 상속, 7:13-14**〉
>
> B. 8장: 페르시아와 그리스(디아도코이) 왕국, 아름다운 땅을 향한 왕의 침공
>
> C. 9:1-23: 다니엘의 금식 기도와 계시 천사의 등장
>
> X. 9:24-27: **70이레**의 계시(**한 이레의 절반 – 세 때 반**, 9:27)

---

1. 이 구조는 배정훈, 『그의 나라는 영원한 나라이라』, 22을 참고하여 다소 수정했다.

〈종말론적 성전의 낙성식, 9:24〉

C′. 10장 다니엘의 금식 기도와 계시 천사의 등장

B′. 11장 페르시아와 그리스(디아도코이) 왕국, 아름다운 땅을
　　향한 왕의 침공

A′. 12장 고난의 때인 **한 때 두 때 반 때**(12:7)와 천상의 개입, 종말의 신원

〈**죽은 자들의 부활, 12:1-3**〉

앞서 2-7장이 교차 대구 구조로 이루어져 있었던 것과 같이 후반
부인 7-12장 역시 교차 대구 구조로 이루어져 있습니다. 특히 정 중
앙인 X는 앞서 살펴본 9:24-27의 70이레의 계시를 이야기하는데,
특히 이 계시가 **마지막 한 이레**(7)**의 절반, 즉 세 때 반**을 특별한 위기
의 시기로 규정한다는 점은(9:27) **이 기간이 7장과 12장에서**(A-A′) **이
야기된 환난의 기간인 한 때 두 때 반 때**(세 때 반)**와 같은 시간임을 암
시합니다.** 또한 우리가 살펴본 것처럼 70이레의 시작점이(9:25a) 다
니엘서 1장의 포로기의 시작과 일치한다면, **7장의 네 왕국의 기간과
9장의 70이레의 기간은 한 동전의 양면**인 셈입니다. 다시 말해 네 왕의
통치(느부갓네살-벨사살-다리오-고레스의 왕국)를 경험한 다니엘은(1-6장),
현재 바벨론 유배 시기(70년)의 마지막 때를 살며, 네 왕국(바벨론-메
대-페르시아-그리스)의 통치하에 이스라엘 땅에서 일어나는 유배의
시기(70이레)의 막바지를 살고 있는 1차 독자들에 대한 계시를 전하
고 있습니다(이 두 시기는 또한 예루살렘 성전의 황폐함으로 특징지어 집니다).

　　특히 이 70이레의 계시(X. 9:24-27)를 중심으로 이제 나머지 환

상은 이제까지 살펴본 7-9장의 데칼코마니와 같은 형태를 띠고 있습니다. 사실상 **10-12장은 하나의 환상**으로 이루어져 있는데 이것은 8장의 계시를 되돌아보고 더 세분화된 역사적 설명을 제공하며 8장에는 없는 완전히 해결된 결말을 제공합니다.[2] 또한 레브람 (Lebram)의 지적처럼, 9:25-27에 계시된 예루살렘에 일어난 사건이 여기서 어느 정도 국제적인 관점에서 보고되어 예루살렘과 성전의 운명이 세계사의 맥락에 놓일 뿐 아니라, 초자연적인 영역들까지 개입되는(10, 12장) 우주적인 사건으로 다루어집니다. 결과적으로 예루살렘에서 벌어지는 사건은 최종 종말을 향해 나아가는 우주적 사건의 징표로서 기능합니다.[3] 결과적으로 그것은 2장과 7장의 네 왕국의 역사가 어떻게 그 클라이맥스를 향해 나아가는지를 조명합니다.

---

2.   8장과 10-12장 사이의 상응은 다음과 같다. [강둑에 있는 다니엘(10:4//8:2); 천상의 존재와 대면한 다니엘의 상태(10:8-10//8:16-18); 알렉산드로스 왕국의 붕괴와 그의 권력 분산(11:4//8:8); '아름다운 (땅)'에 대한 언급(11:16, 41//8:9); 안티오코스의 기만적인 행동(11:23-24//8:25); 끝과 정해진 시간에 대한 언급(11:27, 35, 40//8:17, 19); 성소와 제사의 파괴(11:31//8:11); 안티오코스의 스스로 높아짐('가달')과 지극히 높은 자를 대적함(11:36-37//8:10-11, 25); 안티오코스의 말과 행동을 "놀라운" 것으로('니플로트') 언급(11:36//8:24); 분노의 완성에 대한 언급(11:36//8:19); 말씀을 비밀로 하고 책을 인봉하라는 명령(12:4//8:26); 천사의 형상에 대한 설명(12:5//8:13-14); 질문 "어느 때까지?"(12:6//8:13-14); 다니엘이 이해하지 못함(12:8//8:27)] 참고, Newsom, *Daniel*, 327-328. 물론 11장의 경우 알렉산드로스 대왕과 디아도코이 왕국들의 발흥을 소개한 후 바로 문제의 왕, 안티오코스 에피파네스 4세를 소개한 8:21-25와 달리 왕들의 역사를 상세히 소개한다.

3.   Lebram, *Das Buch Daniel*, 111.

10장: 힛데겔 강가의 환상과 계시

내러티브의 흐름과 같이(1-6장) 7장부터 시작된 환상들의 보고도 연대기순으로 진행되었습니다(벨사살 1년[7:1] → 벨사살 3년[8:1] → 다리오 1년[9:1]). 특히 눈에 띄는 것은 7-12장의 환상들의 보고는 모두 환상을 본 해에 통치하던 왕의 연대기 공식으로 시작되며 내러티브 부분의 마지막 연대기 공식이었던 2:1을 뒤따른다는 것입니다 (이 2장 역시 본질적으로 꿈에서 본 미래에 대한 계시로서의 환상과 그것의 해석 이야기였습니다). 그리고 이 마지막 환상은 **페르시아 왕 고레스 3년** (주전 537-536년)에 주어집니다(10:1a).

이야기 부분(1~2장만 연대기 공식으로 시작)		환상 부분(모두 연대기 공식으로 시작)	
1장	**유다 왕 여호야김 통치 3년**(1:1)		
2장	느부갓네살의 통치 2년(2:1)		
3-4장	느부갓네살 왕의 시대		
		7장	벨사살의 통치 1년(7:1)
		8장	벨사살의 통치 3년(8:1)
5장	벨사살 왕의 시대		
		9장	다리오의 통치 1년(9:1)
6장	다리오 왕의 시대		
(6:28)	고레스 왕의 시대에 대한 짧은 언급		
		10-12장	고레스의 통치 3년(10:1)

<다니엘서의 연대기>

우리는 다니엘서의 시작 연대가 **유다 왕 여호야김 3년**(주전 605 년)이었음을 기억합니다(1:1). 다니엘서의 저자(들)은 예레미야의 포

로기 70년에 대한 예언이 처음 선포된 이때를(렘 25:1) 사실상의 포
로기의 시작으로 삼았고, 서론부인 1장을 **"다니엘은 고레스 왕 1
년까지 있으니라"**(1:21)라는 말로 마무리 지음으로 독자들에게 이
70년의 바벨론 유수가 마무리된 시점을 상기시킵니다(대하 36:22-
23; 스 1:1-4).

실제로 고레스 왕의 1년은 **주전 539년**입니다. 그리고 **이 사이
의 기간은 약 67년**에 이릅니다. 그리고 이 마지막 환상이 이야기
내에서(1-6장) 설정된 시간을 넘어(1:21) 고레스 왕 3년의 시간에 주
어짐으로(10:1) 이제 **약 69-70년의 시간이 최종적으로 설정**됩니다.[4]
예레미야가 예언한 70년이 거의 찬 시간이지만, 여전히 부족한 시
간이라는 사실은 **한 가지 아이러니**를 자아냅니다. 고레스 1년에
유다 백성들이 포로에서 해방되어 고토로 돌아갔지만, 이것이 진
정한 지리적 유배의 종결은 아니라는 것입니다. 비록 유다 백성들
이 고토로 돌아갔을지라도, 다니엘서에서 하나님의 백성들을 대
표하는 다니엘 자신이 여전히 바벨론 이름인 "벨드사살"로 불리
고 있으며 이방 땅에 남아 있다는 것(10:4)이 그 증거입니다(1:21에
의하면 이때는 다니엘이 그의 공직, 왕을 섬기는 자리에서 물러난 시기이기도 합
니다).[5] 즉, **다니엘서는 포로기의 의미를 재정의하고 있습니다.** 또
한 이로써 **다니엘**은 포로기의 70년의 기간을 살아가며, 그 종결을 목
전에 둔 시기에 1차 독자들이 처한 70이레의 (특히 그 마지막 시기를 위

---

4.   참고, 배정훈, 『다니엘』, 206.
5.   참고, Seow, *Daniel*, 154-155.

한) 계시를 받게 됩니다.

비록 그는 지상의 왕을 섬기는 자리에서는 물러났지만, 하늘의 왕을 섬기는 자리에서는 아직 물러나지 않았습니다. 그에게 알려지고 간직되어야 할 마지막 계시가 있습니다.[6] 그에게 말씀('다바르'), 참된 말씀이 나타났습니다(개역성경은 "일"로 번역). 다니엘서의 이 묵시적인 환상은 앞선 예레미야의 예언과 동일한 권위를 가진 "말씀"으로 이해됩니다(참고, 9:2, 23). 그것은 큰 전쟁에 관한 것입니다(참고로 이 "전쟁"을 의미하는 히브리어 '짜바'는 "노역"으로 번역된 단어이기도 합니다; 참고, 사 40:2; 욥 7:1).[7] 금식은 계시를 받기 위한 준비이기도 했으며(10:12),[8] 화자는 다니엘이 그 말씀을 이해했고('빈'), 그 환상('마르에', "모양")에 대한 이해('비나')를 가졌다고 보고합니다.

2절부터 보고의 형식은 3인칭에서 1인칭으로 변화됩니다. 다니엘은 그 날들 동안 세 이레('샤부임')의 날들을 슬퍼했고(참고, 사

---

6. Lucas에 의하면 여기와 1:1, 7, 21에 나오는 "제3년"이라는 어구, "고레스 왕", "벨드사살"이라는 이름, 다니엘이 어떤 음식과 포도주를 거절한 행동 언급은(1:8 이하; 10:3) 다니엘 전체의 내러티브(1장과 12장)를 포괄하는 인클루지오로 볼 수 있다. 또한 10:1의 3인칭 문체는 7:1과 함께 7-12장의 환상들의 처음과 마지막을 표시함으로 인클루지오 구조를 이룬다. Lucas, 『다니엘』, 373. 그 외에 단 10-12장이 다니엘서의 이전의 내용들을 반향하는 방식에 대해서는 Lacocque, *The Book of Daniel*, 204-205.

7. 이 '짜바'를 "전쟁"으로 본다면, 마지막 날 닥칠 전쟁에 관한 것으로, "포로의 기간"으로 본다면 10:1에서 말씀이 담고 있는 계시를 종말까지의 남은 기간을 의미하는 것, 즉 백성들이 어떤 일들을 겪은 후 어떻게 "포로의 기간"이 끝나는지를 설명하는 것으로 볼 수 있다. 배정훈, 『다니엘』, 208; Seow, *Daniel*, 154-155.

8. 참고, Plöger, *Das Buch Daniel*, 147; Collins, *Daniel*, 372.

66:10) 그 기간이 차기까지 좋은 떡을 먹지 않았으며 살(고기), 포도
주를 그의 입에 가져오지 않았습니다(참고, 1:8). 그는 또한 그 세 이
레의 날들이 차기까지 기름도 바르지 않았다고 부언합니다(10:2-3).
그가 큰 강가 힛데겔(티그리스)에서(10:4) 환상을 본 날짜로 보고되
는 첫째 달 24일은 심지어 다니엘이 유월절(첫째 달 14일)과 무교절
에도(첫째 달 15-21일) 금식했음을 암시합니다(참고, 출 12장). 그는 하나
님께서 이스라엘을 해방하신 출애굽을 기념하는 절기를 통해 그
들의 현재의 포로기를 애도하고 있습니다(참고, 9:15-19).[9] 그리고 다
니엘은 마침내 그에게 나타난 환상(10:7, '마르에', "모습")을 보고합니
다. 그가 본 이 마지막 환상은 한 놀라운 천사의 모습입니다.

> 내가 눈을 들어 보았다. 보라! 세마포 옷들을 입고, 그의 허리에
> 우바스 순금 띠를 띤 한 사람을! 그의 몸은 황옥 같고, 그의 얼굴
> 은 번개의 모습('마르에') 같고 그의 눈들은 횃불 같고 그의 팔들과
> 발들은 빛난 놋의 눈 같고 그의 말들의 소리는 무리의 소리 같았
> 다. (10:5-6)

이 천사의 모습은 에스겔이 본 하나님과 그의 그룹들의 모습을 닮
았습니다.[10] 그가 입은 세마포는 구약성경에서 특히 제사장의 의복

---

9.   Seow, *Daniel*, 156.
10. 이 환상과 에스겔의 환상의 평행 요소는 다음과 같다. 첫째 달 24일 큰 강가
     에 있었음(단 1:4; 참고, 겔 1:1); 세마포 옷을 입은 사람(단 10:5; 참고, 겔 9:2,
     3, 11; 10:2, 6-7); 순금으로 감싼 허리띠(단 10:5; 참고, 겔 1:27; 8:2); 황옥 같

으로 나타나며(출 28:42; 39:28; 레 6:10; 16:4, 23, 32 등등), 이것은 그가
하늘 성전에서 하나님을 가까이 모시는, 천상에서 매우 높은 지위
를 지닌 인물임을 암시합니다. 모세가 그러했던 것처럼 그는 홀로
이 환상을 봅니다.[11] 이어지는 10장의 나머지 부분은 다음과 같은
선형 교차 구조를 보여줍니다.

A. 10:8-10: 환상에 대한 다니엘의 신체적 반응, 천사의 어루만짐

  B. 10:11-12: 천사의 격려: "두려워 말라", "큰 은총을 입은 자"

    C. 10:13-14: 진행되는 천상의 전투: 페르시아의 군주와
      의 싸움, 미카엘의 도움

A′. 10:15-17: 환상에 대한 다니엘의 신체적 반응, 사람의 아들들
  형상의 어루만짐[12]

  B′. 10:18-19: 사람의 모습과 같은 이의 격려: "두려워 말라",
    "큰 은총을 입은 자"

    C′. 10:20-21: 진행되는 천상의 전투: 페르시아의 군주와
      의 싸움, 그리스 군주의 도래, 미카엘의 도움

은 몸(단 10:6; 참고, 겔 1:16; 10:9); 번개 같은 얼굴과 횃불 같은 눈(단 10:6;
참고, 겔 1:13); 빛난 놋 같은 팔들과 다리들(단 10:6; 참고, 겔 1:7); 많은 물소
리 같은 그의 말소리(단 10:6; 겔 1:24; 3:13; 10:5). 참고, Bauer, *Das Buch
Daniel*, 193.

11. Bauer, *Das Buch Daniel*, 194.

12. 16절에는 "고통들"('찌라이')과 "유지되다"('아짜르티') 사이에, 17절에는 "호
흡"('네샤마')과 "남아 있다"('니스알라') 사이에 형태론적 유사성이 존재한
다.

그와 함께 있던 남자들은 그 환상을 보지 못했을 뿐 아니라 그
들은 큰 두려움 속에 도망하여 숨었습니다(10:7; 출 20:18 이하). 이 큰
환상은 다니엘 혼자 남겨져('샤아르') 본 것이지만, 그에게도 역시
신체적 영향을 미쳐 이 큰 환상을 볼 때에 그의 안에 힘이 남아 있
지 않았습니다('로 샤아르'). 그의 영광(아름다움)이 뒤집혀 그에게 파
멸이 되었고 그는 자신의 힘을 유지하지 못했습니다(10:8). 지상에
속하지 않은 찬란한 형체의 나타남은 그 나타남 앞에 선 영광스러
운 자 역시 폐허와 같은 형상으로 드러나게 만들었습니다. 그는
거의 하나님 자신을 보는 것 같습니다. 다니엘이 그의 말하는 소
리를 들을 때에 다니엘은 얼굴을 땅에 대고 죽은 자처럼 잠이 듭
니다(10:9; 참고, 8:17-18). 육체를 지닌 자로서 그는 그가 보고 듣는 천
상에 속한 것을 감당할 수 없었습니다. 그런 그를 다시 일으켜 세
우고 이 계시를 감당할 수 있도록 하기 위해서 다니엘에게는 **사람
의 아들들의 형상(과 모양)**을 가진 이들을(10:16, 18) 비롯한 여러 번
의 하늘의 손길이(사 6:7; 렘 1:9) 필요했습니다(A-A').[13]

---

13. 10:11, 19에서 다니엘이 마침내 강해지기까지 거치는 과정은 4장의 느부갓네
살의 경험 및 7장의 짐승들과 '사람의 아들과 같은 이'의 대조를 연상시킨다.
그는 황폐화되어 죽은 자 같았고(8-9절), 두 손과 두 무릎을 땅에 댄 네 발 동
물과 같은 모습으로 생명을 얻었으며(10절; 참고, 11, 15절에서는 똑바로 일
어서지만 고개를 숙인 자세) 그러고 나서 마침내 그는 말할 수 있는 사람
의 몸으로 회복된다(16절). 천상의 인물은 이 과정 속에서 다니엘을 "은총을
입은 사람('잇쉬')"이라고 부른다. Goldingay, *Daniel*, 526; Lacocque, *The
Book of Daniel*, 208.

그 천사는 다니엘을 "큰 은총을 입은 자"라고 부르며 그가 하는 말들을 깨달을 것과 다니엘이 선 곳에서 일어날 것을 명합니다. 이 천상의 존재들은 환상을 봄으로 혼절한 그를 일으켜 평강('샬롬')과 강함('하자크')을 전합니다. 이로써 다니엘은 천사의 계시를 받을 수 있게 됩니다(B-B′). 천사는 다니엘로 두려워하지 말 것과 그가 "이해하고" "그의 하나님 앞에 스스로 겸비하기로" 마음을 먹었던 그 첫날에 그의 말들이 들렸고 그로 인해 자신이 왔음을 밝힙니다(10:12; 참고, 9:22-23). 그러나 이제 이전에 알려지지 않았던 추가적인 요소가 천사의 입을 통해 소개됩니다.

> 그러나 페르시아 왕국의 군주('사르')가 이십일 일 동안 나에 맞섰다('아마드'). 그리고 보라, 미카엘, 첫 번째 군주들 중 하나가 나를 돕기 위해 왔다. 그리고 나는 거기 페르시아의 왕들 가까이 남아 있었다. (10:13; 비교, 8:17)

이전에 가브리엘은 다니엘의 기도가 시작할 즈음에 나온 말씀에 따라 지체 없이 다니엘에게 도착했지만(9:23), 이번에는 그가 가브리엘보다 더 큰 천사로 보임에도 불구하고 페르시아 왕국의 군주라는 어떤 존재의 대적 활동으로 인해서 **세 이레 동안의 지연**이 있었습니다. 지금 이 천사의 말을 이해하기 위해서는 쿰란 사본과 칠십인역 **신명기 32:8-9**이 말하는 **세계관**을 살펴볼 필요가 있습니다(마소라 본문은 "이스라엘 자손의 수효대로"라고 기록되어 있지만, 보통 주석가들은 이 다른 독법이 원래의 독법이었을 것으로 여깁니다). 거기서 모세는 다음과 같이 노래합니다.

> 지극히 높으신 이가 민족을 나누실 때, 그가 아담의 아들들을 흩으실 때 **하나님의 아들들(천사들)의 수효대로 민족들의 경계들을 정하셨느니라.** 야훼(주님)의 분깃은 그의 백성 야곱이 되었고 이스라엘은 그의 기업의 영토의 몫이라. (신 32:8-9; 또한 "주님께서는 각 민족마다 통치자를 세우셨으나 이스라엘만은 손수 다스리셨다", 집회서 17:17 참고)[14]

즉, 이 세계관에 의하면 지극히 높으신 하나님은 각 민족들과 영토의 경계들을 나누실 때, 각 민족에 "하나님의 아들들"이라 할 수 있는 신적 존재들을 그 국가들의 군주들로 임명하셨습니다. 오직 이스라엘만이 참 하나님 야훼의 소유가 되는 특권을 얻었습니다.

다니엘이 깨닫고자 결심하고 슬퍼했던 그 세 이레 동안, 보냄 받은 하나님의 천사를 막아선 방해자가 존재했습니다! 이 때문에 하늘의 응답이 (9장과는 달리) 다니엘에게 지연되었다는 사실은 펼쳐지는 상황의 심각성과 계시의 중대함을 강조합니다. 그는 페르

---

14. 고대 근동 신화에서 신의 의회의 헤게모니는 계속해서 달성해야 하는 일이었다. 그 의회의 수장 자리를 차지하는 신은 필연적으로 신적 전사이며 다른 신들과 싸워 계속해서 승리하는 신이다. 혼돈은 우주의 지속적인 위협이며, 끊임없는 경계 및 자비로운 신적 전사의 개입을 통해서만 정지 상태로 유지된다. 이 신화적인 세계관은 신적 전사 야훼 쯔바오트, "만군의 야훼"라는 일반적인 별명으로 알려진 하나님에 대한 구약 이해의 배경에 놓여 있다. Seow, *Daniel*, 160.

시아 왕국의 군주라고 불리는 존재이며, 그 상황에서 그 천상의 사자를 돕기 위해 가장 높은 군주들 중 하나인 미카엘이[15] 왔습니다(미카엘의 이름의 뜻은 **"누가 하나님과 같은가?"**입니다. 이 장에서 이스라엘의 하나님 외, 복잡한 천상의 신적 실재들의 활동과 심지어 전투가 묘사됨에도 여전히 이스라엘의 하나님의 유일성을 단언한다는 점에 비추어 볼 때 의미심장한 이름이라고 할 수 있습니다).

이 계시를 전하러 온 천상의 사자는 돌아가 페르시아 군주와의 전투를 지속할 것입니다. 그는 승리할 것이나 이미 다니엘에게 알려진 바와 같이(7-8장), 이 사자의 부재를 이용해 그리스의 군주가 올 것입니다. 페르시아의 멸망과 함께 도래하는 그리스 제국은 마지막 때의 시작을 알리는 신호탄입니다.[16] 이제까지 다니엘서 내에서 한 왕국에서 다음 왕국으로의 결정적인 전환의 발생이 여호야김 통치 3년(1:1), 벨사살 왕 통치 3년(8:1, 27; 5:31)에 일어나거나 예고되었던 것처럼, 이 고레스 3년(주전 537-536년)이라는 시간 설정도 다음 왕국인 그리스의 발흥이 가까워 옴을 예견하는 셈입니다.[17] 명백히 포로기는 바벨론 시대의 지리적 포로기를 넘어 그리

---

15. 다니엘 이전의 히브리어 성경에서는 야훼 자신이 이스라엘의 통치자로 나타나며, 여기서 미카엘에게 그 역할이 주어진다. 천사에게 "군주"라는 칭호가 적용된 전례는 수 5:14에도 나오며 이 칭호는 쿰란의 주요 천사 세력에게도 사용된다(1QS 3:20; CD 5:18; 1QM 13:10; 1QM 17:5-6). Collins, *Daniel*, 375을 참조하라.
16. 배정훈, 『다니엘』, 213.
17. 참고, Bauer, *Das Buch Daniel*, 193-194. 고대 그리스어 역본은 고레스 1년으로 표시함으로 단 1:21에 조화시켰다.

스 시대를 포괄하는 범위로 확장되었습니다!

즉, 이제 그 천사가 와서 다니엘에게 이해시키려 하는 것은 날
들의 마지막에 다니엘의 백성들에게 닥칠 일, 곧 8:26; 2:28에서
말한 것과 동일한 여러 날 후의 일, 그리스 시대에 일어날 일입니
다(10:14). 그리고 (페르시아 군주와의 싸움 때와 마찬가지로) 그와 함께 이
전쟁을 함께 싸울 자는 오직 이스라엘의 군주 미카엘뿐입니다. 이
말은 그 전세가 상당히 열세로 보이는 가운데 전투가 진행될 것을
의미합니다. 이 하늘의 전쟁에 의해 지상의 운명도 결정되며 역으
로 지상에서의 하나님의 백성의 활동은 이 하늘에서의 움직임에
도 영향을 미칩니다(10:12-13). 다가올 미래는 그 백성들에게 있어
환난의 시간이 될 것이나 보이지 않는 세계에서 그들을 위해 싸우
는 특별한 하나님의 천사가 존재합니다(C-C').

실제로 그의 전투는 바벨론 시대에도, 메대의 다리오가 왕국
을 얻었던 과거에도 이미 진행되었었습니다. 그가 왕국을 얻을 수
있었던 것은 그 천사의 "강하고 견고케 함" 때문이었다고 말합니
다(11:1; 참고, 9:1). 9장에서 다니엘은 아직 명백한 포로 해방의 전조
를 보지 못했기 때문에(아직 고레스 치하에서 예루살렘 성전 재건의 명령이
떨어지지 않았기 때문에[대하 36:22-23; 스 1:1-4]) 책들을 통해 예레미야 포
로기의 예언의 의미를 확인해야 했지만, 이미 하나님은 자신의 약
속대로(렘 25:11-14) 바벨론의 권세를 끝낼 때부터 그의 군대를 움직
이기 시작했습니다.[18]

18.　참고, Seow, *Daniel*, 168.

천상의 존재는 이제 그 역사를 해석하고 하나님의 뜻을 전해야 할 다니엘 역시 강하게 합니다(10:18-19). 앞으로 역사에서 올 왕들과 세력들 역시 자신의 강함을 의지하여 설 것이며(11:5-7, 21), 심지어 그 천사 역시 전쟁을 위해 강하게 되어야 했습니다(10:21). 이 왕국들의 흥망성쇠는 보이지 아니하는 세계의 전투와 함께(참고, 사 24:21) 하늘의 하나님이 이미 정하신 계획을 따를 것이며 **다니엘의 모본을 따르는 독자들은 이 확신 가운데 세계의 역사를 주관하시는 그들의 하나님을 알고 강해져야 합니다**(11:32).

실제로 이 장의 여러 가지 암시는 **다니엘을 독자들의 모본**으로 볼 수 있게 합니다. 먼저 다니엘이 이 환상을 받은 때는 70년 포로기의 마무리를 앞둔 약 69년째의 시기이며(10:1) 그는 천상의 결정적인 개입이 그에게 나타나기까지 (유월절과 무교절을 포함한) 세 이레 동안 이해와 겸비함을 위해 자신을 낮추고 슬픔의 시간을 보냈습니다(여기 쓰인 "이레"에는 성경에서 흔치 않은, 단 9:24-27에서 쓰인 것과 동일한 '샤부임'이 쓰이며, 심지어 그가 계시를 받은 것으로 보고되는 '이십사일'은 그 세 이레와 일주일의 절반인 3일을 더한 숫자로 3과 1/2을 연상케 합니다).[19]

그리고 마침내 그에게—세상의 왕국들을 상징하는 느부갓네살의 환상 속 신상의 모습과는 다른(2:31-33)—사람의 형상들과 함께한(10:16, 18) 천상의 실재가 나타났습니다. 또 다니엘은 그에게 나타난 환상을 통해 종말론적인 해산의 고통과 같은 괴로움을 친히 체험했습니다('치르', 10:16; 참고, 삼상 4:19; 사 21:3).

---

19. Goldingay, *Daniel*, 526.

　　이 책의 1차 독자들도 확장된 70이레의 유배의 시간 중 이미 지나간 69이레를 돌아보는 자들로서(9:26), 특별히 그들이 견뎌내야 할 3과 1/2이레의 시간이 남아 있습니다(참고, 7:25의 한 때 두 때 반 때와 9:27의 한 이레의 절반). 다니엘이 그러했듯이 그들에게도 절기는 애통의 시간이 되었고(1마카 1:39, 45) 그들이 보내는 **환난의 기간**은 **마치 어떤 하늘의 응답도 부재한 듯한 어려움의 시간**으로 느껴졌을 것입니다. 그러나 그들은 그들의 현재 속에 다니엘에게 기도의 응답이 지연된 원인과 동일한, 더없이 치열한 하늘의 전쟁이 펼쳐지고 있음을 기억해야 합니다. 그리고 그 어려움의 시간이 끝났을 때에, 사람의 아들의 모습과 함께 그들이 고대하던 천상의 실재가 그들에게 도래할 것입니다. 이제 천사는 지금까지의 대화를 통해 공개가 지연되어 긴장감을 고조시켰던 계시, 곧 진리('에메트')의 글에 기록된 역사의 도표를 전하기 시작합니다(10:21; 11:2; 참고, 8:26; 9:13).

11장: 왕들의 흥망성쇠[14]

천사가 전하는 진리의 내용은 계획된 종말에 이르기까지 정해진 역사의 도표이며 지상 왕국의 정치사입니다. 이 역사 개관은 전

---

20. 11:2-45은 10:1-11:1과 많은 단어를 공유한다. '아마드'("서다"): 10:11(3번), 13, 16, 17; 11:1, 2, 3, 4, 6, 7, 8, 11, 13, 14, 15(2번), 16(2번), 17, 20, 21, 25, 31;

쟁, 정치적 동맹, 음모로 특징지어집니다. 이 예상 시나리오에서는 다니엘서 안에서 역사의 주관자로 자신을 드러내셨던 하늘의 하나님의 행동이 언급되지 않음으로 마치 이 역사가 하나님의 부재 속에 흘러가는 것 같은 인상마저 전달합니다.[21] 끔찍한 신성모독과 하나님의 백성들을 향한 무서운 핍박까지도 발생합니다. 그 구체적인 내용은 무엇일까요?

첫 번째로 전해지는 내용은 앞으로 또 세 왕이 페르시아에 설 것이며 네 번째는 누구보다 부유하고 강해져 그리스 왕국을 대적하는 모든 이를 격동시킬 것이라는 사실입니다(11:2).

고레스 이후의 이 페르시아의 세(혹은 네) 왕은 누구일까요? 실제로 페르시아에는 훨씬 더 많은 왕들이 즉위했고 성경에서 소개되는 인물만 고레스 외에 다리오, 아하수에로, 아닥사스다가 있습

(12:1, 5, 13); '보'("오다"): 10:3, 12, 13, 14, 20(2번); 11:6(2번), 7(2번), 8, 9, 10(2번), 13(2번), 16, 17, 21, 24, 29, 30, 40, 41, 45; '슈브'("돌이키다"): 10:20; 11:9, 10, 13, 18(2번), 19, 28(2번), 29, 30(2번); '하자크'("강하다"): 10:18, 19(4번), 21; 11:1, 5, 6, 7, 21, 32; '마오즈'("힘", "요새", "견고한"): 11:1, 7, 10, 19, 31, 38, 39; '코아흐'("힘"): 10:8, 16, 17; 11:6, 15, 25; '아짜르'("유지하다"): 10:8, 16; 11:6; '제로아'("팔", "힘"): 10:6; 11:6, 15, 22, 31; '나탄'("주다"): 10:12, 15; 11:6, 11, 17, 21, 31; (12:11); '하무다'("귀중한", "바라는"): 10:3, 11, 19; 11:8, 37, 38; '하몬'("무리", "소요"): 10:6; 11:10, 11, 12, 13; '라함'("전쟁하다"): 10:20; 11:11; '하존'("환상"): 10:14; 11:14; '마쉬히트'/'샤하트'("파괴[하다]"): 10:8; 11:17; '호드'("영광"): 10:8; 11:21; '빈'("이해하다"): 10:1, 11, 12, 14; 11:30, 33, 37; (12:8, 10). 이는 이 장들이 묘사하는 역사의 유형들을 묘사하는 데 도움을 준다. 자세한 것은 Goldingay, *Daniel*, 522-523; Lucas, 『다니엘』, 372.

21. 참고, Seow, *Daniel*, 167.

니다. 그렇다면 이것은 의도적으로 설정된 도식으로 보이며, 이 왕
들의 정체를 식별하는 것보다 더 중요한 것은 **이 도식의 상징성**
같습니다. 이것은 우리가 이미 **2장과 7장**에서 살펴본 **네 왕국 도
식과 유사**합니다. 즉, 페르시아의 왕들의 통치는 우리가 살펴본 2
장과 7장의 네 왕국 도식 속에 들어 있는 (프랙털[fractal: 임의의 한 부분
이 전체의 형태와 닮은 도형] 구조와 같은) 또 하나의 작은 네 왕국 도식이
라고 할 수 있겠습니다. 첫째 왕국인 느부갓네살의 바벨론처럼 페
르시아도 고레스라는, 성경 전통에 그 이름이 알려진 걸출한 영웅
으로 시작하고 (그 사이의 왕들은 간략히 언급되며) 마지막 네 번째 왕국
에서 그 힘과 부요함은 절정에 달합니다.[22]

　　그러나 그 강한 왕국의 몰락은 갑자기 찾아옵니다. 기존의 왕
국은 새롭게 도래한 왕국에게 그 자리를 내어줍니다. 이렇게 한
왕국이 네 왕국 도식으로 묘사될 수 있다는 사실은 역으로 **2장과 7
장의 네 왕국 또한 모든 세상 왕국들의 대표로서 묘사할 수 있다는 것을
암시하는 것** 같습니다(참고, 7:6).

　　그러나 본문은 페르시아의 역사에 많은 관심을 기울이지 않습
니다(참고, 8장). 천사가 전하는 역사의 도표에서 주 관심은 (다니엘서
메시지의 1차 청중들에게 중요했던) 그다음 왕국, **그리스의 왕들**을 향해

---

22. 그리스 자료에서 페르시아 왕에 대한 대중적인 이미지는 귀금속을 비축한
　　 엄청나게 부유한 군주의 이미지였다. Newsom, *Daniel*, 339. 페르시아의 마
　　 지막 왕은 다리오 3세 코도만누스이며 실제로 그는 알렉산드로스가 지휘하
　　 는 그리스 군대와 여러 차례 전쟁을 벌였다(그라니쿠스 전투, 잇소스 전투,
　　 가우가멜라 전투).

지체 없이 이동합니다(11:3-4; 8:21-22; 10:20c). 말하자면, 도식적으로
간략히 조망되었던 페르시아와는 달리, 그리스를 조망하는 렌즈
는 줌인(zoom in) 되어 왕들의 역사를 보다 상세하게 다룹니다. 비
록 왕들의 이름이 나타나지 않아 계시가 어느 정도 암호화되어 있
지만, 중요한 것은 다니엘서의 해석자들로서 1차 독자들은 이 전
쟁 묘사를 통해 이것들이 어떤 사건을 말하는지 알 수 있었으리라
는 사실입니다.[23]

　　얼핏 보기에 혼란스러운 이 왕들의 흥망성쇠를 좀 더 쉽게 파
악하기 위해 다니엘 11:3-45의 대략적인 구조를 다음과 같이 소개
합니다. 나타나는 선형 교차 구조에서 보듯이 그리스 제국의 복잡
한 왕들의 역사 또한 일련의 규칙성 안에서 벗어날 수는 없습니
다.

　　A. 11:3-4 왕의 일어섬('아마드')과 그의 왕국이 예기치 못한 이에
　　　　게 넘어감

　　　B. 11:5-9 왕국들의 전쟁, 동맹을 맺음('하바르', 히트파엘, 11:6)

　　　　C. 11:10-14a 큰 군대의 격돌과 엎드러뜨림('나팔', 11:12)

　　　　　D. 11:14b 백성 가운데 비틀거리는 자들('카샬')

　　　　　　E. 11:15-18 요새를 점령하고(11:15), 마음대로 행하

23.　주석가들은 1-6장에 나타나는 이야기의 많은 부분에 비해, 11장의 안티오코
　　스 4세 에피파네스 시대까지의 그리스의 역사 보고는 정확도가 높고 상세하
　　다는 사실을 주목한다. 참고, Collins, *Daniel*, 377.

며('라쫀', 11:16) 아름다운 땅을(11:16) 침범하는 북
방 왕

　　F. 11:19 왕의 갑작스러운 파멸

A'. 11:20-21 왕의 일어섬('아마드')과 그의 왕국이 예기치 못한 이
에게 넘어감

　B'. 11:22-24 왕국들의 전쟁, 동맹을 맺음('하바르', 히트파엘, 11:23)

　　C'. 11:25-31 큰 군대의 격돌과 엎드러짐('나팔', 11:26)

　　　D'. 11:32-35 백성 가운데 비틀거리는 자들('카샬')

　　　　E'. 11:36-43 요새를 점령하고(11:39), 마음대로 행
하며('라쫀', 11:36) 아름다운 땅을(11:41, 45) 침범
하는 북방 왕

　　　　F'. 11:44-45 왕의 갑작스러운 파멸

알렉산드로스 사후의 디아도코이 왕국들 중, 하나님의 백성인 유
다에게 있어서 중요했던 왕국은 **남방 이집트에 위치했던 프톨레마
이오스 왕국과 북방 시리아 셀레우코스 왕국**이었습니다. 이 두 왕국
은 100여 년 동안 6차례에 걸쳐 전쟁을 했으며, 지정학적으로 팔
레스타인은 헬레니즘 세계의 국제무역의 통로요, 이 왕국들에게
있어서 전략적 요충지이자 이들이 자신의 세력을 확장하려 할 때
마다 반드시 지나야 했던 길목 같은 장소였던 만큼, 거기 살고 있
던 유다의 주민들은 이 불안을 감내해야 했습니다. 그리고 결정적
으로 그들은 북방 셀레우코스 왕국의 한 왕에 의해 전무후무한 종

<그리스 알렉산드로스 대왕과 페르시아 다리오 3세의 전쟁>

교적 박해를 경험하게 됩니다. 실제로 이 마지막 왕에 대해 다루
는 내용은 11:21-45까지, 11장의 나머지 절반 가량의 분량을 차지
합니다. 앞의 7, 8, 9장에서도 이 왕에 대한 예언을 다루는 부분에
각각 전체 환상과 해석의 절반에 해당하는 지면이 할애된 것에 비
추어 본다면, **11장에서의 관심 역시 이 왕에게 집중**되어 있다고 할
수 있습니다. 즉, 다니엘서 11장에서 이런 역사 개관을 제공하는
목적은 청중들에게 지루한 역사 강의를 제공하려는 것이 아니라,
다니엘서의 1차 독자들이 알 수 있는 가까운 시대의 정치사를 돌
아보고 이 왕의 정체를 식별하며, 최후의 환난의 시간을 이겨낼
수 있도록 돕기 위함입니다.[24]

---

24. 주석가들은 이 부분의 장르를 "사후 예언"(vaticinium ex eventu: 사건이 일
    어난 후에 예언의 형식으로 기록된 예언)으로 평가한다. 유사한 사후 예언
    장르와 관련해서는 Lucas, 『다니엘』, 377-382을 보라. 현재까지 마르둑 예언,
    슐기 예언, 왕조 예언, 우룩 예언, '텍스트 A'로 명명된 본문 등 다섯 개의 '핵
    심' 본문이 발견됐다. 이러한 사후 예언 장르를 어떻게 받아들여야 하는가에
    대한 유익한 안내로는, Christopher M. Hays 등, 『역사비평의 도전과 복음주

<그리스 디아도코이 왕국>

　다니엘서의 1차 독자들에게 있어서 11:2-20의 이전 왕국들의 역사는 (그리고 11:21-39까지의 안티오코스 에피파네스가 행하게 될 일에 대한 묘사 역시) 이미 현실 속에 성취된 예언으로 볼 수 있습니다(참고, 12:4, 9). 골딩게이(Goldingay)의 말처럼, 특히 본 장의 묘사들은 이전의 많은 성경 전통들을 연상시키는 언어로 묘사되고 있는데, 이렇게 성경에 비추어 이야기되고 이해된 이 과거는 동일한 방식으로 미래가 가져올 것에 관한 실제 예언의 묘사를 신뢰할 수 있는 근거를 제공합니다.[25] 즉, 그들은 이미 그들에게 성취된 예언에 비추어 미래의 예언(안티오코스 4세 에피파네스의 최후: 11:40-45//종말론적 구원

　　의의 응답』, 성기문 역 (서울: 새물결플러스, 2021), 175-187을 참고하라.
25.　단 10-12장이 앞선 성경들을 반향하는 방법에 대해서는 Goldingay, *Daniel*, 517-519을 보라. 이를 통해 해석자는 현재의 경험이 제기하는 문제들을 성경의 의미를 통해서 다루려고 노력하며, 이로 인해 선지자는 과거와 현재 및 미래 전체에 대한 체계적인 해석을 전개할 수 있게 된다. 그리고 이 해석은 그의 백성들이 그것들과 함께 살아가도록 도울 것이다.

의 도래: 12:1-3) 역시 하나님의 뜻 안에서 반드시 성취될 것이라는 확신 가운데 소망을 품을 수 있습니다. 전혀 다른 역사적 맥락을 살아가는 우리에게 있어서는, **아래 도표**를 통해 이 **전쟁의 경과와 행위의 주체**를 간략하게 식별하는 것으로 충분하리라 생각합니다.

장절	구체적인 사건들과 행위자들
11:2	**네 페르시아 왕**: 구체적인 개인 언급 없이 총체의 상징(참고, 8:3-7, 20).
11:3-4a	**그라니쿠스와 잇소스에서 알렉산드로스 대왕이 다리오 4세를 이김(주전 334-333년)**, 알렉산드로스 대왕의 제국, 그의 갑작스러운 죽음(주전 323년)과 그의 왕국이 네 장군들 사이에서 나뉘어짐. 함께 왕위를 계승한 알렉산드로스의 이복형제 필립포스 아리다이우스와 알렉산드로스 사후에 태어난 아들인 알렉산드로스 4세 둘 다 살해됨(참고, 8:8, 21-22).
11:4b-5	**프톨레마이오스 1세**(재위 주전 305-283년)가 **남쪽의 이집트 통치**(남방의 왕), 그의 장군 중 하나 **셀레우코스 1세**(재위 주전 315/312-281년)가 **북쪽의 시리아/메소포타미아 통치.**[26]
11:6	**프톨레마이오스 2세**(재위 주전 283-246년)의 딸 **베레니케**가 **안티오코스 2세**(북방의 왕, 재위 주전 261-246년)와 결혼(주전 250년), 실패한 동맹(참고, 2:43)(안티오코스 2세의 첫 번째 아내인 라오디케가 안티오코스 2세와 베레니케, 그리고 그녀의 아들을 살해).
11:7-8	베레니케의 오빠가 **프톨레마이오스 3세**가 됨(재위 주전 246-221년). 초기 성공으로 셀레우코스 왕국을 침공하지만 정복을 완료하지 않고 이집트로 돌아감. 비교, 1:2.
11:9	**셀레우코스 2세**가 잠시 프톨레마이오스 영토를 침공.
11:10[27]	셀레우코스 2세의 아들: 셀레우코스 3세(재위 주전 226-223년)와 안티오코스 3세(재위 주전 223-187년). 안티오코스 3세는 호전적이고 대체로 성공적인 왕이었음.

26. 11:5에는 히브리어의 두운법이 나온다. '우마샬 밈샬 라브 멤샬토'(참고, 11:3). Hartman & Di Lella, *Daniel*, 289.
27. 이 구절(참고, 11:10, 40)의 "범람하고 지나가다"('샤타프 베아바르')는 사

11:11-12	프톨레마이오스 4세(재위 주전 221-204년)와 **안티오코스 3세** 사이의 라피아 전투(주전 217년), 프톨레마이오스 4세의 승리, 그러나 안티오코스 3세의 권력을 무너뜨릴 정도의 승리는 아니었음.
11:13-14[28]	시리아와 팔레스타인에서 **안티오코스 3세에 의한 추가 군사 활동(마케도니아의 필립포스 5세의 지원)**, 이집트의 내부 반란, 암시된 유대에서의 격변은 모호함(성경의 환상들을 성취하려는—하나님의 계획을 이해하지 못한—알려지지 않은 일부 유대인들의 실패한 섣부른 종말론적 운동? 많은 학자들은 이를 셀레우코스 왕가를 이용해 프톨레마이오스 왕가의 멍에를 벗어버리고자 한 유대인들의 시도로 이해).
11:15[29]-16	**안티오코스 3세**는 페니키아 해안의 시돈을 점령하고(주전 199년), 효과적으로 팔레스타인(아름다운 땅)을 프톨레마이오스의 통제에서 되찾음.
11:17[30]	**안티오코스 3세**는 주전 194/193년에 그의 딸 **클레오파트라**를 **프톨레미 5세**(주전 재위 204-181년)와 결혼시킴(참고, 2:43). 그러나 그녀는 남편과 새로운 조국에 충성을 다함으로 안티오코스의 계획을 좌절시킴.

8:8의 문맥 간 암시로 선지자가 묘사하는 주전 8세기 앗수르 왕의 예상되는 침략을 연상시킨다. 이 묘사는 이러한 사건이 궁극적으로 왕의 자율적 의지의 결과가 아닌 신적 계획의 일부임을 암시할 수 있다. Newsom, *Daniel*, 342.

28. 단 11:14의 고대 그리스어 역본은 히브리어 본문과 현저히 다르다. "그때에 이집트 왕을 칠 음모들이 일어나리니 그가 네 민족의 무너진 지대를 재건할 것이요 그가 일어나 그 예언을 일으켜 세우려 할 것이다. 그리고 그들은 넘어지리라." 즉, 여기서 예언을 이루는 주체는 프톨레마이오스가 된다. Collins, *Daniel*, 380.

29. 15절에는 '미브짜로트'(요새)와 '우즈로오트'(팔, 힘) 사이에 언어유희가 존재하며, '이르 미브짜로트'(요새화된 도시)와 '암 미브하라브'(가장 엄선된 백성) 사이에 형태론적 유사성이 존재한다.

30. Montgomery는 11:17의 "여자들의 딸"이라는 용어가 여성성의 본질, 탁월한 여성을 표현할 수 있으며 이집트에서 클레오파트라의 매우 뛰어난 지위를 기억해야 한다고 주장한다. 주전 182년 프톨레마이오스의 사후 그녀는 그의 미성년 아들의 섭정이 되어 강력한 인물로 남았다. Montgomery, *Daniel*, 441-442.

11:18	**안티오코스 3세**는 소아시아와 그리스로 확장하려고 함. **로마**(루키우스 스키피오 아시아티쿠스)는 그에 맞서 그를 마그네시아 전투에서 패배 시키고(주전 190년) 무거운 조공을 부과함(이때 안티오코스 4세가 인질로 로마로 끌려감).
11:19	**안티오코스 3세**가 로마에 바칠 조공을 얻기 위해 엘리마이스의 벨 신전을 약탈하던 중(주전 187년) 사망.
11:20[31]	**셀레우코스 4세**(재위 주전 187-175년)는 **헬리오도로스**를 예루살렘 성전에서 돈을 가져오도록 보냄(그 역시 로마에 대한 조공으로 인해 재정적인 어려움을 당함). (2마카 3장—슥 9:8의 성취?) 헬리오도로스에 의해 주전 175년 암살당함.
11:21	**안티오코스 4세**(재위 주전 175-164년)가 왕위 계승 서열은 아니지만 왕이 됨. 셀레우코스 4세의 아들 안티오코스를 꼭두각시 왕으로 삼아 섭정으로 지위를 공고히 하려는 헬리오도로스를 제거하고 어린 안티오코스의 공동 섭정으로 권력을 잡은 후 조카인 그를 제거.
11:22[32]	**"언약의 군주"**('나기드 베리트'; 개역성경, "동맹한 왕"으로 번역)는 **오니아스 3세**일 것임(친프톨레마이오스적 성향; 참고, 9:26; 2마카 3:1), 대제사장 자리를 동생 야손이 대신했고 결국 주전 172년 살해당함(2마카 4:30-38).
11:23-24[33]	**안티오코스 4세**는 야손을 대신한 대제사장 메넬라오스 휘하의 예루살렘에서 급진적인 헬레니즘주의자들과 공동 대의를 세움. "한동안의 승리."

---

31. 여기에 쓰인 "압제자를 넘어가게 하다"는 슥 9:8을 연상시킨다. "압제자가 다시는 그들을 넘어가지 못하리라." Seow, *Daniel*, 175. 또한 이 왕의 몰락에 쓰인 '샤바르' 동사는 단 11:4, 22, 26에서도 사용됐다(참고, 8:7, 8, 22, 25).

32. 9:24-27과 11:10, 16, 22, 26, 31, 36의 다음 유사성을 주목하라: 홍수에 휩쓸림 같은 파괴, 기름 부음을 받은 자/지도자의 제거, 정규 제사의 중단과 황폐케 하는 가증한 것, 작정된 일의 실행 등. Goldingay, *Daniel*, 516-517.

33. 안티오코스의 탐욕과 방탕함은 잘 알려졌다. Polybius 26.10에 따르면, "그는 도시에 바친 희생제물과 신들에게 바친 영예에 있어서 그의 모든 전임자들을 훨씬 능가했다"고 하며, 이 평판은 유대 자료에서 확증된다. Collins, *Daniel*, 382. 또한 24절에는 '빗자'(전리품), '이브조르'(흩어주다)와 '미브짜림'(산성들) 사이에 언어유희가 있다. "재물"을 의미하는 '레쿠쉬'는 또한 11:13, 28에서 사용됐다.

11:25-26	신하들이 **프톨레마이오스 6세**(재위 주전 180-164, 163-145년)를 부추겨 팔레스타인에 대한 통제권을 되찾으려 함. **안티오코스 4세**가 이집트를 침공(주전 170-169년); 이집트 군대의 패배.
11:27[34]	**안티오코스 4세**와 **프톨레마이오스 6세** 사이에 결성된 동맹은 이집트의 왕위를 공유한 (프톨레마이오스 6세의 형제)프톨레마이오스 8세(재위 주전 170-163, 145-116년)를 축출하기 위해 결성됨.
11:28	**안티오코스 4세**가 이집트 원정에서 돌아와 예루살렘을 방문. 성전에서 돈을 약탈(1마카 1:19-24; 2마카 5:5-21). 두 번째 이집트 원정 이후의 사건?[35]
11:29-30[36]	**안티오코스 4세**가 다시 이집트를 침공(주전 168년). 그의 침공을 멈추기 위해 **로마**가 개입, 안티오코스는 헬라주의자들("거룩한 언약을 버린 자들")을 지원하면서 유대인들 사이의 내부 분쟁을 이용함.
11:30-31	**안티오코스 4세**가 박해를 시작. 상번제의 중단과 새 제단 건축, 성소의 모독—제우스와 야훼에 해당하는 시리아의 신 바알 샤마임의 예배 도입, 아크라에 수비대를 설립(주전 167년)(1마카 1:29-64; 4:44; 2마카 5:22-26).
11:32	박해(1마카 1:43-52)에 대한 대응: 일부는 저항하고 일부는 협력함(1마카 1:60-63; 2:17-18; 2마카 7:24).

34. 상호 거짓말은 예상되었던 바이나, 그것이 환대의 식탁에서 행해졌다는 점은 고대 근동의 윤리에 비추어 볼 때 심각한 배신이라 할 수 있다. Montgomery, *Daniel*, 454.
35. 이를 두 번째 안티오코스의 이집트 침공 이후로 규정하는 것은 마카베오하에 근거한다. Collins에 의하면 마카베오하는 1차 침공 이후에 발생한 성전 약탈 사건과 1년 후 발생한 시리아의 예루살렘 공격이라는 두 가지 에피소드를 혼동했을 가능성이 높다. Collins, *Daniel*, 384.
36. "깃딤"이라는 이름은 키프로스의 Citium에서 유래됐고 창 10:4에서 깃딤은 야벳의 손자 야완의 아들이다. Josephus(*Ant.* 1.6.1.128)에 의하면 히브리인들은 그 이름을 "모든 섬과 대부분의 해양 국가들에 대해" 사용한다(참고, 1마카 1:1; 8:5). 이 이름은 로마인을 언급하는 쿰란의 페샤림과 전쟁 두루마리에 여러 번 나타난다. 단 11:30의 고대 그리스어 역본은 명확히 로마를 식별한다. 여기에는 민 24:24에 대한 암시가 있을 수 있다. "배들이 깃딤에서 와서 앗수르와 에벨을 괴롭게 할 것이다." Collins, *Daniel*, 384; Montgomery, *Daniel*, 455.

11:33-35[37]	**지혜로운 자**: 다니엘의 전통과 관련된 그룹 // 많은 사람들: 일반적인 많은 사람들. "도움을 조금 얻을 것": 마카베오 일가의 저항?[38]
11:36[39]-39	**안티오코스 4세와 신들의 관계 요약**: (1) 신들의 신─야훼(성전 모독), (2) 그의 아버지의 신: 아폴로, (3) 여자가 숭배하는 것: 이집트에서 인기 있는 그리스 신인 디오니시우스, 또는 담무스?(겔 8:14: 이후에 페니키아의 아도니스, 프톨레마이오스 시대에 이집트의 오시리스와 동일시 됨), (4) 요새의 신: 올림푸스의 제우스(바알 샤마임).
11:40-45	**안티오코스 4세**가 이집트에 대한 마지막 압도적인 침공과 승리에 이어 유다에서 죽을 것이라는 종말론적 **예언**. (유다 마카베오의 제단 재봉헌은 주전 165년에 이루어짐)

<다니엘 11장의 역사 도표와 관련한 사건 및 행위의 주체>[40]

확실히 이 수많은 왕들의 발흥과 몰락은 혼란스럽습니다. 실제로 구체적인 역사적 대상을 통해 식별된 위의 도표가 아닌, 천사의 말만 놓고 본다면, 도래하게 될 북방 왕과 남방 왕이 각각 몇 명인지 정확히 파악하기도 어려워 보입니다. 그러나 이 혼란 속에도 식별 가능한 질서와 패턴은 존재하며, 어떤 의미에서는 이 질서와 패턴의 파악이 더 중요하다고 할 수 있겠습니다. 그렇다면 이 안

---

37. 11:33에서 사로잡힘을 의미하는 '셰비'는 이곳 외 11:8에서 한 번, 약탈물을 의미하는 '빗자'는 또한 11:24에서 한 번 쓰였다. 11:34에서 "아첨"(개역성경은 '속임수'로 번역)을 의미하는 '할라클라카'는 이곳 외에 11:21에서 안티오코스가 왕국을 강하게 한 수단을 묘사하는 데 한 번 사용됐다.

38. 이 구절을 마카베오 일가의 저항을 의미하는 것으로 이해한다면, 구원의 때는 하나님께서 정하셨고, 그때가 이르기까지 의로운 자의 죽음은 그들을 시험하고 정화하기 위해 주어진 것이기 때문으로 볼 수 있다. Davies, 『다니엘 연구 입문』, 166.

39. 36절의 마지막 부분의 "작정된 일이 이루어지리라"로 번역되는 '키 네헤라짜 네에사타'로 운율을 형성한다. Newsom, *Daniel*, 355. 참고, 9:26-27.

40. 이 표는 Newsom, *Daniel*, 338-339을 기초로 일부 정보를 추가, 수정했다.

에서 우리는 무엇을 알 수 있을까요?

(1) 비록 이 역사 개관에서 하나님의 활동은 감추어져 있지만 이미 2:21에서 선언된 다니엘서의 중요한 테마인 **"때와 시기를 바꾸시며 왕들을 제거하시고 왕들을 일으키시며 지혜자들에게 지혜를 주시고 명철한 자들에게 지식을 주시는" 그분의 활동**은 여전히 **전제**되어 있습니다. 무엇보다 이 역사는 단순히 수많은 왕들이 오고 가는 역사가 아니라 분명한 **하나님의 시간표 안에서 종말을 향해 나아가는 역사**입니다(11:24, 27b, 29, 35b, 36b, 40, 45; 참고, 11:14b). 비록 보이는 현상은 수많은 왕들이 득세하는 시대 같아 보일지라도 이 역사는 하나님에 의해 미리 아신 바 되었고, 이미 2장과 7장에 예언된 영원한 하나님의 왕국을 향해 나아갑니다. 이전의 장들을 통해 해석된 것처럼 바벨론 이후 메대가, 메대 이후 페르시아가, 그 후에는 그리스 제국이 도래할 것이고 그중 하나님의 백성을 핍박하는 신성모독적인 왕의 등장으로 하나님이 정하신 역사는 절정에 이를 것입니다. 궁극적으로 모든 일은 그분의 계획 안에서 일어나므로 사람의 힘으로는 그 시간표를 거스를 수 없습니다.

(2) 앞서 도식적으로 묘사된 페르시아(11:2)와 마찬가지로 그리스 역시 강하고 걸출한 능력을 지닌 왕(알렉산드로스)으로 시작되며 (11:3), 마지막 왕에 이르러 그 권세는 정점에 이르고 그는 그의 힘을 깨워 자신의 대적을 향한 공격을 감행할 것입니다(페르시아와 그리스의 마지막 왕의 묘사인 11:2과 11:25에 "깨우다", "격동시키다"를 의미하는 '우르' 동사가 사용된 것 참고). 그러나 반복되는 동일한 패턴은 이 왕국 역

시 그 왕이 강성할 때에(11:40-45) 갑작스러운 몰락을 맞게 될 것을
예상케 합니다.

(3) 북방 왕이나 남방 왕은 서로를 번갈아 공격하지만(이 남방 왕
과 북방 왕의 지속되는 갈등은 과거 유대 왕정 말기, 하나님의 백성이 바벨론 포로
의 현실로 들어가기까지 존재했던, 남방의 이집트와 북방의 바벨론 사이의 갈등—
결과적으로 605년의 갈그미스 전투에 의해 바벨론의 승리로 귀결된—을 연상시킵
니다. 역사는 반복됩니다!), 어느 한쪽의 일방적인 승리로 끝나 한편이
영구적인 통치를 하는 것은 불가능합니다. **역사의 균형은 유지됩**
니다. 비록 결혼 동맹을 포함해 다양한 동맹 역시 시행되지만(11:6,
17) 그것은 성공하지 못합니다.[41] (이로써 2:41-43의 네 번째 왕국의 설명에
서—우리는 8장 이하의 해석에서 2장과 7장의 네 번째 왕국을 그리스로 재해석해
야 함을 살펴보았습니다—그들이 다른 민족과 사람의 씨로 서로 섞인 상태이나 서
로 달라붙지는 않은 불안정한 상태로 존재할 것이라는 말의 의미가 밝혀집니다.)

(4) 왕들은 권력을 부여받아 정점에 이르고 각기 그들에게 주
어진 시간 동안 이 권력을 행사합니다. 그들은 자신들의 권세를
이용해 조공을 받고 부를 축적하며(11:28, 43), 거주민들의 도움을
받기도 하지만(11:30b, 32a), 그들 모두에게는 정해진 끝이 있으며,
그 끝은 언제든지 일어날 수 있습니다(11:4a, 19, 20b, 45b).[42] 심지어
왕위는 전혀 예기치 못한 자에게 넘겨지기도 합니다(위의 구조 분석
에서 A-A′ 참고). 왕들은 결코 모든 것을 통제할 수 없습니다. 북방 왕

---

41. Newsom, *Daniel*, 327.
42. 배정훈, 『다니엘』, 221.

과 남방 왕 사이에 유지되었던 균형과 역사의 계류 상태는 결국 최후의 (북방) 왕이 지상을 넘어 **하늘에 대한 공격을 감행하는 때 풀려나고 확고한 종말론적 비전이 펼쳐지게 됩니다.** 이러한 권세의 남용은 그 왕의 멸망이 임박함을 알리는 징조입니다.[43]

(5) **동시에 최종 대적의 식별은 조심스러워야 합니다.** 5-9절의 남방 왕과 북방 왕 사이의 일반적인 전쟁 묘사를 지나(A-B) 10절 이후부터 사용되는 북방 왕의 활동에 대한 강렬한 표현의 밀집(C-E, 10절: 군대의 무리, 물의 넘침; 11절: "크게 노하다"['마라르'; 참고, 8:7]; 12절: "넘어뜨리다", "그의 마음에서 높아지다"; 15, 18절: "사로잡다"; 16절: "자기 마음대로 행하다"['라쫀'; 참고, 8:4; 11:3, 36], "마주 설 자가 없다"; 17절: "파괴하다"('샤하트'; 참고, 8:24, 25; 9:26)은 독서 과정에서 독자에게 비로소 예견된 종말이 도래한 듯한 인상을 전합니다(이 왕은 앞선 환상 묘사들의 최종 대적의 묘사에 할애된 분량과 유사하게, 11:1-19의 내용 중 약 절반[11:10-19]을 차지하며, 위의 도표에서 안티오코스 3세로 식별됩니다). 비록 1차 독자들의 시점에서 이들은 이미 지나간 과거의 인물들로 식별될지라도, 이때 백성의 포악한 자들 중 환상을 이루려는 자들이 스스로를 들어 올리는 것도 무리는 아닙니다(11:14). 이 왕은 심지어 하나님의 성전이 있는 "아름다운 땅", 팔레스타인에까지 침공해 들어갑니다(참고, 8:9; 11:41, 45). 그렇게 그는 자신에게 주어진 권세의 남용으로 갑작스러운 최후를 맞지만, 그 왕이 사라진 이후에도 또 다른 왕들의 등장이 잇따르며 그중에 이 왕을 닮았으면서도 그를 능가

---

43. Newsom, *Daniel*, 327.

하는 진정한 대적이 존재합니다(A-F와 병행하는 A'-F'의 문학적 구조는

그의 활동 안에서 이전의 그리스 왕들의 역사가 총체적으로 반복되는 듯한 느낌을

전달합니다).[44]

　　그러면 본문의 최고 관심사인 **마지막 북방 왕, 안티오코스 4세**

에게 주목해 봅시다(그에 대한 묘사는 11:1-45 중 25절[11:21-45]이나 되는 분

량을 차지합니다). 그는 "멸시받는 자"로(21절) 앞선 환상에서 "작은

뿔"(7:8; 8:9)로 묘사된 것과 동일한 특성을 가진 인물입니다. 또한

그는 8:9-10의 환상에서 보았듯이 계속해서 커져 "그의 아버지들

과 그의 아버지들의 아버지들이 한 번도 행하지 못한 일을 할" 것

(11:24)이라는 점에서 **하나님의 종말론적 개입을 촉발할 자로** 그려

집니다.[45] 실제로 그는 성공적이고 강력한 왕이었던 그의 전임자

안티오코스 3세(11:10-19)를 능가하는 자로 묘사됐습니다. 그는 비

록 합법적인 왕위 계승자가 아니었으나 조용한 때를 틈타 계략과

음모를 통해 왕국을 얻었고(참고, 11:24; 8:25) 그의 정적들을 넘어뜨

렸을 뿐 아니라(11:21; 참고, 7:24; 8:24)[46] 모든 왕들 중에서도 독보적으

---

44. 다음 문구들이 안티오코스 3세(11:10-19)와 안티오코스 4세에게 동일하게
　　쓰인 것을 주목하라. "자기 마음대로 하다"(11:16, 36a; 참고, 11:3b), "아름다
　　운 땅을 침범하다"(11:16, 41), "그곳의 거민들로부터 약간의 지지를 얻어내
　　다"(11:14, 30b, 32a), 스스로 높아짐(11:12a, 36a, 37b), 기만적인 언약맺음
　　(11:17, 23), 상승하려 할 때 저지당함(11:18; 29-30). Lucas, 『다니엘』, 373.

45. Newsom, *Daniel*, 347.

46. 안티오코스는 주전 189년부터 로마에 인질로 잡혀 있었지만 그의 아버지의
　　통치가 끝나자 그의 형 데메트리오스가 그의 자리를 대신했고 그는 석방되
　　었다. 데메트리오스가 적법한 왕위 상속자였지만, 셀레우코스의 죽음에 책
　　임이 있는 공모자들의 우두머리 헬리오도로스는 셀레우코스의 어린 아들의

로 (거룩한) **언약**, 곧 **유대인의 야훼 신앙의 원수**로 묘사됩니다(11:22, 28, 30, 32; 참고, 9:4, 27). 그는 예루살렘을 공격했고 시민들에 대한 대규모 폭력을 저질렀으며, 성전을 약탈했습니다(11:28; 참고, 1마카 1:20-21; 2마카 5:11-21 및 요세푸스[*Ant.* 12.246-47]). 주전 168년 그는 다시 한번 이집트를 침략했지만, 그때 나타난 로마의 개입으로 실패했고(깃딤의 배; 참고, 민 24:24) 주전 167년, 예루살렘을 침공했습니다 (11:31). 이 자료들에 의하면, 당시 예루살렘에서는 대제사장의 직분을 두고 다툼이 일어났는데, 안티오코스 4세가 이집트에서 원정을 벌이는 동안 그가 살해되었다는 소문이 예루살렘에 퍼졌고, 이로 인해 축출된 대제사장 야손은 예루살렘으로 돌아가 현재의 대제사장인 메넬라오스를 전복시키려 했습니다. 이 일련의 상황을 반란으로 판단한 안티오코스 왕은 도성을 무자비하게 진압했고 성전 경내를 이교도들을 위한 예배와 제의의 장소로 내어줌으로 "황폐케 하는 가증한 것", 아마도 번제단 위에 놓여진 것으로 보이는 이방 제단을 세웠습니다(단 11:31; 참고, 1마카 1:54).[47] 마카베오상 1:44b-50은 유대인들에 대해 안티오코스 4세가 내린 칙령을 다음과 같이 묘사합니다.

섭정 역할을 한다는 구실로 권력을 장악하려는 또 다른 음모에 착수하는 데 바빴다. 안티오코스는 버가모의 에우메네스(Eumenes)의 도움으로 군대를 확보해 신속하게 바벨론으로 진격했고 헬리오도로스는 달아났다. 안티오코스는 섭정으로 있다가 왕좌를 찬탈하고 그의 어린 조카인 꼭두각시 왕을 살해했다. Hartman & Di Lella, *Daniel*, 294; Collins, *Daniel*, 382.

47. Newsom, *Daniel*, 351.

… 유대인들은 이교도들의 관습을 따를 것, 성소 안에서 번제를
드리거나 희생제물을 드리거나, 술을 봉헌하는 따위의 예식을 하
지 말 것, 안식일과 기타 축제일을 지키지 말 것, 성소와 성직자
들을 모독할 것, 이교의 제단과 성전과 신당을 세울 것, 돼지와
부정한 동물들을 희생제물로 잡아 바칠 것, 사내아이들에게 할례
를 주지 말 것, 온갖 종류의 음란과 모독의 행위로 스스로를 더럽
힐 것, 이렇게 하여 율법을 저버리고 모든 규칙을 바꿀 것, 이 명
령을 따르지 않는 자는 사형에 처한다. (1마카 1:44b-50 공동번역; 참고,
2마카 6:1-11)

그야말로 무서운 박해의 시기가 도래했습니다.[48] 그들의 상황은
그 옛날 다니엘과 그의 친구들이 직면했던 사자 굴과 풀무불에 던
져지는 것과 같은 죽음을 연상케 합니다. 이것은 고대 세계에서
참으로 유례가 없었던, 신앙에 대한 조직적 박해였습니다.[49] 왕은

---

48. 그의 온 왕국에 내려진 조서라는(1마카 1:41) 이 기록의 역사적 가치는 오늘
    날 논란의 대상이다. 하시딤적인 저자가 왕의 종교 정책을 셀레우코스적인
    틀에서 파악하고 있었을 가능성은 거의 없으며, 저자는 전적으로 유대지역
    의 경악할 만한 상황을 중심으로 현재 진행되는 사건을 보고 있다. 그럼에도
    불구하고 이 종교 법령들과 이것이 실행된 분명한 역사적 배경이 존재하며,
    Hengel은 왕의 칙령 배후에 헬레니즘적 유대인 개혁가들이 있었을 것이라
    고 판단한다. 자세한 것은 M. Hengel, 『유대교와 헬레니즘 3』, 박정수 역 (서
    울: 나남, 2012), 98-162.
49. Collins, *Daniel*, 63.

그들이 율법과 언약을 어기도록 회유와 협박을 일삼았으며 그 언약에 신실한 사람들은 순교의 제물로 사라졌습니다. 다니엘의 시대와는 달리 기적적으로 구원하시는 하나님의 손길은 보이지 않는 듯합니다. 그의 세 친구가 가정한 것이 현실이 된 듯한 시대! "그리 아니하실지라도"(3:18). 그러나 다니엘과 그의 친구들이 그들의 하나님을 아는 이들로서 자신의 시대에 용기 있게 행했던 것처럼, **그의 하나님을 아는 백성은** (마치 왕들이 그러했듯이) **강해질 것이며 행동을 취할 것입니다**(11:32b; 참고, '하자크', 11:1, 5-7, 21; '아사', 11:28, 30). 안티오코스 4세를 비롯한 왕들은 자신이 뜻한 바를 이루기 위해 많은 이들을 멸하고(8:25; 11:26, 44) 많은 이들을 이용할 것이지만(9:27; 11:10-11, 13-14, 39), (다니엘과 그의 친구들과 같은[1:4, 17, 20]) 그 시대의 **백성의 지혜로운 자들**은 많은 이들에게 이 책에 기록된 신적 계획의 비밀들을 이해하게 하여('빈') 그들로 시기를 분별케 하고 하나님의 언약을 향한 신실함을 굳게 할 것입니다(참고, 12:3). 비록 그들은 칼날과 불꽃과 사로잡힘과 약탈로 인해 여러 날 동안 몰락하고('카샬', "걸려 넘어지다": 11:33-35; 참고, 11:14, 19, 41)[50] 안정된 도움을 얻지 못하며, 심지어 (안티오코스 4세와 같은) 속임수로 그들에게 연합하는 많은 이들에 의해 수동적인 희생자가 되겠지만(11:34; 참고, 11:21), 그들의 몰락 또한 그들을 정련케 하고 깨끗케 하는 수단

---

50. "지혜로운"('사칼')과 "비틀거리다"('카샬'; 개역성경은 "몰락하다"로 번역) 사이에 언어유희가 있다(35절). 또한 네 번째 종의 노래의 시작 부분인 사 52:13에도 '사칼' 동사가 쓰였음을 주목하라. Lacocque, *The Book of Daniel*, 299.

으로 작용할 것입니다. 그것은 정해진 마지막 때를 위한 준비입니다. 무엇보다 중요한 종말론적 임무, 이사야 53:11-12("··· 나의 의로운 종이 자기 지식으로 많은 사람을 의롭게 하며 또 그들의 죄악을 친히 담당하리로다", 개역개정)에 묘사된 바와 같은 새 출애굽의 주역으로서의 **고난 받는 종의 임무**가 그들에게 맡겨졌습니다. 그들은 (비록 겉으로 보기에는 동일한 몰락['카샬']을 당하는 것 같더라도) 환상을 세우기 위해 스스로를 세우는 백성들의 포악한 자들과는 달리(11:14) 진정으로 환상을 세우는 이들이 될 것이며(위의 구조 분석에서 D-D'의 쌍 참고), 아직은 때가 이르지 않았지만(11:35) 결국 그 자신들의 의로움을 입증받게 될 것입니다(12:3).[51]

이 **계시의 절정**(11:36-45)에서 안티오코스 4세의 초상은 우리에게 알려진 그의 역사적 실체를 넘어서, 말 그대로 성경 전통의 종말론적 대적의 그림으로 채색됩니다(예, 사 14장; 겔 28, 38-39장 등). 자기 마음대로 행하고(참고, 8:4; 11:3) 모든 신들 위에 자신을 높일 뿐 아니라 신들의 신을 향해 놀라운 일들('니플라오트'; 참고, 8:24)을 말하며 형통하는 존재(11:36: 아마도 이 '놀라운 일들'은 1차 독자들에게 야훼 예배를 진압하려 했던 그의 칙령들을 연상시켰을 것입니다)![52]

---

51. 다니엘서보다 한 세기 후에 헬라어로 기록된 마카베오하는 순교자의 죽음의 의미를 제시한다. 의로운 순교자는 핍박을 유발시킨 신적 진노를 돌이켜서 백성의 구원을 확보할 뿐 아니라, 제물로 바친 자신의 몸이 회복되리라는 하나님의 약속도 받는다(2마카 7:7-23; 12:38-45; 14:45-46). Davies, 『다니엘 연구 입문』, 181.

52. Goldingay, *Daniel*, 543.

동시에 **이제 이 왕의 최후가 가까움을 예측**할 수 있습니다. 이 제까지 사람들과 성소에 대한 공격, 곧 땅의 차원에 놓여져 있던 역사는, (8:9-12, 23-25에서와 마찬가지로) 이 왕이 눈을 돌려 하늘의 권세를 공격할 때 정점에 달하고 하나님의 개입을 초래합니다(11:36). 그의 형통함은 정해진 기한이 있고 그에 대해 작정된 바는 이루어질 것입니다. 흥미로운 것은 여기서 묘사되는 안티오코스 4세의, 신들에 대한 태도가 단지 이스라엘의 하나님만을 향한 것이 아니라는 것입니다. 36-39절 안에는 "신"이라는 단어가 8회나 나타나 그와 신들의 관계를 총체적으로 조망하고 있습니다.[53] 그는 그의 아버지들의 신들을 알지('빈') 않았고,[54] "여자들이 사모하는 것"('담무스 또는 아도니스')뿐 아니라 어떤 신들도 알지('빈') 않았습니다. 참으로 그는 그 모든 것보다 자신을 크게 했습니다. 대신 그는 "요새의 신"(참고, 11:7, 10, 19, 31; 개역성경은 "강한 신"으로 번역)을 그 자리에 두고(히브리어 '알 크노'는 11:20, 21에서 다음 왕이 왕위를 이어 일어날 때 사용된 표현입니다) 그것을 영화롭게 합니다. 캐롤 A. 뉴섬의 말처럼, 신명기 13:13(참고, 신 32:16-17)에 비추어, 그가 영화롭게 하는 신이 그의 아버지들(조상들)이 알지 못했던 이방신이라는 사실은(11:38-39), 그

---

53. Seow, *Daniel*, 183.

54. 그가 "그의 아버지들의 신들을 알지 않았다"는 말은 안티오코스가 기존 제국 주화의 뒷면에 있는 아폴로의 그림을 제우스의 그림으로 대체한 것에서 유래된 것일 수도, 그가 자신의 국고를 보충해야 했을 때 자신이 속한 신들의 신전을 약탈했던 사실(Polybius 36.4, 10)로부터 유래된 것일 수도 있다. Hartman & Di Lella, *Daniel*, 302. 물론 역사적으로 그는 여전히 왕국에서 다양한 중요한 신들의 사원과 숭배를 지원했다. Collins, *Daniel*, 387.

를 파멸로 인도하는 난잡한 예배에 사로잡힌 무지하고도 공포스러운 대상으로 비추어지게 합니다.[55]

안티오코스 4세는, 오직 이스라엘의 하나님만이 가지신, 신들에게 그들의 자리를 할당하는 권세가(신 32:8-9) 자신에게 속한 것처럼 행동했으며, 그는 그의 정치적 모토에 따라 그가 적절하다고 생각하는 대로 신들마저 강등시키거나 승격시켰습니다.[56] 그는 신들의 신이신 야훼 자신이 각 민족들에게 할당했던 권세들의 질서조차 이해하지('빈') 않는 자입니다. 그는 스스로 신적 존재로 자처하며 자신의 권위를 인정하는[57] 이들의 영광을 많게 하고, 그들에게 많은 이들을 통치하는 권세를 부여합니다. 심지어 그는 오직 하나님께만 소유권이 속해 있는 땅을(레 25:23) 값을 받고 분배합니다(참고, 1마카 3:36). 이러한 묘사들은 신들을 무시하고 인간들을 경멸하는 대적으로서의 안티오코스의 인물상을 완성시킵니다. 그야말로 그는 이전의 성경 전통들에 묘사된 **이스라엘의 하나님의 대적들이 가진 악덕의 총체**입니다.

이제 마지막 때가 이르고, 역사의 마지막 움직임이 펼쳐집니

---

55. 참고, Newsom, *Daniel*, 356.
56. Seow, *Daniel*, 183. 특히 그가 "요새의 신"을 영화롭게 했다는 것(11:38)은 안티오코스 4세의 군대가 예루살렘에 있는 요새 아크라를 점령하고 올림푸스의 제우스(바알 샤마임)에게 성전을 재헌납한 것을 연상시킨다. 이 신은 헬라주의 유대인들의 하나님을 포함한 여러 신들과 동일시될 수 있었던 것 같다.
57. 11:39의 "이방"('네카르')신과 "인정하다"('나카르') 사이에 언어유희가 존재한다.

다(11:40; 참고, 11:27, 35).[58] 이 시나리오에서 남방의 왕이 먼저 공격을 개시하고, 이 북방 왕은 큰 군대를 이끌고 여러 땅들을 비롯해 아름다운 땅, 성지를 침공하며(비교, 겔 38:11-13) 많은 땅들을 넘어뜨립니다(11:41). 여기서 그의 손에서 건져냄을 입는('말라트', 11:41; 12:1) 에돔, 모압과 암몬 자손의 주요 부분(히브리어, "첫째")은 유다의 상징적 대립물들(참고, 겔 25장)로[59] 기능하여 백성들이 처한 곤경을 더욱 부각시킵니다. 로마의 개입으로 위기를 면한 11:28-30과는 달리 이번에 이집트는 구출되지 못합니다. 남방 왕과 북방 왕 사이의 세대를 거친 오랜 전쟁의 결말이 이제 그 종착점에 이른 듯하며, 북방 왕의 세력은 리비아와 구스에까지 미칩니다(11:42-43).

그러나 그의 최후는 곧 찾아옵니다. 해외에서 원정 중인 왕들은 항상 국내 불안의 위험 요소를 안고 있었습니다. 동쪽과 북쪽에서 이른 수수께끼의 소문은 그를 동요케 하고('바할'; 참고, 사 37:5-7; 왕하 19:5-7) 그는 큰 분노 가운데 많은 이들을 파괴하고 진멸하고자 하나, 그는 결국 지중해(바다)와 시온산(아름답고 거룩한 산; 참고, 겔

---

58. 주석가들에 의하면 39절까지는 사후 예언(*vaticinium ex eventu*)으로, 40절부터가 실제 의미에서의 예언이 시작되는 곳이다. 안티오코스는 이집트에서 세 번째 원정을 한 적이 없고, 11장의 저자는 안티오코스 4세의 실제 종말에 대해서는 아직 경험하지 않은 상태였다고 본다(40절 이전과는 달리!). Goldingay는 40-45절(또한 12:1-3)에서 성경적 어법의 사용이 이전보다 더 만연해 있으며, 이것이 40절이 역사적 사실에 근거한 유사 예언에서 성경과 이전 사건들의 패턴에 근거한 실제적 예언으로의 전환을 나타내고 있음을 암시한다고 주장한다. Goldingay, *Daniel*, 545.

59. Newsom, *Daniel*, 357.

38:14-39:20; 사 14:25) 사이에 둔 그의 장막('오헬') 궁전에서 도와 주는
이 없이 최후를 맞게 됩니다. 스스로 하나님의 자리에 있어 지극
히 높으신 이를 패러디했던 그는 그렇게 그에게 정해진 끝을 맞이
합니다(11:44-45. 그의 죽음에 대한 묘사는 8:25과 유사하게 매우 절제된 용어로
묘사됐습니다[60]).

실제로 안티오코스는 주전 164년 유다가 아닌, 그의 제국의 동
부에서 의문의 죽음을 맞이한 것으로 알려져 있습니다. 그리고 그
죽음에 대한 서술은 자료마다 다양합니다(1마카 6:1-17; 2마카 1:11-17;
9:1-29; 폴리비오스[History 31.9-11]).[61] 성경의 예언의 본질은 마지막 세
부 사항까지의 예측이 정확히 성취되는 것이 아닌 역사와 사회정
치적 영역에서 하나님의 뜻을 해석하는 것임에 주의할 필요가 있
습니다.[62] 즉, **이 대적에 의해 야기된 종말론적 사건을 묘사한 언어
는 문자적 예측이 아니라 묵시적이며 종말에 관한 성경 전통의 언
어에 의해 채색된 그림입니다.** 이 위기의 시기는 안티오코스에 의
해 더럽혀진 예루살렘 성전이 주전 164년 12월 유다 마카베오에
의해 재헌납됨으로써 종결됩니다.[63]

---

60. Newsom, *Daniel*, 358.
61. 안티오코스는 주전 164년 11월 20일에서 12월 19일 사이에 페르시아에서 사
망했다. 자료마다 다양한 서술의 차이가 있지만, 이 기록들은 왕이 페르시아
에서 신전 약탈을 시도하다가 죽었다는 데 동의하는 것으로 보인다. 안티오
코스의 최후에 대한 다양한 서술에 대해서는 Lucas, 『다니엘』, 406-407;
Collins, *Daniel*, 390 참고.
62. Seow, *Daniel*, 185; 참고, Goldingay, *Daniel*, 545.
63. K. Schmid는 창 5장과 11장의 족보, 족장의 수명에 대한 정보, 창 47:28; 출

12장: 지혜 있는 자는 궁창의 빛과 같이 빛날 것이요 …

12장은 다음과 같이 구조화 할 수 있습니다.

A. 12:1 백성들의 구원의 약속

  B. 12:2-3 영원한 생명을 받을 자들과 영원한 수치를 당할 자들의 구분 / 지혜로운 자는('하마스킬림') 빛날 것이다.

    C. 12:4a 말씀 봉함 명령

      (D. 12:4b 많은 이들이 지식을 얻게 될 것)

        X. 12:5-7 천사의 맹세와 기한의 고지(한 때 두 때 반 때)

      (D′. 12:8 다니엘이 이해하지 못함)

    C′. 12:8-9 말씀 봉함 명령

  B′. 12:10 의인과 악인의 구분 / 지혜로운 자는('하마스킬림') 깨달을 것이다.

A′. 12:11-13 백성들과 다니엘을 향한 구원과 부활의 약속

이제 **12장**은 **지상 왕국들의 역사에 대한 예언으로부터 종말론적**

12:40-41; 왕상 6:1의 연대기적 가교 역할을 하는 정보 및 열왕기의 연대기적 정보에 바탕을 둔 세상의 나이에 대한 관찰 가능한 순서가 있다고 주장하며, 늦게는 마카베오 시대까지 역사서 속에서 세상의 나이를 다소 "다니엘적인" 방향으로, 즉 단 9장의 역사 신학의 의미 안에서 설정하기 위해 모세 오경 전승 속의 숫자가 아직도 재조정되고 있었던 것으로 보인다고 평가한다. 주전 164년의 성전 재봉헌은 각 시대 사이의 결정적인 분기점이다. 자세한 것은 Schmid, 『고대 근동과 구약 문헌사』, 403을 보라.

구원의 예언으로 전환됩니다. 11장의 역사의 도표가 알려지기 전, 그 배후에서 활동하는 보이지 않는 세계의 실체가 묘사된 것처럼 (10:13; 10:20-11:1) 이제 지상의 종말론적 대적의 최후와 함께 개입하게 될 천상의 세력이 묘사됩니다.

> 그때에 너의 백성의 아들들 곁에 서 있는('아마드'), 큰 군주 미카엘이 서게 될 것이다('아마드'). 민족이 있을 때로부터 그때까지 있지 않았던 환난(고통)의 때가 될 것이나 그때에 네 백성, 책에 쓰인 것으로 발견되는 모든 자들이 건져냄('말라트')을 입을 것이다. (12:1; 참고, 11:40)

앞서 계시를 전달하는 천사는 세계 제국들의 배후에 있는 군주들과의 싸움에서 자신과 함께 맞서 싸우는 자가 이스라엘 백성의 군주인 미카엘뿐임을 언급했습니다. 비록 그들이 지극히 높으신 하나님 편에 서 있다 하더라도, 전세가 열세에 몰린 것처럼 보일 만큼 결코 만만치 않은 싸움이 될 것임이 암시되었습니다(10:13, 21). 그러나 결국 그리스의 군주에(10:20-21) 대한 승리는 도래할 것이며, 앞서 역사의 도표 안에서 수많은 왕들과 그의 군대들이 차례로 일어섰던 것과 같이(11:2-4, 6-8, 11, 13-16, 20-21, 25, 31) 최종적으로 이스라엘 백성 곁에 서 있는 미카엘이 일어서게 될 것입니다. 비록 그들은 그 민족이 생긴 이래 그때까지 없었던 환난(고통)의 때를 경험하게 될 것이나(참고, 렘 30:7) 안티오코스 4세 치하의 유대인들의 운명은(11:32-35) 홀로 내버려져 있지 않습니다. 천사는 그때에 책에 쓰인(참고, 시 69:28; 출 32:32-33; 사 4:3; 말 3:16-18) 모든 하나님의 백성들이 건져냄('말라트')을 입을 것이라고 이야기합니다. 앞서 에돔, 모압과 암몬 자손 일부가 안티오코스 4세의 손으로부터 건져냄을 받았듯이(11:41, '말라트') 유다 자손 중 일부가 그런 유의 구원을 경험하게 될 것이라는 의미일까요?

이어지는 2-3절은 이에 대해 이전의 성경 전통에서 충분히 알려지지 않았던 놀라운 비전을 제시합니다.

> 땅의 티끌(참고, 창 3:19; 욥 17:16)의 잠든 자들로부터 많은 이가 깨어날 것이라. 이들은 영원한 생명으로 또 이들은 영원한 수치와(참고, 11:18; 9:16) 멸시로(참고, 사 66:24). (12:2).

그 구원은 "그리 아니하실지라도" 이스라엘의 하나님께의 충성을 위해 생명도 아끼지 아니한 자들을(11:32-35) 위한 것이 될 것입니다. 이사야 26:19에서 희미하게 암시되었던 죽은 자들의 부활, 그리고 이전의 부활 예언들이 이스라엘의 민족적·집단적 소생을 암시했다면(겔 37장), 비로소 이제 백성들이 최종적으로 참여하게 될 개개인의 운명으로서의 부활이 분명히 계시됩니다. **비록 이 땅에서 비참한 죽음으로 산 자의 땅에서 끊어지더라도, 하나님의 정의는 그 죽음을 넘어서 관철될 것입니다.**[64]

---

64. 다니엘서는 죽은 자의 부활에 대한 유대인의 희망의 가장 이른 분명한 증거

앞서 다니엘의 이야기 부분에서 "영원히 사십시오"라는 인사를 받은 이들은 권세 있는 왕들이었지만(2:4; 3:9; 5:10; 6:6, 21), 영생하시는 하나님은(12:7) 그 영원한 생명을 그분에게 죽기까지 충성한 이들에게 나누어주실 것이며, 언약을 버리고 왕들에게 굴복한 기회주의자들에게 영원한 수치를 입게 하실 것입니다.[65] 또한 자신의 지식으로 많은 사람들을 의롭게 한 지혜로운 자들은(11:33-35; 참고, 사 53:11) 부활의 영광 속에 궁창의 빛('조하르')과 별처럼 영원토록 빛나게('자하르') 될 것입니다(12:3; 8:10; 참고, 사 52:13). 이를 통해 신실한 이스라엘 백성은 "사람의 아들"(7:13-14)로 변형됩니다. 8:10에서 안티오코스를 상징하는 작은 뿔은 계략에 지혜로운 자로서(8:23, 25; 11:21) 하늘로 눈을 돌려 하나님을 대적하고, 군대와 별들의 일부를 떨어뜨렸지만, 교만한 자를 능히 낮추고(4:37) 낮은 자를 높이시는 하나님은 이제 이 "지혜로운 자들"에게 정당한 지위를 부여하십니다. 역사의 위대한 역전이 발생합니다(참고, 사 14:12 이하)![66]

이제 다니엘에게 **최후의 임무, 마지막 때까지**('아드 에트 케쯔'; 참

라고 할 수 있다(참고, 사 26:19 외에 겔 37장; 호 6:2과 같은 구절들의 경우 다니엘서의 이 구절의 모델이 되었을 수도 있지만, 이스라엘의 민족적 회복에 좀 더 초점을 맞추고 있는 것으로 보인다). 죽은 자들이 돌아올 수 없는 스올의 그늘진 영역으로 들어간다는 구약성경에서 보다 일반적인 사후 세계관을 보여주는 욥 14:14; 시 6:5; 30:9; 전 9장과 같은 구절과 비교하라. 또한 Collins, *Daniel*, 394-398을 보라.

65. Goldingay는 그들이 당하는 수치가 전 세계에 복음이 증언되어진 곳, 즉 다니엘서가 성경으로 읽혀지는 곳에서 그들의 행위에 대한 기억이 영속된다는 사실을 통해 성취된다고 제안한다. Goldingay, *Daniel*, 565.

66. 참고, Lucas, 『다니엘』, 413-414.

고, 11:35) **그에게 전해진 그 말씀들을 감추고 그 책을 인봉하라는 명령
이 전해집니다**(12:4; 참고, 12:9).[67] 고대에는 문서를 밀랍이나 젖은 진
흙으로 봉하고 그 위에 소유자나 작성자가 표시된 인장이나 인장
반지를 눌러(왕상 21:8; 에 8:8, 10; 단 6:17) 문서를 인증하고 변조로부
터 보호했습니다. 오직 적절하게 승인된 사람만이 문서를 열 수
있었고, **인봉된 예언의 경우 예언이 성취되는 때가 그 인봉을 열
수 있는 때입니다**(참고, 계 5:1-5).[68] 즉, **다니엘서를 읽는 자는 이제 그 책
의 인봉이 떼어졌으므로 자신이 마지막 때에 서 있음을 알게 되며 이 책을
이해한 독자는 이 책에 공개된 지식을 통해 지혜로워진 "많은" 사람 중 하
나가 됩니다**(즉, 다니엘 자신이 많은 이들을 의롭게 한 자의 모델이 됩니다).[69]

　한편, 12:4의 많은 사람들이 이리저리 다니게 될 것('슈트')이라
는 말은 다소 모호합니다. 이 구절은 아모스 8:12을 반향하는데,
그렇다면 3절의 지혜자로서 행해야 할 독자 그룹과 달리 많은 이
들이 종말이 가까워져 올수록 야훼의 말씀을 찾지 못해 헛된 발걸
음들을 재촉하게 될 것이라는 의미로 볼 수 있을 것 같습니다(다니
엘서와 유사한 "책의 인봉" 모티프를 사용하는 사 29:9-11에 의하면 이 인봉은 하
나님께 반역한 자들이 스스로 영적으로 눈멀게 되는 효과를 가져옵니다).[70]

---

67. "책"('쎄페르')은 1:4, 17; 7:10; 9:2; 12:1에서도 언급됐으며, 그중 9:2은 성경
인 "예레미야서"를, 7:10; 12:1에서는 하늘에 간직된 신비한 책들을 일컫는
다. 다니엘서에서 "책"들과 그것을 읽고 해독하는 능력은 종말의 도래에 중
요한 역할을 차지한다. 참고, Lacocque, *The Book of Daniel*, 212.

68. Hartman & Di Lella, *Daniel*, 311; Newsom, *Daniel*, 365.

69. Newsom, *Daniel*, 365.

70. 참고, Lucas, 『다니엘』, 414.

지식이 더한다는 말도 이해하기 어렵기는 마찬가지입니다. 여기서는 **본문비평적 판단**이 도움이 될 것이라 생각됩니다. 오늘날 전 세계의 구약성경 번역의 대본이 되는 히브리성경(BHS) 외에 잘 알려진 다니엘서의 고대 그리스어 번역은 크게 두 가지 판본이 있는데(고대 그리스어 역본, 테오도티온), 이 둘은 히브리어 본문의 "지식"을 각각 "악"과 "지식"으로 번역했습니다. BHS[5]에서 '하다아트'(지식)를 '하라오트'(악들) 또는 '하라아'(악)로 수정하는 제안은 이런 고대 역본들의 지지를 받으며, 마지막 때가 가까울수록 다니엘서의 환상의 의미가 밝히 드러나 알려지리라는 필사자들의 확신, 나아가 "악"과 "지식"의 히브리어 첫 글자의 유사성은 더더욱 필사 과정 중 혼동을 가져왔을 수 있습니다. **실제로** 본래의 독법은 "악이 더하여질 것이다"였을 가능성이 있습니다.[71] "야훼의 말씀"이 오랫동안 봉인된 결과 아무도 그것을 찾을 수 없기에 악이 만연한다는 의미입니다(참고, 8:23; 9:24).[72] 하나님의 최종적인 개입이 가까워져 올수록 오만한 악인들의 세력은 더욱 득세하게 될 것이고, 많은

---

71. 비록 "악"으로 읽는 것이 본래의 독법일 수 있지만, "지식이 더하리라"로 읽을 경우(Lacocque, *The Book of Daniel*, 246) 마지막 때, 책의 인봉이 풀릴 때 암 8:12이 묘사하는 상황이 반전되는 것을 의미할 수 있다. 즉, 사람들이 더 이상 하나님의 말씀을 찾기 위해 필사적으로 헤매는 것이 아니라 지혜로운 자들과 그들에 의해 인도된 "많은 이들"(12:3)의 활동에 의해 온 땅에 하나님에 대한 지식이 충만해지는 것을 의미한다는 것이다. 이 경우 위의 구조 분석에서 많은 이들이 지식을 얻게 되는 것(D. 12:4b)과 다니엘이 이해하지 못하는 것(D′. 12:8) 사이에도 대응이 존재할 것이다. 참고, Newsom, *Daniel*, 365; Seow, *Daniel*, 190.

72. Bauer, *Das Buch Daniel*, 215.

이들 역시 자신의 안위를 위해 언약을 등지며 타협을 일삼게 될 것입니다. 그러나 종말이 임박해 다니엘서의 인봉이 풀릴 때 역시 가까이 다가옵니다. 그때에는 말 그대로 이 책이 그들을 향해 말하였음과 그에 대한 하나님의 심판이 알려지며, 누구도 자신의 행위를 핑계치 못할 것입니다.[73]

이윽고 다니엘은 강가에 서 있는 다른 두 천사들이 이 계시를 전달해 준 세마포 옷들을 입은 천사와 주고받은 대화를 들려줍니다. 그들 중 하나가 강물 위에 선 세마포 옷들을 입은 천사에게 묻습니다. **"그 놀라운 일들의 끝이 언제까지인가?"**(12:6; 참고, 8:13).

질문을 받은 이 계시 천사는 자신의 좌우 손을 하늘을 향해 들고 영원히 살아 계시는 분으로 엄숙한 맹세를 발합니다(참고, 신 32:40).[74]

> … **한 때 두 때 반 때**('모에드[75] 모아딤 바헤찌')! 거룩한 백성의 손(권세)이 산산이 부서지는 일이 끝날 때에 이 모든 일들이 끝나리라.
>
> (12:7; 참고, 7:25)

---

73. 참고, 배정훈, 『다니엘』, 228-229; Seow, *Daniel*, 189.
74. 두 명의 천사의 등장 이유는 율법에 의하면 맹세에서 두세 명의 증인이 필요했기 때문으로 볼 수 있다(신 17:6; 19:15; 민 35:30). Hartman & Di Lella, *Daniel*, 311.
75. 여기서 지정된 "때"를 의미하는 '모에드'는 이곳 외에 8:19(×2); 11:27, 29, 35에서 사용됐다.

앞서 살펴보았듯이(참고, 7:25) 이 **"한 때 두 때 반 때"**는 도합 '세 때 반'으로, 완전수 7의 절반이라는 상징성을 가집니다. **종말이 도래하기까지 하나님의 백성들이 견뎌내야 할 악의 세력이 득세하는 환난의 시간**으로서, 천사는 이 특정 기간을 대답으로 제시합니다. 그러나 10:1에서와 대조적으로 **다니엘은 이 마지막 계시를 이해하지('빈') 못합니다.** 이것들의 끝에 대해 질문하는(12:8) 다니엘에게 돌아오는 천사의 대답은 그가 자신의 길을 갈 것과 반복되는 봉함 명령, 그리고 **이 계시를 최종적으로 이해하는 책임은 다니엘이 아닌 다니엘서의 독자들에게 있다는 것**입니다(참고, 12:4).[76]

> 많은 이들이 스스로를 깨끗하고 희게 할 것이며 연단되어질 것이나(참고, 11:35) 악한 자들은 악을 행할 것이다. 모든 악한 자들은 이해하지 못할 것이나 지혜로운 자들은 이해하리라! (12:10)

이제 이 책은 독자에게 마지막 퍼즐을 맞추는 일을 맡깁니다. 마지막 때에는 다니엘이 깨닫지 못했던 비밀이 분명하게 나타나게 될 것입니다. 이제 공은 다니엘로부터 독자들에게 넘어왔습니다. 그리고 일련의 수수께끼 같은 숫자들이 독자들을 향해 제시됩니다.

---

76. 쿰란의 하박국 페셰르와 비교하라. "하나님이 하박국에게 마지막 세대에 임할 일들을 기록하라 하셨으나 마지막 때의 성취는 그에게 알리지 아니하셨다"(1QpHab 7:1-2). Collins, *Daniel*, 400.

매일의 제사가 제거되고, 황폐하게 하는 것의 가증한 것이 주어
지는 때로부터 1290일(참고, 11:31)! 기다리어 1335일에 다다르는
이들은 복이 있도다! (12:11-12)

12:7에서 제시된 **한 때 두 때 반 때**라는 수수께끼의 시간은 백
성들이 견뎌내야 할 특별한 환난의 기간이었습니다. 이것을 1년을
360일로 하는 3년 반으로 계산하면 **1260일**이 나옵니다. 그러나
연이어 제시되는 1290(12:11)과, 1335(12:12)의 숫자의 의미는 대체
무엇일까요?[77]

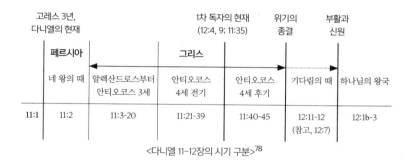

<다니엘 11-12장의 시기 구분>[78]

마카베오상 1:54; 4:52에 의하면 **안티오코스 4세에 의한 성전**

---

77. 보통 비평적 주석가들은 이 수수께끼의 숫자를, 예측된 성취의 시간이 지났
지만 종말이 도래하지 않은 데 대한 지연을 설명하기 위해 고안된 연속적인
주석으로 여긴다(11절과 12-13절). 이 숫자에 대한 학자들의 의견은 배정훈,
『다니엘』, 231-232를 참고하라.
78. 이 표는 배정훈, 『다니엘』, 235을 기초하여 다소 수정했다.

모독과 마카베오 유다에 의한 탈환 및 재봉헌 사이의 시간은 3년
반이 아니라, **3년**밖에 걸리지 않았습니다(참고, 마 24:22).[79] 또한 그
의 사망 소식이 언제 예루살렘에 퍼졌는지는 알려지지 않았으나
안티오코스 4세도 주전 164년 12월에 죽었습니다. 그럼에도 불구
하고 이방 왕국의 결정적인 파멸, 백성의 구원, 의인과 악인의 부
활 같은 예견된 종말론적 시나리오는 일어나지 않았습니다.[80] 그
이후로도 유대인들은 복잡한 국제 정세의 흐름 가운데 셀레우코
스 왕국의 왕들과 지난한 싸움을 지속해야 했습니다. (그리고 그 승리
는 결국 유대인의 독립 국가로서의 하스몬 왕조의 설립으로 열매 맺게 됩니다.)
안티오코스 4세의 박해로 촉발된 위기가 마무리된 시점과, 영원
한 하나님의 왕국이 도래하는 종말론적 구원의 날은 일치하지 않
았음이 드러났습니다. 많은 주석가들의 의견처럼 이 수수께끼의
숫자들이 이후에 추가된 숫자인 것은 분명해 보입니다. 그러나 정
말 이 숫자들에 무슨 의미가 있는 것일까요? 이것은 단지 후대의
필사자들이 실패한 예언 성취의 시기에 대한 예측을 다시 조정하
고자 고안해 낸, 그러나 (후대의 관점에서 되돌아 보았을 때에는) 사실상
은 아무 의미도 없는 숫자에 불과한 것은 아닐까요? (다음 장에서 우
리는 이 숫자에 대해 고찰해 보도록 하겠습니다.)

　　어쨌든 이제 파란만장했던 다니엘의 생애는 마무리되어 갑니

---

79. 반면 2마카 10:3에 따르면 성전을 더럽힌 기간은 단 2년에 불과했다. 참고,
　　Segal, "Other Chronological Conceptions," 30, 각주 46.
80. Newsom, *Daniel*, 367.

다. 하나님의 영이 그 안에 존재하는 자로서 이방 왕들에게 칭송을 받은 사람(4:8, 18; 5:11, 14)! 그는 약 70년 동안 네 왕의 시대를 살며 70이레의 네 왕국의 시대, 곧 하나님의 영원한 왕국이 도래하기 전 큰 환난을 통과해야 할 자기 백성들을 위한 계시를 전달했습니다. 그는 이교도 왕들의 신하로 일했지만, 처음 뜻을 정한 것처럼(1:8) 무엇보다도 지혜롭고 신실했던 하늘의 왕의 신하로서 그의 이름으로 남겨진 책 안에서 기념됩니다. 이제 그의 임무는 끝났고 그는 얼마 남지 않은 70년의 종결까지—그가 포로로 잡혀온 여호야김 3년(1:1)으로부터 고레스 3년까지(10:1)의 기간은 약 69-70년이었습니다—나아가 안식하면 됩니다. 그는 궁창의 빛과 같이, 별들과 같이 영원토록 빛날 지혜로운 자들 중 한 명으로서 (12:3) 죽음으로부터의 **부활을 약속**으로 받습니다. 그 역시 이방 땅에서의 고된 포로 생활을 신실하게 살아낸 자로서, 동일한 처지에 처해 있는 독자들과 함께 동일한 약속에 참여합니다. 그는 그날에 땅의 티끌로부터 일어나게 될 것이며(마치 종말을 알리는 미카엘의 일어섬에 동참하듯이, 12:1) 그 끝날 그의 운명의 몫('고랄'; 참고, 렘 13:25, 또한 이 명사는 오경과 여호수아에서 백성들의 유업-땅을 나눌 때 주로 사용됩니다)을 누리게 될 것입니다. **최후의 인봉을 풀고 그 퍼즐을 맞추는 임무는 이 책의 주인공인 다니엘과 같은 지혜로운 독자들에게로 완전히 넘어왔습니다.**[81]

81. 본문은 이 책의 계시가 초자연적인 존재로부터 선지자에게 제공됐고(10:1, 14) 다니엘의 계시를 깨달은 지혜로운 자들이 다시 그것을 많은 사람에게 제

다니엘 전체의 교차 대구 구조[82]

A. 1장: 유배의 시작(여호야김 3년, 주전 605년), 세계 제국의 첫 번째 왕(느부갓네살), 죽음과 같은 부정한 영역으로의 추방, 지혜로운 자들에게 주어진 역할('사칼': 1:4, 17)

  B. 2장: 다니엘에 의한 네 왕국의 해석과 하나님의 종말론적 개입

    C. 3장: 신실한 하나님의 백성의 구원 이야기(세 친구와 풀무 불)

      X. 4장: 교만한 왕에 대한 심판(느부갓네살)

      X′. 5장: 교만한 왕에 대한 심판(벨사살)

    C′. 6장: 신실한 하나님의 백성의 구원 이야기(다니엘과 사자 굴)

공하는(11:33) 계시의 연결고리를 상정한다. 또 다니엘뿐 아니라, 많은 경우 성경에서 1인칭으로 말씀을 전하는 이들은 훗날의 독자들이 본받아야 할 모본으로 작용하며 이로써 본문의 세계와 독자의 세계는 서로 연결된다. 예를 들어 야훼의 영광을 보고 유다 백성들에게 보냄을 받은 이사야(사 6장)는 훗날 동일하게 야훼의 영광을 보고 그 영광을 열방에 전파하도록 보냄을 받는 열국의 백성들을 예표하며(사 66:18-19), 야훼의 영이 그 안에 들어와 포로지에서 새로운 생명으로 '일어선' 것처럼 묘사되는 에스겔(그 역시 다니엘과 마찬가지로 '사람의 아들'로 불린다)은(겔 2:2) 역시 야훼의 영의 들어옴을 통해 새로운 생명으로 '일으켜질' 마른 뼈와 같은 훗날의 백성들을 예표한다(겔 37장, 특히 10절). 바울 역시 그의 편지에서 독자들이 자신을 본받을 것을 명하며(고전 11:1; 빌 3:17) 복음서 역시 고대 그리스의 전기의 형식을 통해 주인공인 예수를 독자들이 본받아야 할 모본으로 제시한다.

82. 이 구조는 James Hamilton, 『다니엘서 성경신학: 하늘 구름을 타고』, 김귀탁 역 (서울: 부흥과개혁사, 2021), 280을 참고하여 다소 수정했다.

B′. 7-9장: 천상의 사자들에 의해 구체화되는 네 왕국 해석과

하나님의 종말론적 개입

A′. 10-12장: 유배의 종결을 바라봄(고레스 3년: 주전 536-535년), 세계

제국의 마지막 왕들, 죽음으로부터의 부활, 지혜로운 자들에

게 주어진 역할('사칼', 11:33, 35; 12:3, 10)

■ 10-12장에서 반드시 기억할 요소

1. 다니엘은 **70년 포로기의 종결을 1년 앞둔 시기**에 마지막 환상을 받았
고(10:1) 그는 천상의 결정적인 개입이 그에게 나타나기까지 **세 이레** 동안
괴로움의 시간을 가졌습니다. 이러한 다니엘의 모습은 **70이레의 유배의
시간 중 마지막 1이레의 절반을 견뎌내고 있는 1차 독자들에게 모본**으로
기능했을 것으로 보입니다. 그들의 유배의 기간이 끝날 때 그들에게도
비로소 천상의 실재가 그 모습을 드러낼 것입니다(12:1-3).

2. 10-12장은 남방의 프톨레마이오스 왕가와 북방의 셀레우코스 왕가 사
이의 오랜 전쟁을 조망합니다. 그 목적은 **하나님의 백성들의 큰 위기를
초래할 안티오코스 4세의 박해를 견뎌낼 힘**과 이 모든 역사가 궁극적으
로 그들의 하나님의 손에 있다는 확신을 주기 위함입니다. 특히 이 시대에
다니엘과 같은 지혜로운 자들에게 특별한 임무가 주어집니다. 그것은 **다니엘
서의 환상과 예언의 의미를 가르쳐 많은 백성들을 의롭게 하는 것**입니
다.

3. 안티오코스 4세에 의해 초래된 성전 모독과 백성의 위기는 결국 유다 마카베오에 의한 성전 재봉헌과 안티오코스의 사망으로 종결되었습니다 (참고, 마카베오상하). 그러나 **이 위기의 시간이 끝났을 때**(9:27; 7:25; 12:7) **기대되었던 종말, 즉 이방 왕국의 결정적인 파괴, 의인과 악인의 부활 같은 일은 일어나지 않았습니다. 오히려 이후의 역사는 이 둘이 별개의 것임을 분명히 보여주었으며**, 또한 12:11-12에는 3년 반(1260)을 초과하는 **더 수수께끼 같은 숫자인 1290일과 1335일이 제시됩니다. 대체 이 숫자의 의미는 무엇일까요?**

4. 또 하나의 흥미로운 사실은 다니엘서 내에서 2, 7장의 네 왕국이 '바벨론-메대-페르시아-그리스'로 식별됨에도 불구하고 **주후 1세기 유대인들은 거의 하나같이 넷째 왕국을 그리스가 아닌 로마로 식별했다는 것입니다. 어떻게 이런 재해석이 가능할 수가 있었을까요?**

최종 장:
"나라(왕국)가 임하시오며"
—신약성경으로의 연결[1]

아직 책의 인봉은 완전히 열리지 않았다!

이제까지 우리는 다니엘서 본문의 내용을 살펴보았습니다. 그리고 본문의 수수께끼였던 2장과 7장의 네 왕국이 다니엘서 안에서 다음과 같이 식별될 수 있음을 확인했습니다.

---

1. 다니엘서는 대부분의 신약성경 기록에서 인용되거나 암시되는 성경 중 하나이다. Craig Evans는 다니엘을 신약에서 가장 자주 인용되고 암시되는 책인 이사야서 및 시편과 같은 범주에 놓으며, 예수의 종말론의 대부분은 다니엘서에 나오는 주제와 이미지의 영향을 받았다고 평가한다. Craig Evans, "Daniel in the New Testament: Visions of God's Kingdom," in: *The Book of Daniel: Composition and Reception*, Vol. 2, VT 83 (Leiden: Brill, 2001), 490.

왕국	2장	7장	8장	왕들
바벨론(주전 629-539년)	금	사자	-	1. 느부갓네살(1-4장) 2. 벨사살(5장; 7:1; 8:1)
메대(주전 626-550년)	은	곰	숫양	다리오(6장; 9:1)
페르시아(주전 550/539-333년)	놋	표범		1. 고레스(1:21; 6:28; 10:1) 2. 네 왕들(11:2)
그리스(주전 333년~)	쇠	?	숫양과 큰 뿔	1. 알렉산드로스 대왕(8:5, 21; 11:3)
	흙과 쇠?	네 뿔	네 뿔	2-10? 셀레우코스/프톨레마이오스(8:8; 11:5-20)
		작은 뿔	작은 뿔	안티오코스 4세(8:9-12, 23-25; 11:21 이하)

<다니엘서의 환상들과 왕국들 & 왕들>

이를 통해 우리는 (그리스 셀레우코스 왕조의) 안티오코스 4세 에피파네스로 인해 초래된 성전 모독과 박해에 처한 이들이 다니엘서의 1차 독자들이며, 그들은 이 책을 통해 자신들의 현재를 보고 최종적인 구원이 도래하리라는 미래의 소망을 붙잡았을 것이라는 사실을 살펴보았습니다. 다니엘서는 이방 땅에서 **네 왕의 시대(느부갓네살, 벨사살, 다리오, 고레스), 70년의 포로기를 살다 간 다니엘**이, **네 왕국의 시대(바벨론, 메대, 페르시아, 그리스), 70이레의 마지막 시기에 서 있는 독자**를 위해서 전한, 마치 타임캡슐과 같은 예언의 형식을 띠고 있습니다. 이 책은 그 왕의 박해로 초래되는 마지막 시기가 지나면, **죽은 자들이 부활**할 것이며(12:2-3) **영원히 멸망하지 않는 하나님의 왕국이 도래하게 될 것**이라는 소망을 전하고

그들을 위로했습니다(2:44; 7:13-14, 18, 22, 27).

실제로 외경 **마카베오하**(7:7-23; 12:38-45; 14:45-46)는 당시의 많은 순교자들이 바로 이 부활의 소망을 붙잡고 순교의 제물로 사라져 갔음을 전합니다. 율법을 어기고 먹어서는 안 되는 돼지고기를 먹으라는 왕의 회유 앞에서 수많은 사람들이 이를 거부하고 말로 형용하기도 어려운 고문을 받았습니다. **히브리서**는 바로 이들을 언급하며 다음과 같이 평가합니다.

> … 또 어떤 이들은 더 좋은 부활을 얻고자 하여 심한 고문을 받되 구차히 풀려나기를 원하지 아니하였으며 또 어떤 이들은 조롱과 채찍질뿐 아니라 결박과 옥에 갇히는 시련도 받았으며 … 궁핍과 환난과 학대를 받았으니 (이런 사람은 세상이 감당하지 못하느니라) 그들이 광야와 산과 동굴과 토굴에 유리하였느니라. (히 11:35-38 개역개정)

그러나 **예상된 위기가 끝났을 때 기대되었던 종말론적 구원은 도래하지 않았습니다.** 즉 이방 왕국의 결정적인 파괴, 의인과 악인의 부활 같은 전체로서의 종말론적 시나리오는 일어나지 않았습니다.[2] 이후의 역사는 **이 왕으로 말미암아 초래된 위기의 끝과 종말론적 구원 도래의 시점**이 **별개의 것으로 분리**되었음을 분명히 보여주었습니다. 다니엘서의 예언은 지나치게 과장된 소망이요 실패로

---

2. 참고, Newsom, *Daniel*, 367.

판명된 허구였던 것일까요?

흥미로운 사실은 필립 R. 데이비스가 언급한 바와 같이 주전 2세기 전 다니엘서와 그 내용에 대한 분명한 외적 언급은 발견되지 않지만 **다니엘서는 안티오코스 4세의 핍박 이후 유대 문학과 신학에 지대한 영향을 미치기 시작했다**는 것입니다(『시빌라의 신탁』, 『솔로몬의 시편』, 쿰란 문서 등). 그는 또한 다음과 같이 말합니다. "안티오코스 4세의 핍박 이후에 모든 역사적 연관성을 잃어버렸던 책이 이렇게 지대한 영향력을 행사했다는 것은 놀라운 사실이다."[3] 더구나 이후의 수용사(*Wirkungsgeschichte*)에서 볼 수 있듯이 요세푸스를 비롯한(*Ant.* 10.11.7[10.276]) 1세기 유대교나, 시리아 교회를 제외한 이후 초대 교회는 **다니엘서의 네 번째 짐승을 그리스 제국이 아닌 로마 제국에 대응**시킵니다. 예컨대 1세기 말의 유대 묵시문학인 『**에스라4서**』는 다음과 같이 말합니다.

> 네가 본 바 바다에서 올라오는 독수리는 **네 형제 다니엘에게 환상 가운데 나타난 네 번째 왕국**이니라. 그러나 내가 지금 설명했거나 **너희에게 설명한 대로 그에게 설명되지 아니하였느니라.**
> (『에스라4서』 12:11-12)[4]

---

3. Davies, 『다니엘 연구 입문』, 23.
4. Tanhuma, Ber. 70b 그리고 Bemid. 13과 같은 유대 문헌에서 2장의 돌은 메시아 왕국으로 해석되며 『에스라4서』 13장에서 바다로부터 온 사람이 산으로부터 잘라내고, 그 위로 날아가 마침내 굳게 서는 돌은 시온산으로 해석된다. Montgomery, *Daniel*, 191-192.

즉, 이들은 **다니엘서가 안티오코스 4세 에피파네스 시대의 위기를 예언했다는 사실을 깨달은 것으로 다니엘서의 인봉이 풀렸다고 생각하지 않았습니다. 무언가가 더 있습니다!** 그렇다면 그들이 다니엘서에서 추가로 발견한 것은 무엇일까요?

독자의 역할과 첫 계시 해석의 수정

현대 해석학이 발견한 중요한 통찰 가운데 하나는 **본문의 의미는, 독자의 '독서 과정'에서 발생한다**는 이해입니다. 본문은 이미 그 자체로 저자와 별개의 살아 있는 주체이며 특히 텍스트와 독자가 서로 대면하는 과정에서 **독자는 수동적인 대상이 아니라 의미를 창출해 내어 본문을 완성시키는 능동적인 주체**라고 할 수 있습니다. 특히 **본문에 제공되는 수사학적 구조들은 독자들에게 '어떻게 읽을 것인가'를 보여주는 신호들을 알려주면서 본문 전체에 걸쳐서 드러나며 해석자의 해석을 통제**합니다. 독자는 본문에 명시되지 않은 여백을 자신의 전제가 도출해 낸 결론들로 채워나감으로 의미를 완성합니다. 즉 해석은 본문과 독자의 능동적인 상호작용을 통해 발생합니다. 무엇보다 **다니엘서는 12:8, 10의 결말**("오직 지혜 있는 자는 깨달으리라")을 통해 이해를 위한 독자의 참여를 강력하게 촉구합니다. 필립 R. 데이비스는 다음과 같이 말합니다.

저자는 다니엘서의 첫 여섯 장의 주인공인 다니엘의 배후에 서서 자신의 시대와 멀리 동떨어진 역사적 세계를 독자들에게 보여준다. 여기서 저자와 독자의 관련성은 가장 멀다. 독자는 비교적 객관적인 위치에 서서 다니엘을 단순한 내러티브의 영웅으로 관찰한다. 그러나 7-12장에서 이 영웅은 더 이상 독자가 주목할 대상이 아니라 주체가 된다. 즉 그 영웅은 "저자"가 되어 자신에 대해 말하기 시작한다. 여기서 독자는 영웅을 직접 대면하게 되고, 이 야기들의 제삼자인 저자는 무대 뒤로 사라진다. 다니엘과 독자를 둘러싼 세계도 내면 세계로 변하고 … 이로써 그(독자)는 다니엘과 깊은 공감대를 형성하고 본문의 말을 직접 듣게 된다. 12장 끝에 가면 저자인 다니엘은 사라진다. 그는 "그의 길"을 가야 하고, 다른 이들은 지혜롭다면 "깨달을 것"이다. 이 시점에서 독자는 천사를 직접 대면하게 된다. 그리고 독자를 책 속으로 흡수하는 작업은 완성된다.[5]

앞서 언급했듯이 **다니엘 12:11-12**은 독자들에게 **최후의 숫자 수수께끼**를 남겼습니다. "매일의 제사가 제거되고, 황폐하게 하는 것의 가증한 것이 주어지는 때로부터 1290일!"(12:11)을 "기다리어 1335일에 다다르는 이들은 복이 있도다!"(12:12). 그리고 앞서 12:7에서는 **한 때 두 때 반 때**라는 수수께끼의 시간이 "언제까지 이 환

---

5.   Davies, 『다니엘 연구 입문』, 190-191.

난의 시간이 계속될 것인가?"라는 질문에 대한 답으로 주어졌습니다. 이 한 때 두 때 반 때는 3년 반인 1260일의 시간으로 계산될 수 있습니다. 한 때 두 때 그리고 반 때(7:25; 12:7), 즉 "세 때 반"(1260일, 9:27)과 그것을 초과하는 숫자 1290과 1335! 그것을 "기다려서" 그때까지 도달하는 사람은 복이 있을 것이다! 여기서 "**기다리다**"('하카')는 말은 **하박국 2:3**을 연상케 합니다.[6]

> 이 묵시는 정한 때가 있나니 그 종말이 속히 이르겠고 결코 거짓되지 아니하리라 비록 더딜지라도 **기다리라**('하카') **지체되지 않고 반드시 응하리라.** (합 2:3 개역개정)

비록 안티오코스 4세 에피파네스의 죽음과 함께 예언된 종말론적 구원이 도래한 것은 아니었지만, 그의 패망은 다니엘의 예언이 참되다는 것을 확증했습니다. 그렇다면, 이 종말론적 구원에 대한 이 책의 예언 역시도 반드시 이루어질 것입니다. 그동안 독자들은 이 수수께끼의 기다림의 시기를 믿음으로 인내할 필요가 있었습니다.

중요한 것은 다니엘서와 같은 **묵시문학의 숫자는 거의 항상 시간 속에서의 신적 합리성을 보여주는 어떤 상징적 원리에 기초하고 있다**는 사실입니다. 캐롤 A. 뉴섬에 의하면 1290에서 1260을 빼면 30, 그리고 1335에서 1260을 빼면 75라는 숫자가 나옵니

---

6.   Newsom, *Daniel*, 367.

다. 이 30과 75는 다시 30(한 달)과 60(두 달), 15(1/2달)로 환산할 수 있습니다.[7] 즉, 마치 프랙털 구조처럼 이 기다림의 시간들 안에 **다시 한 때(1개월)와 두 때, 반 때(2와 1/2개월)의 기간**이 나타나는 기이한 현상을 볼 수 있습니다. 우리는 2장의 해설에서 네 왕국의 다스림의 기간으로 묘사되는 전체 포로 기간이 "한 때 두 때 반 때"로 묘사될 가능성이 있음을 살펴보았습니다(참고, "추가 메모 2"). 그렇다면 **1260일**(360 + 720 + 180)로 환산된 "한 때 두 때 반 때"는 네 왕국 전체 포로기 기간을 집약한, 네 번째 왕국의 시기에서 발생할 프랙털이며(7:25), **105일**(30 + 60 + 15)로 환산되는 "한 때 두 때 반 때"는 다시 1260일로 나타난, 안티오코스 치하의 신학적 유배 시기를 또다시 집약한 프랙털인 셈입니다. **이것은 최종적 완성까지의 (즉 이미와 아직 사이의) 기다림의 시간 안에 의인들이 또다시 감내해야 할 한 때 두 때 반 때의 환난의 포로기가 존재함을 암시하는 것일까요?**

어쨌든 분명한 것은 다니엘서의 예언은 안티오코스 에피파네스 시대의 성취로 완전히 소진되지 않았습니다. 오히려 다니엘서는 **독자들의 현재에 기초**하여 **재해석**됩니다![8]

---

7.   Newsom, *Daniel*, 367-368. 또한 Newsom은 기다림의 시기로 주어진 두 숫자, 1290과 1335를 합하면 2,625라는 숫자가 나오고, 완전수를 상징하는 "일곱 때"(7년)를, 월 단위가 아닌 주 단위로 환산하면 (즉, 7[일] × 52[주] × 7[년]) 총 2,548일이 나오며 이 두 숫자의 차이가 77이라는, 많은 상징성이 담긴 숫자라는 사실에 주목한다.

8.   물론 우리는 이후의 해석 공동체들이 어떻게 다니엘서를 재해석하는 과정을 거쳤는지 정확히 알 수는 없다. 그러나 다니엘서 자체가 가진 문학적 특성을

우리는 **9장**에서 다니엘서의 **암시된 1차 독자들의 현재**를 바벨론 포로기 이후, **70이레로 연장된 하나님의 진노의 기간의 마지막, 네 왕국의 마지막 시대에 배치**해야 한다는 사실을 살펴보았습니다. 즉, 이들은 자신들의 현재를 **여전히 유배의 상태**로 인식하고 있습니다. 그들은 **다니엘서에 기록된 환상과 꿈의 의미를 깨달아야 하는 이들**입니다(12:8-10; 참고, 11:33, 35; 12:3).[9] 그뿐 아니라 이 70이레를 구성하는 마지막 1이레 이전 69이레(7이레 + 62이레)의 종결 지점은 어떤 연대기 계산을 통해서도 의미 있는 역사적 사건과 연결하기 어려운 숫자임을 살펴보았습니다. 오히려 이 69이레는 종말에 이르기까지의 70이레의 마지막 1이레, 특히 그 절반(3년 반)이 남은 시점에 서 있는 이들이 과거 역사를 돌아보며 자신들의 때를 식별하고, 곧 하나님의 결정적인 개입이 임할 것을 확신한 가운데 최후까지 환난의 시기를 견뎌내도록 격려하는 기능을 가집니다. 그러나 **동시에 본문은 안티오코스 4세 에피파네스로 말미암은 위기가 종결된 이후 아직 종말이 도래하지 않았음을 자각한, 그와 유사한 새로운 위기의 상황에 처한 독자들이 다시 한번 자신들의 현재를** (9:24의 종말론적 성전 낙성식으로 마무리될) **마지막 1이레의 한 가운데에서 찾을 수 있도록 여지를 남깁니다.**[10]

　　토대로 특히 (로마 시대의 유대인들이 그러했듯이) 네 번째 짐승을 로마와 동일시할 수 있었던 개연성 있는 가설을 세워볼 수 있을 것이다.

9. 　독자를 참여시키는 다니엘서의 환상의 수사학적 전략에 대해서는 Newsom, *Daniel*, 19-21을 참고하라.

10. 　예를 들어, 『바나바의 편지』 4장의 저자가, 새로운 시대에 맞게 재조정된 권

또한 2장의 첫 번째 네 왕국의 환상에서 다니엘은 오직 첫 번째 금의 왕국만을 느부갓네살 왕으로 식별했습니다. 본문은 미묘한 해석 게임을 통해, 독자가 이야기에 등장하는 다니엘과 함께 그가 살아간 네 왕(느부갓네살, 벨사살, 다리오, 고레스)의 통치를 이 네 왕국으로 연상할 수 있도록 암시를 던졌습니다. 그러나 7장에 들어와 다시 한번 동일한 네 왕국의 환상이 다른 버전으로 제시되고, 8-11장의 전개를 통해 결국 이 네 왕국의 정체는 이야기에서 나타난 네 왕의 통치가 아니라 바벨론, 메대, 페르시아, 그리스의 네 왕국으로 재정의되어야 한다는 것이 밝혀졌습니다. 즉, **9장**에서 말하듯이 **지리적인 70년의 유배 시기는 그들이 고토로 돌아온 이후에도 여전히 경험하는 또 다른 유배의 시기, 70이레로 확장**되었습니다(9:2, 24). 그리고 그 계시가 명확히 알려진 계기는 다니엘이 이 70년 포로기의 예언이 담긴 예레미야서를 연구했을 때였습니다. 즉, 예레미야서의 예언에 내재된 감추어진 계시가 천상의 해석자를 힘입어 지혜자 다니엘에게 새롭게 알려진 것입니다. **이로써 역사적 포로기를 살았던 다니엘과 안티오코스 치하의 박해의 기간을 살고 있는 독자의 세계가 연결되고 다니엘은 지혜자로서 독자들의 모범이 됩니다.**

위 있는 본문이 제공하는 자원을 활용함으로써 현재의 종말론적 긴장을 강조한다고 주장하는 Crabbe, "The Generation of Iron," 162에서의 논평을 참고하라. 이를 통해 권위 있는 본문은 이전에 얼마나 많은 시간이 흘렀든 끝이 임박했다는 끊임없는 기대를 뒷받침하고 저항과 인내에 대한 부르심을 확증한다.

훗날에 주어지는 계시를 통한 이미 주어진 계시의 재해석과 의미의 완성! 2장에서 다니엘은 이 네 왕국을 느부갓네살과 마찬가지로 느부갓네살과 이 이후로 등장할 세 왕의 왕국으로 인식했을 가능성이 높습니다.[11] 즉, **"기록된" 다니엘의 해석은 옳지만, 아직 당시에 그의 이해는 충분하지 않았습니다.** 이러한 그의 이해는 벨사살 왕 1년부터 시작해 네 왕국의 정체를 보다 분명히 알려주는 **차례로 주어진 새로운 계시들에 의해서 수정됩니다**(7:1; 8:1; 9:1; 10:1).

이러한 **해석의 수정**은 마찬가지로 **독서 과정 중에 독자의 인식에서도** 벌어집니다. 실제 이야기의 네 번째 왕인 고레스의 때에 유다는 포로에서 해방되어 고토로 돌아갔지만, 그것은 아직 다니엘의 환상에서 기대하는 만큼, 영광스러운 하나님의 왕국이라 할 수 없었고 고레스의 왕국을 무너뜨리고 영원히 서지도 않았습니다(2:44). 도대체 이 균열을 어떻게 설명해야 할까요? 본문의 전략을 잘 따라온 1차 독자들 역시 이어지는 12장까지의 환상과 해석의 숙고를 마쳤을 때, 이 왕국들이 자신들과 관련된 그리스의 안티오코스 시대를 정점으로 한 네 왕국의 시대를 말하는 것이었음을 깨닫게 됩니다. **실제 역사가 증언하듯이 마카베오 혁명의 성공과 안티오코스 에피파네스의 죽음으로써 다니엘서의 예언은 분명히 일부 성취되었습니다.** 그러나 **종말론적 완성이 오래도록 도래하지 않은 현실 앞에서, 독자들의 이해 속에서는** 2장의 환상 속 네

---

11. 이 경우 이 네 금속은 느부갓네살, 아멜-마르둑, 네리글리사르, 나보니두스 (벨사살)와 동일시할 수 있다. Newsom, *Daniel*, 79.

번째 왕국을 고레스의 왕국과 동일시했을 때와 **동일한 균열이 발생합니다.** 위기는 종결되었지만, **영원한 하나님의 왕국이 도래하는 최종적인 사건과 죽은 자들의 부활은 일어나지 않았고, 하나님의 언약궤가 성전에 돌아옴으로 지성소에 기름이 부어지는 일도 일어나지 않았습니다.** 그뿐만 아니라 마카베오 혁명 후 세워진 유대의 독립 왕국인 하스몬 왕조 역시 결국 로마 제국에 의해 몰락했습니다(주전 63년).

그러나 이 기간에 **다니엘서**는 다니엘과 같은 후대의 여러 그룹의 해석자들에 의해서, 마치 다니엘이 '성경'인 예레미야를 재해석했듯이(9장), "**성경으로서**" **재해석**됩니다. 말하자면 다니엘서는 **다니엘 9장에 묘사되는 예레미야서처럼** 다루어집니다.[12] 또한 다니엘이 종말의 계시를 깨닫기 위해 예레미야서뿐 아니라, **추가적인 이전의 성경의 책들의 도움**이 필요했듯이(이제까지 다니엘서에서 본문의 해석을 위해 수많은 다른 구약성경의 암시가 필요했음을 기억해봅시다) **다니엘서가 계시한 최종 종말의 해석을 위해, 이스라엘의 성경들이 함께 생각되고**(참고, 1:17), **이 모든 책들이 종말의 계시의 맥락에서**

---

12. 여기에 제시된 다니엘서의 재해석에 대한 제안을 Koch의 다음 말과 비교해 보라. "『에스라4서』의 시대에 24권의 (구약) 정경 책들의 모음이 그것의 묵시적 그룹들과 틀림없이 그 너머에서 인정됐다(참조, 『에스라4서』 14:45). 분명 다니엘서는 이 정경에 속하였다. 그러나 새로운 묵시록은 다니엘서가 예레미야를 다루었던 것과 같은 방식으로 다니엘을 다루고 있다. 그 표현은 단순한 의미로 이해될 수 없으며 영감받은 해석이 필요하다." 참고, K. Koch, "Stages in the Canonization," in: *The Book of Daniel: Composition and Reception*, Vol. 2, VT 83 (Leiden: Brill, 2001), 436.

읽혀지며 새롭게 해석됩니다. 이로써 바벨론의 지리적인 유배 이후의 소망으로 선포되었던 (포로 귀환 이후의 현실에 적용하기에는 역시 너무 큰) 옛 예언들 역시 최종적인 종말론적 왕국의 소망으로 재해석되며 보다 큰 의미를 얻게 됩니다.[13]

바로 이러한 과정을 통해, 백성들을 포로에서 해방시키고 열방에 구원이 전해지는 이사야서에 예언된 궁극적인 새 출애굽의 시기가 조정되며(참고, 막 1:2-3과 병행구절), "사람의 아들 같은 이"는 선지서들과 시편에 예언된 영원한 왕권의 약속을 가진 다윗 왕가의 제왕적 메시아와 동일시될 수 있게 됩니다(참고, 시 2편; 110편; 막 12:35-37; 14:62; [아마도] 에티오피아어 『에녹1서』 48:10; 52:4; 『에스라4서』 7:28 등). **역사의 현실 속에서 주후 70년에 발생한 성전 파괴와 그 왕국이 가진 강대한 세력 역시, 이제 당대의 사람들로 하여금 네 번째 왕국을 로마와 동일시하게 하였습니다.**

이렇게 책의 주인공이었던 **다니엘의 모든 경험, 즉 기존 해석**

---

13. 또한 J. Vermeylen의 다음 말을 참고하라. "이 모든 것에도 불구하고 묵시문학이 표현하는 것은 완전히 새로운 것이 아니다. 무엇보다 새로운 점은 당시 형성 중에 있던 히브리성경의 모든 부분에서 접할 수 있는 전통적인 요소와 모티프 사이에 이전에 알려지지 않은 연관성이 있다는 인식에 있다. 이러한 모든 전통은 묵시문학의 맥락에 맞게 보여지고 새로운 방식으로 해석되었다. 성경의 연구는 … 야훼께서 계획하신 오랜 역사의 끝에 궁극적으로 무너질 악한 제국의 최종 위기를 가져오는 종말의 비밀에 대한 지식을 가능케 한다. 이 점에서 묵시록은 제사장적 연대기적 틀(종말론이 없는 역사적 결정론)을 가진 토라와 예언적 선포(역사적 결정론이 없는 종말론)를 이어간다." J. Vermeylen, "Daniel," in: *Einleitung in das Alte Testament* (Zürich: TVZ, 2013), 673.

의 수정 과정 또한 다니엘을 그들의 모범으로 삼은 책의 독자들에
게 유사하게 반복됩니다. 즉 이 네 번째 왕국을 로마와 동일시 할
수 있었던 근거는 다니엘서 내부에 존재하고 있었습니다. 아직 종
말의 기대가 현실화되지 않았고, 예루살렘 성전을 황폐케 한 새롭
고 강대한 묵시적 대적의 도래 앞에서, 다니엘서에서 **메대와 페르
시아**가 별개의 실체처럼 묘사되기도 하지만, **때로는 하나의 왕국
처럼 묘사**되기도 하는 현상도 재발견된 셈입니다(5:28; 6:8, 12, 15;
8:20).[14]

이를 통해 **첫 번째 왕국을 바벨론**, **네 번째 왕국을 로마 제국으
로 재고정한 상태**에서 **두 번째와 세 번째 왕국을** 각각 메대-페르시
아, 그리스로 할당하는 것이 가능해집니다.

"때가 찼고 하나님의 왕국이 가까이 왔으니 …"

바벨론 포로기 이후, **'이스라엘의 회복'**은 유대교의 가장 중요한
사상이 됩니다. 이것은 선지자들로부터 흘러나와, 포로기 전후의

---

14. 이에 대한 자세한 설명은 배정훈, 『다니엘』, 39-41을 참고하라. 엄밀히 말해
다니엘서에서 메대만의 단독 왕국을 상정할 수 있는지는 분명하지 않다. 유
다(1:1a), 바벨론(1:1b; 5:1), 페르시아(10:1; 11:2), 그리스(8:21; 11:2) 왕국이 다
수의 왕들을 가진 것과 달리 "메대 사람 다리오"는 "메대(왕국)의 왕"으로 불
리지 않으며, 그는 "갈대아(바벨론) 왕국"의 왕으로 세움을 입었다(9:1).

묵시문학을 거쳐 **종말론적 소망**으로 발전합니다.[15] 비록 유다는 바벨론 포로 이후 대제사장과 성전을 중심으로 신정 체제를 유지하는 자치 공동체로 회복되었지만, 안티오코스 에피파네스의 시대가 지나간 이후에도 여전히 선지자들이 예언한 바 다윗 왕가의 왕을 정점으로 옛 열두 지파가 다시 연합된 이스라엘의 회복은 일어나지 않았습니다. 특히 이들에게 있어서 이 민족의 국운과 관련하여 가장 큰 관심이 집중되었던 기관은 하늘과 땅의 수렴점이자 그의 백성 가운데 야훼 하나님의 가시적인 임재의 표현이었던 **성전**이었습니다. 니콜라스 페린은 당시의 성전의 중요성에 대해 다음과 같이 설명합니다.

> 파란만장한 이스라엘의 역사가 보여주었듯이 만일 하나님의 백성이 언약을 깨뜨리고자 하면 야훼 역시 그 소작인 민족을 그 거주지에서 쫓아낼 용의가 있었다. 따라서 경건한 사람들 사이에는 적절한 인물을 통한 적절한 예배가 드려지는지 여부에 따라 이스라엘의 장기적인 정치적 운이 흥하거나 쇠할 것이라는 인식이 있었다. 이스라엘은 성전을 떠나서는 더 이상 이스라엘로 기능할 수 없었다. 성전은 그것에 민족의 희망을 고정시키고 그것으로부터 민족의 정체성을 도출해 내는 유일한 지점이었다. 성전은 이스라엘의 운이 걸려 있는 저울이었다. 이 경우 "성전 뉴스"가 오늘날의 주식 시장 보고서같이 지속적으로 진지한 사색과 면밀한

---

15. 박정수, 『고대 유대교의 터·무늬』, 413-415.

조사의 초점이었다는 것은 놀라운 일이 아니다. 특히 그 민족이 주시하는 특별한 초점의 대상은 대제사장 본인이었다. 만일 대제사장이 거룩하지 않은 것으로 증명되면 그 직분 보유자에 대한 고소로 여겨졌을 뿐만 아니라 궁극적으로 하나님이 그 백성을 기뻐하지 않는다는 표지였다.[16]

즉, 이스라엘의 회복의 궁극적 목적은 단순히 외세로부터의 자유가 아니라, 적절한 성전을 통한 야훼의 영원한 임재와 함께 그를 향한 참된 예배가 세워지는 것이었습니다(참고, 출 15:17-18). 특히 제2성전기 후기의 종말론적 소망과 관련해 주목해 볼 만한 사실은—토비트(13-14장)와 쿰란의 증거에서도 볼 수 있듯이(4Q174 1:1-7; 11Q19 29:8-10)—새 성전의 건립으로서, **이 시기 동안 많은 유대인들이 "종말론적 성전"의 환상에 매료되어 있었고, 때가 이르면 하나님께서 현재의 연장된 유배의 시기를 종식하실 것이며 영원한 성전이 건립될 것**이라고 여겼다는 사실입니다.[17] 물론 그 과정은 순탄하지 않을 것이었습니다. 우리가 다니엘서에서 본 바와 같이 그 유배가 종식되기까지는 극심한 환난의 시간과 그를 통한 의인들의 연단이 필요할 것입니다(그리고 이에 대한 **최종 시나리오는** 단 9:24-27에서와 같

16. N. Perrin, 『예수와 성전』, 노동래 역 (서울: 새물결플러스, 2021), 36-37. 이 단락의 많은 부분이 그의 주장에 의존하고 있음을 밝힌다.
17. 고대 유대교의 종말론적인 새 성전 도래의 희망에 대한 자세한 내용은 E. P. Sanders, 『예수와 유대교』, 황종구 역 (서울: 크리스챤 다이제스트, 1994), 116-133을 참고하라.

이 현재의 성전이 더럽혀지는 데서 절정에 이를 것이라고 본 것 같습니다).[18] 그렇다면 그 종말론적 성전의 특성은 무엇일까요?

우리는 앞서 느부갓네살의 꿈에 나타난 2장의 큰 신상과 **사람의 손으로 쪼아내지(잘라내지) 않은 돌**로 묘사된 왕국들의 환상이 **출애굽기 20:23-25**의 언약법을 연상케 한다는 사실을 살펴보았습니다("은이나 금으로 신['엘로힘']을 만들지 말고 … 내게 돌로 제단을 쌓을 때 쪼갠[잘라낸] 돌로 쌓지 말라"; 참고, 왕상 6:7; 스 5:8). 특히 제단에 관한 계명은 출애굽기에서 성막의 설계 지침이 주어지기도 전(출 35-40장)에 나타나며, 창세기의 조상들의 제단건축을 연상케 하는 방식으로 (창 8:20; 12:7-8; 13:4, 18; 22:9; 26:25; 33:20; 35:1, 3, 7) **하나님의 임재를 위한 제단을 쌓는 법**을 묘사하고 있습니다. 흥미로운 사실은 다니엘서의 이 구절은 이러한 암시를 통해 종말론적인 하나님의 임재를 가져오는 데에 있어, 모든 인위적인 요소를 배제하는 것같이 여겨진다는 사실입니다. **영원한 하나님의 왕국이 도래하면 우상과 같은 세상의 모든 제국은 모두 멸망하고, 하나님 자신이 친히 이루실 태곳적 낙원과 같은, 충만한 하나님의 임재가 나타나게 될 것입니다**(참고, 사 2:2-3; 28:16; 겔 40:2; 미 4:1-2; 참고, 시 2:6).

이에 비추어 보면 **예루살렘 솔로몬 성전**(참고, 왕상 6:7)과 유다 마카베오가 안티오코스 4세의 손에서 탈환해 재봉헌하고, 헤롯 대왕에 의해 증축된 제2성전 역시—그 제단이 율법에 따라 자연석으로 놓여졌음에도 불구하고(1마카 4:47)—외세에 의해 무너질 수

---

18. Perrin, 『예수와 성전』, 43-44.

있는(실제로 그렇게 되었습니다!), 사람의 손으로 지은 취약한 건물일 뿐이었습니다. 그러나 **다니엘 9:24-27과 이 다니엘 2장**의 이미지는 **하나님이 세우실 종말론적 성전은 인간의 손으로 지은 예루살렘 성전과는 전혀 다른 차원의 성전이 될 것임을 예고**하는 듯합니다. 즉, **하나님의 "영원한" 왕국의 도래와 "사람의 손으로 짓지 않은"**(그러므로 결코 무너지지 않을) **종말론적 성전의 설립은 불가분의 관계**에 있습니다.

클라우스 코흐(Klaus Koch)에 의하면 헤롯 대왕이 죽은 지 몇 년 후, 아우구스투스 황제가 유다에 대한 로마의 직접 통치를 확립했을 때(주후 10년에서 100년 사이) 이스라엘에서는 새로운 묵시적 운동의 물결이 나타난 것으로 보입니다(위에서 인용한 『에스라4서』 참고).[19] 이 시기의 유대 문헌들에는 다시 이방인의 지배에 의한 저항 의식과 함께 성전을 대표하는 자들(로마 정부가 들어서면서 지배 권력과의 협력을 꾀하며 자신들의 권력과 영향력을 보존하려 한),[20] 곧 대제사장과 그들이 대표하는 예루살렘 성전 체제에 대한 비판적 시각이 드러납니다. 대중들은 일상에서 토라에 기반한 경건을 살아내며 현실의 타락한 성전과 대제사장을 대신할 참된 성전과 영원한 대제사장을 고대하였고, 종말론적 대변혁을 거쳐 이스라엘이 회복되기를 고

---

19. K. Koch는 또한 하누카의 성전 재헌납으로부터 유대 묵시론 운동까지 다니엘서의 다양한 수용을 검토한다. Koch, "Stages in the Canonization," 421-445을 보라.

20. Everett Ferguson, 『초대 교회 배경사』, 엄성옥·박경범 역 (서울: 은성, 2005), 613-614.

대하고 있었습니다.[21]

로마의 티베리우스 황제의 재위 시기(주후 14-37년)에 유대에는 "… **때가 찼고**(현재 완료 '페플레로타이'), **하나님의 왕국이 가까이 왔으니 회개하고 복음을 믿으라**"라는 종말론적 메시지로 그의 공적 사역을 펼친(막 1:14-15) 갈릴리 출신의 젊은 선지자가 나타났습니다. 그는 12명의 제자를 불러 모음으로써 자신을 중심으로 이스라엘을 재정의하는 동시에, 그의 사명이 유대교의 이 오랜 소망, 곧 이스라엘의 회복에 있음을 상징적으로 보여주었습니다. 이 나사렛 예수의 선포는 다니엘서에 예언된 미래의 영원한 왕국이 이제 비로소 시작되었음을 알립니다. 그는 자신의 도래와 사역 안에 그 하나님의 왕국이 현존해 있다고 선포하였습니다.

> … **내가 하나님의 성령**(손가락)**을 힘입어 귀신을 쫓아내는 것이면 하나님의 왕국이 이미 너희에게 임하였느니라.** (마 12:28; 눅 11:20)

한편, 그 왕국은 많은 이들이 예상치 못한 모습으로 도래했습니다. 그것은 로마 제국을 무너뜨리는 급진적 대변혁을 통해 시작되지 않았습니다. 씨 뿌리는 자의 비유에서 알 수 있듯이(막 4:3-32) 하나님의 왕국은 그 시작에 있어서 크게 대수롭지 않아 보이기에, 많은 이들에게 감추어지고 쉽게 간과됩니다. 그러나 결과적으로 그 왕국은 다니엘 4장의, 거대한 나무로 상징된 느부갓네살 왕의

---

21. 참고, 박정수, 『고대 유대교의 터·무늬』, 384.

왕국을 능가하게 될 것이며(단 4:11-12, 20-21) 모든 지상의 왕국을 대
체하게 될 것입니다(참고, 계 11:15; 마 25:32 이하). **하나님의 왕국은 마**
치 겨자씨 한 알과 같아 땅에 심길 때에는 땅 위의 모든 씨보다 작지
만, 이후에는 자라서 모든 풀보다 커지며 큰 가지를 내어 공중의 새들
이 그 그늘에 깃들일 만큼 커지게 될 것입니다(마 13:31-32; 막 4:30-32). 그
왕국의 이러한 감추어진 시작은 **구약성경에는 알려지지 않았던 비밀**
이었으며, 외세의 파괴와 죄인들에 대한 심판과 같은 급진적 대변
혁을 수반한 왕국의 도래를 고대했던 당시 유대인들의 눈에는 이
해할 수 없는 사실이었습니다.

　그러나 무엇보다도 우리는 예수의 사역에 있어서 그가 자신의
사역 말기에 행한, 탐욕스러운 대제사장들의 활동의 근거지가 된
예루살렘 성전의 파괴를 암시하는 선지자적 행동을 주목할 필요
가 있습니다(막 11:15-17).[22] 예수는 그 자신을 부패한 성전에 대한 하
나님의 대답으로 여겼습니다. 그러나 이러한 권력자들에게 도전
한 행동의 결과를 예상하기는 어렵지 않습니다. 그는 **거룩한 성전**
을 공격한 혐의로 대제사장과 산헤드린에 의해 기소됐습니다. 이
미 예수 자신도 자신의 행동의 결과로서 처하게 될 그의 운명을
충분히 예상했음이 틀림없습니다. 이때 예수를 향해 불리한 증언
을 하는 이들의 말은 (그들이 비록 여기서 거짓 증언자들로 불리고는 있지만)

---

22. 세례자 요한과 예수의 죄사함의 선포는 그들이 성전 제의와는 별개로 이 일
　　을 행했다는 점에서 예루살렘 성전과 대척점에 서 있다고 볼 수 있다. 특히
　　"성전 정화를 이해하는 것은 사실상 역사적 예수 자신을 이해하는 것이다"
　　라는 Perrin의 말을 주목하라. Perrin, 『예수와 성전』, 186.

대단히 의미심장합니다.

> 우리가 그의 말하는 것을 들으니 내가 **손으로 만든 이 성전**을 내
> 가 **파괴하고** 삼일 동안 **손으로 만들지 않은 다른** (성전)을 **지으리라**
> 하더라. (막 14:58; 참고, 막 15:29; 요 2:19)

니콜라스 페린의 말처럼, 아마도 그들은 예수께서 성전 파괴
를 예언했다는 정확한 인식(참고, 막 13장)으로부터 예수 자신이 그
파괴에서 적극적인 역할을 하려고 한다는 추론으로 도약한 것 같
습니다. 악의적 동기를 가진 왜곡이 복음서에서 그들이 거짓 증인
들로 규정되는 이유일 것입니다(이러한 왜곡은 예수를 안티오코스 4세와
같은 신성모독자로 둔갑시킬 수 있는 구실을 제공합니다).[23] 요컨대 성전 정화
사건을 통해 예수께서는 성전과 연계된 자신의 메시아 지위를 넌
지시 암시했고(막 14:61의 대제사장의 질문 참고),[24] 자신이 결코 더럽혀
지거나 파괴되지 않을 "사람의 손으로 짓지 않은" 성전을 건축할
그 특별한 존재임을 알린 셈입니다.[25] 다니엘서가 예수의 말과 행

---

23. Perrin, 『예수와 성전』, 213-214.
24. 제2성전기 유대교의 많은 사람들에게 성전을 재건할 자는 메시아로 여겨졌
    고, 이 확신은 옛 이스라엘의 성경에서 성전 건축과 메시아를 연결시켰던 것
    에 기초했다(삼하 7:12-13; 사 44:28-45:1; 슥 6:12-13).
25. 또한 대제사장의 권세에 관한 질문에 대한 대답으로 예수께서 악한 소작농
    들의 비유와 함께 (새로운 성전의 기초석을 연상시키는) 시 118:22-23을 인
    용하는 막 12:10-11을 참고하라. 평행 구절인 마 21:42-44; 눅 20:17-18에는
    단 2:34-35의 암시가 더욱 분명히 나타난다.

동에 영감을 제공했다면, 그가 그의 현재를 메시아적 환난의 때로 인식한 것과[26] 그의 죽음 이후 "3일 후"의 부활에 대해 예언한 언어 역시('메타 트레이스 헤메라스', 막 8:31; 9:31; 10:34)[27] 다니엘서에서 영원한 왕국의 상속 및 의인들의 부활, 그리고 종말론적인 성전의 건축 이전 극심한 환난의 기간으로 제시된 한 때, 두 때, 반 때(7:25; 12:7; 참고, 9:27)인 **세 때 반**의 시간으로부터 온 언어일 가능성이 높습니다(참고, 막 14:62; 계 11:9, 11-12).[28]

---

26. 세례자 요한의 죽음을 이 환난의 시대의 시작으로 보는 흥미로운 논의는, Timo Escola, 『신약성서의 내러티브 신학』, 박찬웅 외 역 (서울: 새물결플러스, 2021), 162-212를 참고하라.

27. 개역성경은 이를 "삼일 만에"로 번역했다. 고전 15:4의 3일째('테 헤메라 테 트리테') 공식과 비교해 보라. 복음서에서 예수는 금요일에 죽임 당하고 일요일에 부활한 것으로 묘사됐다.

28. 자세한 내용은 Perrin, 『예수와 성전』, 207-232을 참고하라. 이 경우에 예수를 처형하는 데 앞장 선 대제사장 일파는 신실한 자를 핍박하는 이방 왕국과 같은 동일한 짐승으로 해석되었을 것이며 이것은 예레미야서를 통해 뒷받침되었을 수 있다. 렘 20:4에서 예레미야를 친 '제사장' 바스훌은 '마골미사비브'라는 새로운 이름을 얻게 되는데, 이는 "사방으로부터의 두려움"이라는 뜻이며, 이것은 예루살렘 도성을 둘러싸는 바벨론의 암호이기도 하다(참고, 렘 6:25; 46:5; 49:29). 실제로 예레미야서에서는 두 개의 도성이 대비되고 있다. 바벨론에 멸망하는 예루살렘(렘 1:15)과 그를 대적하는 유대인들에 의해 핍박받지만 궁극적으로 멸망치는 않는 예레미야 자신(렘 1:18-19)이다. 즉, 예레미야를 치는 자들은 사실상 바벨론과 동일시되며 (렘 20:10), 예수께서 참 이스라엘을 자신을 중심으로 재정의하셨다면, 그를 대적하는 자들도 이러한 성경의 모티프들을 빌려 하나님의 백성을 대적하는 이방 왕국과 동일시될 수 있다. 실제 예수께서 막 12:10-11에 인용하신 시 118편은 대적으로부터 구원받은 왕의 찬양으로 여겨지는데 여기서는 대적들의 행동으로 "사비브"의 동족어인 '싸바브'(에워싸다) 동사가 반복된다(시 118:10-12). (또한 렘 33:15-16[렘 23:5-6과 비교]과, 단 8:27에서도 다니엘 자신이 황폐로부터

실제로 이 성전 정화 사건이 일어나기 전, 공관복음서들은 예수께서 예루살렘 (헤롯) 성전의 파괴를 예언하신 것에 대해 보고합니다(막 13장 등). 하나님의 사자들, 특히 그 아들에 대한 종교 기득권자들의 거부와 살해는 그 대가를 치르게 될 것입니다(막 12:1-12). 흥미로운 사실은 훗날 발생할 이 예루살렘 성전 파괴의 예언에 "황폐의 가증한 것"이 언급된다는 사실인데(마 24:15; 막 13:14), 그와 함께 큰 환난에 대한 경고와 종말론적 회복을 바라보며 끝까지 인내할 것을 가르친다는 점을 보면 예수의 이 말씀이 의미하는 바는 분명합니다(막 13:14-27). 본래 "이 황폐의 가증한 것"은 안티오코스 4세가 예루살렘 성전에 세운 이방신을 위한 제단을 의미했지만, **예수께서는 분명 다니엘서의 예언을 머지않아 도래할 또 하나의 사건으로 재해석**하고 있습니다.

당시에 다시 나타난 "황폐의 가증한 것"의 구체적인 대상에 대해서는 다양한 의견이 있지만,[29] 어쨌든 이것은 **예루살렘 성전의 황폐함이 다시 발생하게 될 것에 대한 징조였고 이는 주후 70년 유대 전쟁의 결과로, 로마의 티투스 장군의 예루살렘 성전 파괴에 의해 성취**됩니다(실제로 안티오코스 4세의 때에는 성전의 파괴는 일어나지

회복되는 예루살렘 도성처럼 묘사되는 현상을 주목해보라. 8장의 구조 분석에서 F-F′의 대응에 주목하라.) 요컨대 예수께서는 막 14:62에서 자신을 단 7:13-14의 하나님으로부터 신원될 "사람의 아들과 같은 이"로, 대제사장 일파를 거룩한 자들을 핍박하는 "짐승"으로 정의하여 자신을 심판하는 그들에게 역으로 신적 심판을 선언한 것이다.

29. R. T. France, 『마가복음』, NIGTC, 이종만 외 역 (서울: 새물결플러스, 2017), 835-837을 보라.

않았고, 그는 가증한 제의로 성전 제의를 더럽혔습니다).[30] 하나님의 종말론
적 임재는 더 이상 지상의 예루살렘 성전이 아닌, 구름과 함께 오
는 '그 사람의 아들', 손으로 짓지 않은 새로운 성전과 함께 할 것
입니다.[31] 다만, 예수를 따르는 자들은 이 유배로부터의 회복이 일
어나기 전, 그리스도께서 먼저 경험했던 환난, 안티오코스 에피파
네스 치하에서 신실한 자들이 견뎌내야 했던 것과 유사한 환난의
시간을 통과해야 합니다.[32]

나사렛 예수는 결국 사형 판결을 받고 로마 제국 총독의 손에

---

30. 또한 *t. Menah* 13:22b-d은 다음과 같이 말한다. "예루살렘의 첫 번째 건물과
관련해서, 무엇 때문에 그것이 파괴됐는가? 그 안에 존재하던 우상숭배와 음
탕함과 피 흘림 때문이었다. 하지만 우리가 알기로 토라에 헌신했고 십일조
에 관해 꼼꼼했던 두 번째 건물에 관해서는 무엇 때문에 그들이 유배되었는
가? 그들이 돈을 사랑했고 서로 미워했기 때문이었다." Perrin, 『예수와 성
전』, 203에서 재인용.

31. 비록 신약성경은 새로운 70이레의 해석을 구체적으로 제시하지는 않지만,
초대 교회의 성경 해석자들은 주후 70년의 예루살렘 성전 파괴 사건을 단
9:24-27을 통해 해석하면서 예수 그리스도의 죽음을 9:26의 (본래 대제사장
오니아스 3세를 의미했을) 끊어지는 메시아와 동일시했을 가능성이 있다.
이 경우 이방 제국의 왕에 의한 파괴는 기름 부음 받은 자만이 아니라 성소
와 도성에도 적용되는데, 즉 로마의 세력과 결탁한 부패한 대제사장 일파와,
황제의 대리자인 이방인 총독에 의한 이스라엘의 메시아의 처형은 곧 다가
올 성전의 파괴를 예견하게 된다. 유대교의 70이레의 재해석에 대해서는 J.
Montgomery, *Daniel*, 396-398을 참고하라.

32. 또한 다니엘서가 성전의 황폐와 종말론적 완성을 밀접하게 연결시킨 것은
막 13장에서 성전 파괴와 그 사람의 아들의 도래로 말미암은 종말론적 완성
의 이미지를 밀접하게 연결시킨 것을 이해할 수 있게 해준다(7-12장의 교차
대구 구조 참고). 병행구절인 마 24:3에서 "성전의 파괴"와 "주의 임하심과
세상 끝"에 일어날 일이 함께 질문되는 것을 주목하라.

넘겨져 십자가형이라는 처참한 죽음을 맞게 되었지만, 그를 따랐던 자들은 그의 예기치 못한 부활 안에서[33] 비로소 **다니엘 12:2-3에 예언된 죽은 자의 부활이 실현되었음**과, 하나님에 의해 지극히 높여진 그의 운명 안에서 **만국의 통치권을 상속하는 그 사람의 아들의 도래**를 보았습니다(단 7:13-14; 참고, 막 14:62; 13:26-27).[34] 그의 죽음과 부활은 참으로 때들의 때(궁극적인 때)요, 시대의 전환점이 되었습니다. 건축자들이 버린 돌, 성전을 중심으로 한 종교 권위자들이 거부한 그 이스라엘의 메시아를, 하나님은 죽은 자 가운데서 일으키시고 다니엘을 통해 **예언된 종말론적 성전의 모퉁이의 머릿돌로** 삼았습니다.

> 이것은 주로 말미암아 된 것이요 우리 눈에 놀랍도다. (막 12:11 개역개정)

이로써 다니엘서 내부에서 이후의 계시가(7-12장) 이전 계시(2장)의 의미를 심화, 확장한 것처럼, **하나님에 의해 새롭게 주어져 현실 속에 나타난 예수와 성령 안에서의 계시는 거꾸로 이미 알려진 이스라엘 성**

---

33. 참고, N. T. Wright, 『하나님의 아들의 부활』, 박문재 역 (서울: 크리스챤 다이제스트, 2005), 336-344.
34. 신약성경의 "그 사람의 아들"('호 휘오스 투 안트로푸') 어록의 기원에 대한 유익한 논의로는 J. D. G. Dunn, "The Danielic Son of Man in the New-Testament," in: *The Book of Daniel: Composition and Reception*, vol. 2, VT 83 (Leiden: Brill, 2001), 528-548을 참고하라.

경의 계시에 새로운 차원의 의미를 부여하고 확장하며 완성합니다.[35]

그의 죽음과 부활 이후 형성된 하나님을 향한 새로운 믿음은, 단순히 그 옛날 흩어진 옛 이스라엘의 지파들을 넘어 온 땅으로부터, 예수의 죽음을 통해 속죄의 은혜를 입고 성령을 통해 그 왕국에 들어가도록 새롭게 창조함을 받을 백성들이 (새로운 이스라엘로서) 복음을 통해 모여져야 한다는 것이었습니다. 예수는 그의 죽음을 통해 가장 깊은 차원에서 하나님의 백성의 유배의 현실에 동참했고, 하나님은 그의 백성을 예수와 함께 일으키어 포로됨의 상태에서 건져내었습니다. **이스라엘의 운명을 그 자신 안에 체화한** 메시아 예수 안에서 **하나님으로부터 단절된 인류의** 궁극적 유배 상태인 사망이 정복됐고,[36] 이스라엘과 이방 민족들을 포괄하는 보편적인 야훼 하나님의 통치가 실현되기 시작했습니다. 또한 사람의 손으로 지은 예루살렘 성전 대신, 하나님께서는 예수 그리스도 안에서 성령으로 자신을 예배할, 사람의 손으로 짓지 않은(막 14:58; 행 7:48; 17:24; 히 9:11, 24) 종말론적 성전(단 9:24)을 시작하셨습니다.[37] 그

---

35. 이것은 구약성경과 신약성경에 있는 진술 사이의 관계 문제, 즉 "성경 신학"의 주제에 관한 것이라고 할 수 있다. 20세기에 집중적으로 논의된 이 논의에 대한 개관은 David L. Baker, 『구약과 신약의 관계』, 임요한 역 (서울: 부흥과개혁사, 2016), 74-218을 참고하라.

36. 하나님의 임재가 거하는 성전을 중심으로, 거기에 가까워짐과 멀어짐의 패러다임으로서 구원과 유배의 의미를 정리한 유용한 연구로는 L. Michael Morales, 『레위기 성경신학』, NSBT, 신윤수 역 (서울: 부흥과개혁사, 2018)을 참고하라.

37. 신약성경에 들어 있는 '새 성전' 모티프는 Perrin, 『예수와 성전』, 109-169. 참고, 바울이 자신의 청중을 "그리스도의 터 위에 세워지는[고전 3:11] 성

뿐만 아니라 옛 성전(과 성막)이 표상했던 실체인 하늘과 땅(참고, 창 1장)까지도 새롭게 변화되는 전 우주적인 갱신이 일어날 것입니다 ("새 하늘과 새 땅", 벧후 3:13; 계 21-22장). 이제 그 왕국의 백성들은 누구든지 예수께서 보여주신 '그 사람의 아들'의 운명에 참여하여 부활, 곧 새 창조에 이를 수 있도록 그의 자취를 좇아가야 합니다. 이것이 신약성경에 나타난 초대 교회의 믿음의 고백이었습니다.

역사는 유대교의 경우 주후 66년 1차 유대-로마 전쟁의 패배로 성전을 잃고(주후 70년), 주후 132년에 일어난 바르 코크바 반란의 실패로 인해(주후 136년) 종말론적 열광주의를 버린 회당-토라 중심의 랍비 유대교로 전환됐으며, 그리스도교는 결국 그 자신의 모태였던 유대교로부터 분리되어 그들의 메시아 안에서 최종적인 종말이 현실화되기 시작했다는 주장을 펼치며 서로 각자의 길을 갔음을 전해 줍니다.

종말론적 대적과 "한 때 두 때 반 때"의 재래: 최후의 승리를 얻기까지!

다니엘서는 또한 신약성경의, 초대 교회가 해석했던 종말의 예측

전"(고전 3:16; 6:19)으로 말하는 고린도전서가 예루살렘 성전이 건재하던 때인(주후 70년 이전), 주후 50년대 중반에 쓰인 편지임을 주목하라. 바울은 궁극적으로 고후 5:1-2에서 하나님께로부터의, (사람의) 손으로 짓지 않은 집(성전)을 "신자들의 부활의 몸"으로 정의한다.

에 대한 몇 가지 수수께끼 같은 측면들을 이해할 수 있는 통찰을
제공합니다. 예를 들어 데살로니가후서의, 종말에 필연적으로 등
장할 대적에 대한 구절은(살후 2:2-12) 당시에도 만연했을 섣부른 종
말론적 열광주의에 맞서(살후 3:11), 재해석된 최종 대적으로서 이
짐승의 신성모독적인 작은 뿔의 등장이 그리스도의 파루시아 이
전에 재개되어야 할 신적 필연성을 고려하는 것 같습니다. 그 대
적은 불법의 사람이요 멸망의 아들로 일컬어지며, 대적하는 자로
서 자신을 모든 신들 위에 높여 하나님의 성전에서 자신을 하나님
으로 내세우는, 안티오코스 4세 에피파네스와 동일한 특성을 지
닌 존재로 묘사됩니다(살후 2:3-4).

데살로니가후서에서도 볼 수 있듯이 초대교회는 그리스도의
파루시아가 일어나기 전 필연적으로 나타나야 할 징조로 최후의
대환난을 예상한 것으로 보이며 그것은 다니엘서의 종말의 메시
지의 재해석에 기초합니다. 그리고 그 대환난의 시작을 알리는 결
정적인 징조인 종말론적 대적은 다니엘서에서 안티오코스 4세로
구체화됐던, 스스로를 모든 신들 위에 높인 교만한 왕의 형상을
취합니다(11:36). 예수께서 처형당했을 때 재위에 있었던 티베리우
스 황제 이후, 황제의 자리에 오른 가이우스 칼리굴라(주후 37-41년)
는 바로 이러한 속성을 가진 존재였습니다. 그는 과대망상에 빠져
자기 신격화 정책을 수행했으며, (유대인들은 그들의 하나님을 그들의 방
식으로 예배할 수 있는 특권이 주어졌음에도 불구하고) 심지어 예루살렘 성
전에도 그 자신의 조각상을 세워 황제 숭배를 들여오게 하려 했습

니다. 다시 말해, 이것은 자신의 조각상을 통해 황제 자신이 거룩한 곳에 신적 존재로 서는 결과를 초래하는 것이며,[38] 그야말로 "황폐의 가증한 것"이 서지 못할 곳에 서는 일이 재개되는 것입니다. 물론 이 계획은 이루어지지 않았고, 그는 주후 41년에 암살되었습니다. 그리스도의 죽음 이후 따라오리라 예상되는 도시와 성전의 황폐는 지금 신적 손길에 의해 저지되고 있습니다. 그러나 칼리굴라의 출현은 데살로니가후서의 저자의 눈에 이미 불법의 비밀이 활동한 것을 알리는 징조였던 것 같습니다(살후 2:7). 종말론적 대적이 도래할 시기는 다만 모종의 이유로—아마도 복음이 충만히 전파되기 위한 시간을 확보하기 위해서(참고, 마 24:14)—연기됐으며, 지금은 (단 10장의 보이지 않는 세계의 전투가 암시하는 것처럼) 그것이 나타나지 못하게 막는 것이 있습니다. 그러나 그러한 일은 그리스도의 파루시아 이전에 필연적으로 나타날 현상으로서, 데살로니가후서 저자는 (그것이 구체적으로 무엇이 되었든) 과거 칼리굴라가 실패한 일을 마침내 성공시키고, 하나님의 성전을 유린할 누군가가 올 것을 예상한 듯합니다.[39]

그러나 무엇보다 다니엘서의 최후의 짐승의 재해석이 가장 극적으로 이루어지는 책은 요한계시록입니다. 요한계시록의 저자는 그리스도인들에 대한 최초의 대박해가 이루어진 네로(주후 54-68년)

38. 참고, Gene L. Green, *The Letters to the Thessalonians*, PNTC (Grand Rapids: Eerdmans, 2002), 310.

39. 참고, N. T. Wright, 『바울과 하나님의 신실하심 (상)』, 박문재 역 (서울: 크리스챤 다이제스트, 2015), 524-525; Ferguson, 『초대 교회 배경사』, 51-52.

의 시대를 거쳐, "주와 하나님"(dominus et deus noster; 참고, 요 20:28)으로 불려지기를 원했던 도미티아누스 황제의 때에 이르러(주후 81-96년), 이 짐승이 다시 본격적으로 고개를 쳐드는 현상을 목도했습니다.[40] 아직 그리스도교인들에 대한 국가의 조직적인 박해는 시작되지는 않았지만(이 박해는 2-3세기에 본격화됩니다) 여전히 황제 숭배로 인한 큰 위험과 압박이 존재하고 있었고, 이미 어떤 성도들은 황제 숭배가 성행했던 도시에서 죽임을 당했습니다(참고, 계 2:13). 도래할 이 최후의 종말론적 대적은 이미 주후 70년에 황폐화된 예루살렘 성전을 넘어서, **그리스도께서 일으키신 사람의 손으로 짓지 않은 성전에까지** 손을 뻗으려 할 것입니다(11:1-2).[41] 박해는 심화될 것이며, 다가오는 위기 가운데 성도들은 그들 앞서 신실한 증인으로 하나님의 왕권에 대해 증언했던 예수 그리스도의 본을 따라가야 했습니다. 그분은 부활을 통해 자신을 신적 왕으로 주장하던 자들이 휘두르던 최강의 무기인 "죽음"을 쓸모없게 만들었고, 이제 성도들은 그들이 궁극적으로 왕국을 상속받기 전에 그들의 주님이 그러했듯이 이 네 번째 짐승과의 싸움을 싸움으로 "사람의 아들"의 운명에 동참해야 했습니다(계 11:11-12). "한 때 두 때

---

40. 예컨대, 신약성경에서 제국의 권세에 순종할 것을 명하는 롬 13:1-7과 요한 계시록의 로마 제국에 대한 강도 높은 비판의 온도 차이는 각각 단 1-6장과 7-12장에서의 변화된 상황에 기반하여 이해할 수 있을 것이다.

41. 또한 요한계시록에서 수신자인 일곱 교회가 '일곱 등불'인 영이 거하는—하나님의 보좌 앞—성소의 일곱 촛대로 묘사되는 것을 주목하라. 즉, "교회"는 이 우주적 성전의 일부로 묘사되어 있다. Gregory K. Beale, 『요한계시록 (상)』, NIGTC, 오광만 역 (서울: 새물결플러스, 2016), 328-329.

반 때"(1260일, 42달, 3년 반)의, 성도들이 이 짐승의 손아귀에 넘겨지는 마지막 환난의 시간이 다시 찾아옵니다(계 11:2, 3, 9; 12:6, 14; 13:5).[42] 의미심장하게도 이 짐승은 다니엘 7:3-7에 나타나는 모든 짐승을 합친 모습을 가지고 있는데(계 13:1-2),[43] 다니엘 2장에서 이스라엘의 포로기를 상징하는 전체 네 왕국의 때가 "한 때 두 때 반 때"로 환산될 수 있다면(단 2:37-43) 요한계시록에 나타나는 이 수수께끼의 시간 역시 일종의 초시간적인 숫자로 그리스도의 파루시아까지를 망라하는 성도들의 유배의 시기,[44] 곧 상징적인 환난의

---

42. 계 6장에 (다니엘서의 종말을 재해석한) 공관복음의 예수의 감람산 강화(막 13장; 마 24장; 눅 21장)가 암시되어 있는 것을 함께 주목하라. Beale에 의하면 다음 요소들이 비슷한 순서로 제시된다. (1) 속임 (2) 전쟁 (3) 국제적인 불화 (4) 지진 (5) 기근 (6) 박해 (7) 해와 달의 우주적인 변화 등. Beale, 『요한계시록 (상)』, 624. 이러한 암시들은, 요한계시록의 저자의 목적 중 하나가 (초대 교회 성도들이 곧 임박했으리라 생각한) 예수 그리스도의 파루시아의 지연 상황에 대한 성찰을 독자들에게 제공하는 데에 있음을 보여 주는 것 같다. 다섯째 인이 떼어졌을 때의 순교자들의 탄원에 대한 응답(계 6:11)은 동료 종들인 순교자들의 "수"가 차기까지 기다려야 한다는 것으로 주어지고, 이는 결국 최후 심판의 이미지를 가진 여섯째 인(계 6:12-17)과 일곱째 인 사이에(계 8:1-5) 이스라엘 144,000의 하나님의 군대로 상징되는 (계 13장의 짐승들과의 전쟁을 진행할) 만국의 셀 수 없는 하나님의 백성의 인침으로 연결된다(계 7장). 즉 이들은 순교자의 정체성을 가지고 "한 때 두 때 반 때"(1260일/42달)의 짐승과의 싸움을 감당한다. 특히 그들이 인침을 받기까지 심판이 지연됨을 알리는 계 7:2-3을 주목하라.
43. 또한 이 짐승의 일곱 머리는 단 7:3-7에 나타난 네 짐승의 머리의 수를 모두 합친 숫자일 수 있다. Beale, 『요한계시록 (상)』, 1154.
44. 약 1:1; 벧전 1:1-2과 같은 구절들을 참고하라. 이 서신들에서는 수신자들의 현재를 계속되는 유배의 시기로 규정하지만, 아직 국가나 왕에 의한 위로부터의 박해를 가정하고 있지는 않다. 약 1:5은 하나님을 "관대하게 주시는 분"

시간으로 볼 수 있습니다. 즉, **다니엘서와 요한계시록과 같은 묵시문학에 의해 각인된**(또한 신약 전체의 베이스라인으로서; 참고, 빌 1:29-30; 롬 8:17 등), **하나님의 종말론적 백성의 기본적인 정체성은 "큰 환난으로부터 나아오는 백성"**(계 7:14)이요, 최후의 시기인 "한 때 두 때 반 때"를 견뎌내는 순교자들이며, **그들이 싸워야 하는 싸움은 죽기까지 진리를 증언함으로 이기는 싸움, 하나님과 그리스도의 주 되심을 신실하게 증언하는 싸움**입니다.

실제로 이 마지막 짐승은 역사 속에서 몇 번이고 다른 시대와 다른 지역들에 다시 그 모습을 드러내었고 제한된 기간 동안의 권세를 발휘했습니다. 마르틴 루터에게 있어서 그 짐승은 당대의 부패한 가톨릭 교회의 교황이었으며, 2차 세계 대전 당시의 신실한 독일 고백 교회의 성도들에게 있어서 그 짐승은 히틀러였습니다.[45] 우리나라에서도 그 짐승은 일제시대의 신사 참배 강요로 그 모습을 드러냈습니다. 그리고 언제 어디서 또 이 짐승은 자신의 사악한 본성을 드러낼 수 있습니다. 그러나 **주의하도록 합시다. 다니엘과 요한계시록 같은 책의 남용으로 교회사에서 많은 성도들이 최후의 대적으로서의 이 짐승의 정체를 섣불리 예측하려 했으며, 그로 인해 많은 이들이 의를 위해 핍박을 받은 것이 아닌 그들**

으로 묘사하며, 이러한 특성은 단 1장에서 묘사한 하나님의 상과도 일치한다.

45. 유대 묵시문헌 세미나를 통해서 이 사실을 지적하며, 교회 역사 속의 적용들도 소중히 생각하는 통합적인 관점을 가져야 한다고 권고해 주신 Manfred Oeming 교수님께 감사를 표한다.

의 어리석음 때문에 핍박을 받았습니다.

신약성경은 주님의 파루시아의 시기와 종말의 대적의 정체를 섣부르게 예상하는 것이 아니라, 역사 가운데 오는 모든 하나님의 백성들이 예수 그리스도 안에서 분명히 보여진 하나님의 신실하심을 확신하며 옛 성도들이 그러했던 것처럼, 그 왕국을 함께 상속받을 충성된 자들로서 오늘이라 불리는 시간 동안 그의 발자취를 신실하게 따라갈 것을 격려합니다.

> 우리가 그와 함께 영광을 받기 위하여 고난도 함께 받아야 할 것이니라. (롬 8:17 개역개정)

사람의 아들과 같은 이에게 권세('숄탄')**와 영광**('예카르')**과 왕국**('말쿠') 을 주고 모든 백성과 나라들과 언어를 말하는 자들로 그를 섬기게 하신 분(단 7:14)! 짐승들의 왕국, 우상의 나라들이 결코 영원하지 않음을 선언하시고, 참 사람의 나라요, 종말론적 성전의 시작을 가져오심으로 그의 약속의 신실함을 증명하신 분! 이제 그의 영원한 왕국을 함께 상속받도록 우리를 그 아들의 복음으로 부르신 이에게 우리는 다음과 같이 기도함으로써 화답합니다.

> 하늘에 계신 우리의 아버지! 당신의 이름이 거룩하게 여겨지게 하시고, 당신의 왕국이 오게 하시며, 당신의 뜻이 이루어지소서. 하늘에서와 같이, 땅에서도 … **왕국**('바실레이아')**과 권세**('뒤나미스')

와 **영광**('독사')이 **영원토록 당신의 것이기 때문입니다.** (마 6:9-10, 13)

■ **신약으로의 연결에서 반드시 기억할 요소**

1. 마지막 장인 12장은 1260(한 때 두 때 반 때)과 1290, 1335라는 숫자를 통해 독자들에게 **마지막 수수께끼**를 제시했습니다(12:7, 11-12). 이 숫자들 사이의 관계에 나타난 상징적 암시들은 첫 번째 하누카(성전 재봉헌)와 안티오코스의 죽음 이후에도 여전히 **다니엘서의 남은 예언**(영원한 왕국의 도래[2, 7장], 순교자들의 부활[12장], 손으로 짓지 않은 종말론적 성전의 도래[2장, 9장])의 성취와 완성을 기다리도록 독자들의 공동체를 격려한 것으로 보입니다.

2. 다니엘서의 주인공인 **다니엘**은 천사의 계시를 통해 "성경"인 예레미야서의 포로기 70년의 재해석인 70이레의 종말론적 포로기의 계시를 알게 되었습니다(9장). 마찬가지로 7-12장의 천사의 계시와 해석은 이전에 다니엘이 해석한 네 왕국의 꿈의 계시에 온전한 의미를 부여하며, 이 해석은 독서 과정에서 독자의 네 왕국에 대한 해석의 수정에도 영향을 미칩니다(네 왕—느부갓네살, 벨사살, 다리오, 고레스—의 통치에서 네 개의 왕국—바벨론, 메대, 페르시아, 그리스—의 도래로). 마찬가지로 안티오코스 에피파네스의 시대에 완성되지 않은 다니엘서의 종말론적 예언은 로마 시대의 예수 그리스도 사건과 주후 70년의 성전 파괴의 현실을 통해 재해석됩니다(후대의 계시를 통한 이미 주어진 계시의 확장과 완성). 해석자로서의 독자는 다니엘서 내의 해석자 다니엘과 마찬가지의 경험을 하게 되고 '성경'으로서의 다니엘서는 재해석되

며, 네 왕국은 이제 바벨론-메대와 페르시아-그리스-로마와 동일시됩니다.

3. 이 재해석은 실제로 마태복음 24장, 마가복음 13장(마 24:15; 막 13:14), 그리고 데살로니가후서 2장과 요한계시록에서 나타납니다. 그리스도의 오심으로 말미암아 다니엘과 나머지 구약의 예언의 성취는 상당 부분 진전되었지만, **여전히 완성되지 않은 부분들이** 남아 있습니다. 이러한 묵시적 그림은 잔에 물이 채워지는 것에 비유할 수 있으며, 그 잔은 안티오코스 4세의 시대를 넘어 예수 그리스도의 오심과 그의 사역 안에서 절정의 순간까지 채워져 갔습니다. 신약성경은 아직 채워지지 않은 그 잔의 마지막 부분 역시 **그리스도 안에서 나타난 하나님의 신실하심을 통해 온전히 채워질 것을 확언하며,** 성도들이 고난 가운데서도 신실하게 그들의 주님을 따를 것을 격려합니다.

바벨론 제국		
(주전) 587/6	느부갓네살의 예루살렘 함락 유대인들의 유수	(단 1:1-4)
	성전 기구 옮겨짐	(단 5:2)
556	나보니두스의 왕위 계승. 그 후 그는 아라비아 사막 고을인 테이마(Teima)로 이주함	(단 4장 참고)
548	벨사살이 바벨론의 통치자로 즉위	(단 5장)
페르시아 제국		
539	고레스가 바벨론을 정복하고 통치자가 됨. 벨사살은 살해당함	(단 5:30)
522	다리오 1세가 고레스의 계승자였던 캄비세스(Cambyses)를 계승함	

516	예루살렘 (제2)성전의 재봉헌식	
그리스 제국(들)		
336-323	알렉산드로스 대왕이 페르시아 제국을 정복함	(단 11:3)
320	팔레스타인이 이집트의 프톨레마이오스 제국에 합병됨	(단 11:4-5)
198	셀레우코스의 안티오코스 3세(대왕)가 팔레스타인의 패권을 얻음	(단 11:16)
175	안티오코스 4세(에피파네스) 즉위	(단 11:21)
167	성전에서의 유대 제의(cult) 중지	(단 11:31)
164	유다 마카베오에 의한 성전 재봉헌	

<느부갓네살로부터 안티오쿠스 에피파네스에 이르는 사건들의 연대(주전 600-165년)>[46]

바벨론		메대	
주전 605/4-562	느부갓네살		
560	아멜-마르둑 (Amel-Marduk)		
560-556	네리글리사르 (Neriglissar)		
556-539	나보니두스	키악사레스 (Cyaxares)	625-585
(548-539)	벨사살	아스티아게스 (Astyages)	585-550
페르시아			
539-530	고레스		550-530
530-522	캄비세스		
522-486	다리오 1세 (히스타스페스 [Hystaspes])		

<느부갓네살로부터 다리오 1세까지 통치자들의 계승>[47]

---

46. 이 표는 Davies, 『다니엘 연구 입문』, 34을 참고하였다.
47. 이 표는 Davies, 『다니엘 연구 입문』, 39을 참고하였다.

■ 성경 텍스트

- *Biblia Hebraica Stuttgartensia*, hrsg. v. Karl Elliger und Wilhelm Rudolph, Stuttgart: Deutsche Bibelgesellschaft, 1977.
- *Septuaginta. Id est Vetus Testamentum graece iuxta LXX interpretes. Duo volumina in uno*, hrsg. v. Alfred Rahlfs und Robert Hanhart, Stuttgart: Deutsche Bibelgesellschaft, 2006.
- *Biblia sacra iuxta Vulgatam versionem*, hrsg. v. Robert Weber und Robert Gryson, Stuttgart: Deutsche Bibelgesellschaft, ⁵2007.

■ 사전

- Gesenius, Wilhelm, *Hebräisches und aramäisches Handwörterbuch über das Alte Testament*, bearb. und hrsg. Rudolf Meyer und Herbert Donner, unter verantwortlicher Mitarbeit von Udo Rüterswörden. Berlin/Heidelberg: Springer-Verlag, ¹⁸1987-2010.

■ 고대 문헌

Hesiod, *Works and Days*.
Josephus, F. *Ant*.
Josephus, F. *War*.
Polybius, *History*.
Xenophon, *Cyropaedia*.

■ 해외 저작

Bauer, D. *Das Buch Daniel*, NSK.AT. Stuttgart: Katholisches Bibelwerk,

1996.

Breed, B. "The Politics of Time," in: *Four Kingdom Motifs before and beyond the Book of Daniel*. Leiden: Brill, 2021.

Collins, J. J. *Daniel*, Hermeneia. Minneapolis: Fortress Press, 1994.

Crabbe, K. "The Generation of Iron," in: *Four Kingdom Motifs before and beyond the Book of Daniel*. Leiden: Brill, 2021.

Daniel, E. H. *Die neue echter Bible: Kommentar zum Alten Testa ment mit der Einheitsübersetzung*. Würzburg: Echter Verlag, 1993.

Dunn, J. D. G. "The Danielic Son of Man in the New-Testament," in: *The Book of Daniel: Composition and Reception*, Vol. 2, VT 83. Leiden: Brill, 2001.

Evans, C. "Daniel in the New Testament: Visions of God's Kingdom," in: *The Book of Daniel: Composition and Reception*, Vol. 2, VT 83. Leiden: Brill, 2001.

Frisch, A. "The Four (Animal) Kingdoms," in: *Four Kingdom Motifs before and beyond the Book of Daniel*. Leiden: Brill, 2021.

Goldingay, J. *Daniel*, WBC 30. Grand Rapids: Zondervan Academic, [2]2019.

Green, G. L. *The Letters to the Thessalonians*, PNTC. Grand Rapids: Eerdmans, 2002.

Hartman, L. F. & Di Lella, A. A. *Daniel*, AncB 23. New York: Doubleday, 1977.

Keel, O. "Die Tiere und der Mensch in Dan 7," in: *Hellenismus und Judentum: Vier Studien zu Daniel 7 und zur Religionsnot unter Antiochus IV*. Freiburg, Schweiz: Universitätsverlag; Göttingen: Vandenhoeck und Ruprecht, 2000.

Koch, K. "Das Reich der Heiligen," in: *Die Reiche der Welt und der kommende Menschensohn*. Neukirchen-Vluyn: Neukirchener Verlag, 1995.

_____. "Die Winde des Himmels (Dan 7,1f.) Schöpfung oder Chaos?," in: *Unter dem Fußboden ein Tropfen Wahrheit*, Festschrift für Johann Michael Schmidt zum 65 Jährigen Geburtstag. Düsseldorf: Evangelische Verlagsanstalt, 2001.

_____. "Stages in the Canonization," in: *The Book of Daniel: Composition and Reception*, Vol. 2, VT 83. Leiden: Brill, 2001.

Kratz, R. G. "Die Visionen," in: *Schriftauslegung in der Schrift*. Berlin: De Gruyter, 2000.

Lacocque, A. *The Book of Daniel*. London: SPCK, 1979.

Lebram, J. C. *Das Buch Daniel*, ZBK.AT 23. Zürich: TVZ, 1984.

Montgomery, J. A. *Daniel*, ICC. Edinburgh: T & T Clark, 1926.

Newsom, C. A. *Daniel*, TOTL. Louisville: Westminster John Knox Press, 2014.

Plöger, O. *Das Buch Daniel*, KAT 18. Gütersloh: Gütersloher, 1965.

Segal, M. "Other Chronological Conceptions," in: *Four kingdom motifs before and beyond the book of Daniel*. Leiden: Brill, 2021.

Seow, C. L. *Daniel*. Louisville: Westminster John Knox Press, 2003.

Staub, U. "Das Tier mit den Hörnern," in: *Hellenismus und Judentum: Vier Studien zu Daniel 7 und zur Religionsnot unter Antiochus IV*. Freiburg, Schweiz: Universitätsverlag; Göttingen: Vandenhoeck und Ruprecht, 2000.

Sternberg, M. *The Poetics of Biblical Narrative*. Bloomington: Indiana University Press, 1985.

Vermeylen, J. "Daniel," in: *Einleitung in das Alte Testament*. Zürich: TVZ, 2013.

Walton, J. H. "The Anzu Myth," in: *The Book of Daniel: Composition and Reception*, Vol. 1, VT 83. Leiden: Brill, 2001.

_____. *Ancient Near Eastern Thought and the Old Testament*. Grand Rapids: Baker Academic, 2006.

■ 번역서

Baker, D. L. 『구약과 신약의 관계』, 임요한 역. 서울: 부흥과개혁사, 2016.

Beale, G. K. 『요한계시록 (상)』, NIGTC, 오광만 역. 서울: 새물결플러스, 2016.

Davies, P. R. 『다니엘 연구 입문』, 심정훈 역. 서울: CLC, 2017.

Escola, T. 『신약성서의 내러티브 신학』, 박찬웅·권영주·김학철 역. 서울: 새물결플러스, 2021.

Ferguson, E. 『초대 교회 배경사』, 엄성옥·박경범 역. 서울: 은성, 2005.

France, R. T. 『마가복음』, NIGTC, 이종만·임요한·정모세 역. 서울: 새물결플러스, 2017.

Grabbe, Lester L. 『고대 이스라엘 역사』, 류광현·김성천 역. 서울: CLC, 2007.

Greer, Jonathan S., John W. Hilber & John H. Walton, 『고대 근동 문화와 구약의 배경』, 김은호·우택주 역. 서울: CLC, 2018.

Hamilton, J. 『다니엘서 성경신학: 하늘 구름을 타고』, NSBT, 김귀탁 역. 서울: 부흥과개혁사, 2021.

Hays, C. B. 『고대 근동 문헌과 구약성경』, 임요한 역. 서울: CLC, 2014.

Hays, C. M. 외. 『역사비평의 도전과 복음주의의 응답』, 성기문 역. 서울: 새물결플러스, 2021.

Hengel, M. 『유대교와 헬레니즘 3』, 박정수 역. 서울: 나남, 2012.

Lucas, E. C. 『다니엘』, AOTC, 김대웅 역. 서울: 부흥과개혁사, 2017.

Morales, L. M. 『레위기 성경신학』, NSBT, 신윤수 역. 서울: 부흥과개혁사, 2018.

Perrin, N. 『예수와 성전』, 노동래 역. 서울: 새물결플러스, 2021.

Sanders, E. P. 『예수와 유대교』, 황종구 역. 서울: 크리스챤 다이제스트, 1994.

Schmid, K. 『고대 근동과 구약 문헌사』, 이용중 역. 서울: CLC, 2018.

Thiselton, A. C. 『성경해석학 개론』, 김동규 역. 서울: 새물결플러스, 2012.

Van De Mieroop, M. 『고대 근동 역사』, 김구원·강후구 역. 서울: CLC, ³2016.

Walton, J. H. 『교회를 위한 구약성서 신학』, 왕희광 역. 서울: 새물결플러스, 2021.

Wenham, G. J. 『레위기』, NICOT, 김귀탁 역. 서울: 부흥과개혁사, 2014.

Wright, N. T. 『바울과 하나님의 신실하심 (상)』, 박문재 역. 서울: 크리스챤 다이제스트, 2015.

_____. 『하나님의 아들의 부활』, 박문재 역. 서울: 크리스챤 다이제스트, 2005.

■ **국내 저작**

김구원. 『성서 아람어 문법』. 서울: 비블리카 아카데미아, 2012.

박정수. 『고대 유대교의 터·무늬』. 서울: 새물결플러스, 2018.

배정훈. "포로의 신학으로 읽는 다니엘서," 구약논단 15(4). 한국구약학회, 2009.

_____. 『그의 나라는 영원한 나라이라』. 서울: 한국성서학연구소, 2007.

_____. 『다니엘』. 한국장로교 총회 창립 100주년 표준 주석, 서울: 한국
장로교출판사, 2016.